中国经济史的大分流与现代化

启真馆 出品

社会经济史译丛

马德斌 著

中国经济史的大分流与现代化

一种跨国比较视野

徐　毅　袁为鹏　乔士容 译

ZHEJIANG UNIVERSITY PRESS
浙江大学出版社

图书在版编目（CIP）数据

中国经济史的大分流与现代化：一种跨国比较视野 /
马德斌著 . — 杭州：浙江大学出版社，2020.6
（社会经济史译丛）
ISBN 978-7-308-20044-8

I.①中… II.①马… III.①中国经济史—文集
IV.① F129-53

中国版本图书馆 CIP 数据核字（2020）第 031407 号

中国经济史的大分流与现代化 ： 一种跨国比较视野
马德斌 著

责任编辑	王志毅	
责任校对	汪 潇 伏健强	
装帧设计	王小阳	
出版发行	浙江大学出版社	
	（杭州天目山路 148 号 邮政编码 310007）	
	（网址：http:// www.zjupress.com）	
制 作	北京大有艺彩图文设计有限公司	
印 刷	河北华商印刷有限公司	
开 本	635mm × 965mm 1/16	
印 张	20.5	
字 数	265 千	
版 印 次	2020 年 6 月第 1 版 2021 年 4 月第 2 次印刷	
书 号	ISBN 978-7-308-20044-8	
定 价	72.00 元	

总序

就中国社会经济史的研究而言，中文与外文（主要为英文）学术圈各自相对独立，尽管现在信息交流与人员往来已经较为频繁，两个学术圈有所交叉，但主体部分仍是明显分离的。相互之间对彼此的学术动态可能有所了解，但知之不详，如蜻蜓点水，缺乏实质性的深度交流，中外学者在这方面都颇有感触。而西方世界的社会经济史研究，相对于中国社会经济史研究，在中国学术界的影响更为有限。关于海外中国研究、外国人视野下的中国历史、制度经济学等，由于相关译丛的努力，越来越多地被引入中国学术界。由于欧美、日本及其他地区的经济史、社会史等研究日趋成熟，其前沿性成果更需要我们及时获知，以把握当前社会经济史的学术动态和未来可能的发展方向。与此同时，越来越多的西方学者对研究中国产生了兴趣，一则因为中国经济的崛起，一则因为如果不了解占人类五分之一人口的国度的历史，就不可能真正了解人类发展，他们希望与中国学术界有更多的交流。

就有关中国的史料与数据而言，中国学者对英文的原始史料涉猎有所局限，遑论荷兰文、西班牙文、葡萄牙文、法文等，这些语种中有关华人与中国的记载，是在中文正史与野史中几乎看不到的世界。而这些史料，在中西方的比较研究，中国与外部世界的关系等领域，都具有不可替代的作用。有待开发的史料还有域外汉文文献资料，包括朝鲜半岛、越南、日本等地的汉文古籍，以及东南亚、美国等地华人的文献与文物。仅从这个角度而言，引介和翻译海外学者的研究成果也日益显得重要。就学科而言，由于专门化人才培养与学术研究的日益深入，各学科形成自身的特定概念、范畴、话语体系、研究工具与方法、思维方式及研究领域，对此但凡缺乏深入而全面的把握，相关研究就很难进入该学科体系，而其成果也难以获得该学科研究人员的认可。而专业人才培养、评审与机构设置等制度更强化了这种趋势。专门研究是如此精深，以致许多学者无暇顾及其他学科与研究领域，见树木而不见森林，学术视野因此受到局限，甚至出现学科歧视与偏见，人类追求知识的整体感与宏观认识的需求亦得不到满足。

同时，不同学科的一些特定话语和方法，其实许多是可以相通的，学术壁垒并非如想象中的不可逾越的鸿沟。一旦打通障碍，架起沟通的桥梁，游走于不同学科之间，其收获有时是令人惊喜的，原创性的成果也常在跨学科的交叉中产生。如从历史源头与资料中原创出经济学理论，或以经济学方法与工具研究历史问题获得新思维，诺贝尔经济学奖得主希克斯、弗里德曼、哈耶克、库兹涅茨及为人熟知的诺斯、福格尔等，都取得了令人瞩目的成果。

因此，"社会经济史译丛"的宗旨与取向为：第一，在学科上并不画地为牢局限于经济史和社会史，也将选择与之相关的思想史、文化史，或以历史为取向的经济学与社会学研究成果，更欢迎跨学科的探索性成果。第二，在研究地域和领域的选择上，将不局限于译者、读者、编者和市场自然倾斜的中国社会经济史，本丛书将力推西方社会经济史的前沿成果。第三，译丛除一般性论述的著作外，也接受史料编著，还精选纯理论与方法的成果。在成果形式方面，既选择学术专著，也接受作者编辑的论文集，甚至以作者自己的外文论著为蓝本加工创作而后翻译的中文成果。在著作语种的选择上，除英文作品外，还特别扶持其他语言论著的中译工作。

我们希望本译丛成为跨越和沟通不同语种成果、不同文化、不同地域、不同学科与中外学术圈的桥梁。

龙登高

2009 年 5 月于清华园

前言

　　本书是我近二十年来在各种国际书刊上发表的英文论文的选辑修订而成。辑入论文大都具备三个特点：第一，它们在不同程度上都关联着近来学界热议的近代早期西欧与中国之间出现的大分流（The Great Divergence）问题，即中国经济在历史上什么时候落后了以及为什么落后。与其他有关大分流的论著不同，我的研究强调把 18 世纪甚至更早的大分流问题与 19 世纪中叶以来的现代化问题联系起来思考。第二，这些论文的研究都是基于中国、欧洲或者日本之间的比较视野。最后，也是最主要的一点，所辑论文的研究均引入了现代经济学的理论或方法，尤其是近二十年兴起的新制度经济学、计量统计与实证分析等方法。

　　全书内容分为五篇，共计九章，另加导言与结语。第一篇包括四章，旨在从制度经济学的角度对大分流问题作一个长时段的分析与诠释。第一章探讨中国的传统政治制度与朝代更替的历史演变，第二章分析清代的财政体系与国家能力的关系；第三章探讨中国传统的法律与政治体系及对中国传统商业与金融组织的影响；第四章是从制度经济学的视角来检讨 19 世纪至 20 世纪间中国货币体系的特征。

第二篇共有两章内容，是对大分流问题的实证分析，这两章内容都是根据实际工资、身高、计算能力以及识字率等众多指标及数据，运用计量方法，系统比较中国、欧洲与世界其他地区的生活水平。此两章均与多位学者合作，在此致谢。

第三篇则以长江三角洲地区为个案，转而探讨 19 世纪末 20 世纪初的中国现代化问题。本篇从这一时期长江三角洲地区经济增长的宏观经济指标——国内生产总值（GDP）进行估算出发，然后从历史的角度阐释了 20 世纪初现代上海成功崛起的制度因素。

第四篇的两章内容集中探讨了鸦片战争以后的中国与日本在养蚕业与缫丝业方面的不同发展历程，以此透射中日两国在现代化过程中的不同命运。

第五篇收入我的两篇书评，分别评论了两本有关大分流论述的著作。

除了导言与结语为我发言与讲演的整理稿外，本书大部分文章根据我过去二十年已独立出版的论文修改编辑而成，所以章节之间会稍有重复或不完全一致，但好在每章也可以自成一体，读者可以单独阅读。且其中第五、六章和第九章有一定程度的经济与统计学模型与术语的使用，另外，如果原文引用的文献为外文，我们在翻译时大部分保持了原文，也请读者留意。

本书第一至第十章主要从下面有关英文文章中修改编辑而成：

"Political Institution and Long-run Economic Trajectory: Some Lessons from Two Millennia of Chinese Civilization" Chapter 4 in Masahiko Aoki, Timur.Kuran and Gerard Roland, eds., *Institutions and Comparative Economic Development*, Basingstoke: Palgrave Macmillan,

2012, pp.78–98.

"State Capacity and Great Divergence, the Case of Qing China (1644–1911)" *Eurasian Geography and Economics*, 2014, Vol. 54, No. 5–6, 484–499.

"Growth, Institutions and Knowledge: A Review and Reflection on the Historiography of 18th—20th Century China", *Australian Economic History Review* Vol. 44, Issue 3, Nov. 2004, pp.259–277.

"Law and Economy in Traditional China: a 'Legal Origin' Perspective on the Great Divergence" Chapter 3 in *Law and Long-Term Economic Change: an Eurasian Perspective*. Stanford University Press, 2011.

"Chinese Money and Monetary System, 1800—2000, Overview" in Gerard Caprio (ed.) *Handbook of Key Global Financial Markets, Institutions, and Infrastructure*, Vol. 1, pp.57–64. Oxford: Elsevier Inc. (Vol. 1 editors: Charles Calomiris and Larry Neal), 2013.

"Wages, Prices, and Living Standards in China, Japan, and Europe, 1738—1925" (co-authored with Robert Allen, Jean-Pascal Bassino, Christine Moll-Murata and Jan Luiten van Zanden). *Economic History Review* Vol. 64, No. S1 2011, pp.8–38.

"Evolution of Living Standards and Human Capital in China in 18-20th Century" (co-authored with Joerg Baten, Stephen Morgan and Qing Wang) *Explorations in Economic History*, Vol. 47, Issue 3, July, 2010, pp. 347–359.

"Economic Growth in the Lower Yangzi Region of China in 1911—1937: A Quantitative and Historical Analysis" *The Journal of Economic History*, Vol. 68, Issue 2, June 2008, pp.355–392.

"The Rise of Modern Shanghai in Early 20th Century, an Institutional

Narrative" chapter 2, in Billy So and Ramon Myers (eds.) *The Treaty Port Economy in Modern China, Empirical Studies of Institutional Change and Economic Performance*. Berkeley: University of California Press 2011. pp. 33–46.

"Why Japan, not China, Was the First to Develop in East Asia, Lessons from Sericulture 1850—1937", *Economic Development and Cultural Change*, Vol. 52, No. 2, Jan. 2004, pp.369–394.

"Between Cottage and Factory: the Evolution of Chinese and Japanese Silk-Reeling Industries in the Latter Half of 19th Century," *Journal of the Asia Pacific Economy*, vol. 10, No. 2, May 2005, pp.195–213.

两篇书评出自以下：

Before and Beyond Divergence: The Politics of Economic Change in China and Europe. By Jean-Laurent Rosenthal and R. Bin Wong. Cambridge, MA: Harvard University Press, 2011. Reviewed for EH.Net. archived at http://eh.net/book_reviews/and-beyond-divergence-politics-economic-change-china-and-europe. Posted 2012–02–08.

Institutions and the Path to the Modern Economy: Lessons from Medieval Trade. By Avner Greif. Cambridge: Cambridge University Press, 2006. *Journal of Global History*, Issue 1, March 2010, pp.178–180.

在此我要感谢清华大学的龙登高教授及浙江大学出版社的王志毅、王军对本书翻译出版的长期支持，特别感谢三位译者、徐毅、袁为鹏与乔士容的辛苦工作，尤其是徐毅最早加入翻译工作，对本书的结构规划也提供了很多重要的想法。乔士容同学虽然最后加入，但她的耐心细致的翻译、校对与核实对这个书稿的完成起了关键性的作用。

在最后阶段，邓涵之、董昕、胡思捷、王苗和王妍也做了一些校对、打印和分类的工作，在此一并感谢；书中牵涉到种种经济学专有名词及三种不同语言文献的转译，我最后也做了校对。但文章的错误不足之处，均由我个人承担。

目录

导言：为什么工业革命发生在 18 世纪的英国而不是中国？
——在上海财经大学经济史学讲坛的演讲

一、工业革命与大分流

18 世纪末源于英国的工业革命是经济史研究的最重要的课题之一，其意义十分重大。它从根本上改变了生产力的动力源泉。亚当·斯密（Adam Smith）1776 年出版《国富论》时是在工业革命的前夕，在他的眼里，专业分工是经济增长的原动力（也就是他最有名的社会分工理论），但他当时没有想到技术革命有如此巨大的可能性和强大的推动力。工业革命不仅改变了一个国家的命运，也改变了世界的格局。在此之前，人类发展了很长时间，可各国的人均收入没有太大差距，而工业革命以后一切都变了，我们今天看到的国与国之间的不平等那时才真正拉开。工业革命也把英国从欧洲的边缘带入世界的中心，把一个不起眼的，所谓阴暗、潮湿的小岛变成了一个日不落的帝国。而同时，乔叟（Geoffrey Chaucer）与莎士比亚的文学所造就的仅六七百年的现代英语，通过殖民等渠道广泛传播，最终成为一种全球性语言。

一些经济学家和史学家，如 Gregory Clark 和 Oded Galor 等人把工业革命之前的世界简化为马尔萨斯的世界：在 1700 年之前，英国工人的实际工资曲线基本上是平的，只有在工业革命以后，英国工人的工资水平才扶摇直上，走出了马尔萨斯的陷阱。在工业革命之前全球人均收入的差别不是很明显，有研究也表明，在工业革命之前或初期，全球收入分配不均等的原因大部分可以由国家内部的收入分配不均等来解释；而工业革命之后到现在的全球收入分配的不均等，则逐渐由国与国之间的收入不均等来解释。到今天，如不扣除物价等因素，全球最富国家如瑞士的人均收入达到了一个非洲最穷国家的 40 倍，这在工业革命之前是无法想象的。我和一些欧洲学者合作对中国、日本和英国的工资进行了比较研究，发现 18 世纪这三个国家城市的工资已经有了一定的差距，中国的苏州、北京与广州的工资实际只是伦敦的三分之一左右，这个差距在那个时候看起来很大，但和工业革命以后的差距不可同日而语。

我现在举另外两个学者（Stephen Broadberry 和 Bishnu Gupta）的研究来说明一下工业革命的转变。他们以工业革命中最重要的行业纺织业为例。英国的棉纺业在工业革命之前本来是落后的，在世界上没有竞争力，在工业革命之前的很长一段时间内，中国出口丝织品，印度出口棉织品，当时欧洲人对中国丝织品、印度棉织品的追求，就跟今天中国富人到伦敦买奢侈品一样，是一种时髦。荷兰与英国东印度公司的主要业务就是到亚洲采购。但在当时，比如 1680 年，英国工人的工资已是印度工人的 4 倍，而原材料价格和印度差不多，英国资本相对廉价但人工价格相对较高，英国的生产成本没有优势，而在技术上也落后，这种情况下它的纺织业没有竞争力可言。可到了 19 世纪，经过工业革命的洗礼，尽管英国总的生产要素成本仍高于印度，但它的棉纱却能以印度价格的一半销售，这表面上像是我们中国人说的"赔本的买卖"，但实际上它不赔本。因为英国发生了以动力为基础的技术革命，技术革命使它能够更便宜地生产这些东西，在成本不降低的情况下，大大降低了它产品的价格。对于电脑，大家的感受会比较深，现在跟以前相比，劳动力及要素价格水平没有降低，但电脑价格却便宜了很多。价格下降的一个很重要的原因是各种各样的技术开发更新以后，能把价格降下来很多，Broadberry 和 Gupta 应用了与经济学生产函数和费用函数为对偶的原理做的计量分析，说明在 17 世纪开始到 19 世纪结束这个阶段，工业革命使英国与印度在纺织业上发生了逆转（reversal of fortune）。事实上，英国的机制纺纱产品不但摧垮了印度传统手纺纱业，也解体了中国起源于黄道婆的手纺纱业，英国由此成为世界工厂，其纺织品与机器出口到世界各地。英国的殖民和它对出口市场的占领也成为很重要的动力。

为什么工业革命会发生在 18 世纪的英国？从经济史角度看为什么工业革命会发生在英国，是一个古老的题目，以前大家问得最多的是，工业革命为什么发生在英国而不是在荷兰。因为荷兰至少在英国之前是当时欧洲最发达的经济体，英国工业革命之前很多制度是从荷兰借鉴过来的。为什么在经济这么发达的一个国家没有产生工业革命？而英国从某种程度上类似东亚的日本，隔了英吉利海峡，很多先进的东西从欧洲大陆传到英国有时间差。还有，工业革命为什么发生在英国而不是法国？法国的国家制度发展较早，一直想要成为世界的中心。而如果我们看得更长远一点，文艺复兴时代的威尼斯、佛罗伦萨，都是当时欧洲文化最灿烂、经济最发达的地方，为什么这些地方都没有发生工业革命，而独独发生在英国的中北部，像曼彻斯特、兰开夏这些相对贫穷落后的地区，并席卷英国乃至世界？

最近由彭慕兰（Kenneth Pomeranz）教授提出的大分流问题，也从另一角度提出了为什么工业革命没有发生在 18 世纪的中国或者在其发达的江南地区。江南也有手工业，特别是纺织业很发达。你要把这个例子前推的话，有最早的李约瑟难题，李约瑟很早就研究中国悠久的技术传统，他认为在宋朝，也就是西欧最黑暗的中世纪，中国技术水平达到顶峰，像"四大发明"都非常有名，领先世界，所以工业革命为什么不在那个时候发生也成为所谓的"李约瑟难题"。那么扩展来看，为什么工业革命不发生在印度？印度的孟加拉湾条件也可以。为什么不是中东呢？中东有很悠久的历史，伊斯兰教的兴起在公元 7 世纪以后，流传到各地，大量古希腊的文献被翻译成阿拉伯语，最后所谓欧洲"文艺复兴"也依赖于阿拉伯语的古希腊文献的转译与文化倒流。不仅如此，即使到近代，伊斯兰文明的奥斯曼帝国也打败了东罗马帝国，并一直和西欧竞争到 17、18 世纪。

为什么工业革命在英国发生？大众喜欢找到一个突变的转折点。但工业革命是一个很漫长的过程，它可能牵扯到各种各样的问题，而仅仅聚焦在工业革命这一时点会产生很大的误解。我今天的报告从第一次工业革命作为一个动力革命开始，然后回顾工业革命之前的 17 世纪英国许多重大的转变，就是所谓的"金融和财政革命"，我认为，如果不理解这些金融、财政革命，你就无法理解为什么工业革命发生在英国。在财政、金融革命的背后就是一个政治制度的革命。以此逻辑，工业革命之前又有科学革命，没有科学革命能产生工业革命吗？像英国的牛顿、法国的笛卡尔都对科学发展做出巨大贡献。但一般认为，第一次工业革命，科学并不重要，主要都是手工业匠人的一些技术改良，来自于长时间的经验积累，他们没有受过很高的教育。但确实第一次工业革命和以前最大的不同就是以后有第二次、第三次产业革命，这些显然需要科学基础的推动，所以 17 世纪欧洲的科学革命重要性在以后才显示出来，关于科学革命，我今天就不多讲了。最后我会集中谈近代中国的演变路径。

二、工业革命与资源禀赋

工业革命的基础实际上就是动力革命，以前的驱动力是人力、畜力，或者有些地方会用风力和水力。但是英国工业革命最大的特点就是用燃料作为能源来代替人力，这也是英国的纺织业，特别是纺纱业成功的一个最重要的因素。动力驱动能使一个纺织厂的纺纱工人的劳动生产率达到手纺工人劳动的 40 倍，这就是为什么英国在劳动力价格很高的条件下依然可以生产出有竞争力的产品。第一次工业革命作为动力革命有几个必要条件。首先是燃料的原料，这就可以解释工业革命为什么没有发生在荷兰，因为荷兰没有煤——虽然它是当时世界上最发达的国家。同样，中国最发达的江南地区也缺乏煤矿资源。当然有煤矿资源只是一个方面，工业革命另一个最大的特点就是用机器来替代人的劳动，所以必须要有铁矿业与机器制造业（哪怕是手工的）的基础。最后，还有一个重要的因素，由于工业革命用机器代替劳动力，所以很适合一个劳动力工资比较高而煤资源价格比较低的地方，这样看来，工业革命发生在工人工资相对较高（相对于南欧和其他地区）而煤资源又比较丰富的英国北部不完全是偶然的。

生产要素相对价格影响生产技术的选择是一个微观经济学的老命题，在同样的技术下，英国的生产采用较多比例的资本与能源和更少的劳动力。而中国在同样的情况下，用了较少的资本与能源和较多的劳动力，这种选择符合两地的生产要素价格的相对差异。因为中国的劳动力相对来说更便宜。这一点在最近荷兰学者范赞登（Jan Luiten van Zanden）和中国学者李伯重的比较研究中也提到，比如中国以前有拉船的纤夫，荷兰也有这种情况，但是荷兰是靠马匹来拉动，因为人力太贵了。还有一个比较好的例子就是活字印刷,活字印刷是中国人发明的,但中国最后应用的并不多,最常用的还是雕版印刷。活字印刷到 15 世纪后对欧洲的新教革命起到很大作用。使用活字印刷技术印刷出来的第一本书是《圣经》。当时,活字印刷对西方起了很大的推动作用,而中国却仍主要使用雕版印刷。其中一个重要原因就是雕版印刷的资本含量非常低,人工投入非常高;而活字印刷需要制造铁的机器,对资本要求比较高,在中国就不是很合算了。其实要素价格的命题也被西方的中国史学家经常提起,如 Mark Elvin 有一个很有名的理论叫高水平陷阱,据说在元朝有一个很大的纺纱转轮,可以节省很多的劳动力,但是后来就慢慢消失了,他认为最主要的原因就是劳动力过剩。另外赵冈也有相同说法,与黄宗智的内卷化论点也相符。

最近,牛津大学的 Robert Allen 教授把这个老命题加入了新的计量和经济学模型分析。工业革命的技术通过英国的要素价格组合才能产生利润,而在当初中国劳动力非常便宜的条件下是不会有利润的。但工业革命不是一次发明以后,就一劳永逸了,恰恰相反,新技术发明的不断更新使它越来越有竞争力,机器的劳动生产效率提高,到最后连劳动力最便宜的地方也不得不转向开始用机器代替劳动力,这就是后来手工业解体的开始,也是工业革命走向全球的开始。因此英国工业革命的爆发来源于低能源价格、高工资、低资本价格的结合,但之后又出现了一个不断的技术发明更新的资本密集型的路径依赖,这就是 Robert Allen 命题的新颖之处。

从要素价格来解释技术革新从根本上说是一个技术需求的理论,但它没有一个技术供应的理论:即对能源技术的需求并不一定导致供应的产生。能源本身的技术开发也是一个过程,不能完全作为外生的条件,背后也有制度等深层因素。这也是对这个所谓技术诱发创新的观点最根本的批评。因此有些学者如 Joel Mokyr,强调理解工业革命不能忽略 17 世纪科学革命与思想启蒙运动的重要性。

三、工业革命与体制变革

建立在生产要素价格上的这个命题并没有解释为什么英国和荷兰在工业革命的前夕工资已经比较高而资本的成本却较低，即已经达到一个比较高的经济发展水平。一个重要的说法，就是工业革命之前，英国已经经历了商业与贸易革命。贸易革命对英国和荷兰的崛起起到了非常大的促进作用，特别是大西洋航线的发现与开拓和整个大西洋贸易的兴起、南北美洲的相继开发，对大西洋海岸国家的发展起到非常大的促进作用。欧洲的贸易中心慢慢地走出了地中海，转移到大西洋海岸。意大利这些以前最富有的城邦国家随着地中海贸易的衰退而衰弱。但是这带来更大的疑问，因为最早开拓大西洋的先驱者是西班牙和葡萄牙。通过在南美洲的经营与殖民，特别是银矿的开发与出口，西班牙与葡萄牙成为当时欧洲最强盛的国家，催生了所谓的欧洲价格革命和后来的重商主义政策，但令人奇怪的是，最终从中得利最多的却是英国和荷兰。

Acemoglu 等经济学家提出英国和荷兰发展起来，不光是由于外贸的兴起，更与其内在体制有关。西班牙和葡萄牙的海外开发基本是以皇权和国家利益为驱动的，英国和荷兰的海外开发是以公司与商业利益驱动的，东印度公司就是一个很好的例子。在荷兰和英国有发达的国会制度，商人参政很早就开始出现，在这样的条件下，贸易一旦发展起来，商人的政治权利也随之增加了，两者结合起来，政体内在的构造和贸易的兴起，使商人的政治力量大大加强，商人的政治力量加强以后，对规则加以干预和改变的力量大大加强，而这些规则的改变带动了 17 世纪英国金融和财政制度的改革。

中世纪欧洲的国会跟现在的概念很不一样。那个时候的国会代表的是地方势力，或通俗地说是地方的土豪劣绅，因为是以财产获取代表资格，代表性非常有限。以前召开国会也仅是在皇帝需要钱的时候，召集地方精英协商加征税收。这和欧洲特别是英国中世纪大宪章以来的传统有关，皇帝征用子民财产的权力受到制约，精英们的产权也由渐渐发展起来的普通法界定与保护，地方的自治权力也较高。所以皇帝加税需要召集国会，因此国会在一开始就跟税收联系起来，这就是后来我们常听到的"无代表、无纳税"（taxation and representation），它也成为之后美国独立战争最重要的口号。国会制度在中世纪大部分欧洲国家都有，但是有些国家不那么健全，唯英国和荷兰的国会有一个全国性的框架，而它们的商人组织及其影响在大西洋贸易发展之后越发强大。

中世纪欧洲皇权政府跟中国的传统政府有共通之处，没有我们现在的公共财政的概念。皇帝财政有皇家的领地与财产，也可以靠临时性的借款、卖官、滥发货币，甚至强制征用或掠夺，所以它的财税制度非常脆弱，税官经常是世袭的，征税采用的是所谓的"包税制"，尚未形成一个现代的纳税体系，我们现在的发展经济学，强调保护产权和制约国家权力，但实际上国家综合行政能力越低，国家权力被滥用的机会越大。一旦政府有财政问题，向商人掠夺、赖债，甚至把债主驱逐出国门等等，都在某种程度上践踏了产权。

North 和 Weingast 在 1989 年发表了很有影响的文章，把 1688 年英国的光荣革命解读为国家转型的一个关键点，很重要的一点就是很多革命带有偶然性。英国光荣革命起源于当时席卷欧洲的宗教革命，以德国为中心的新教革命爆发，分裂了整个欧洲；英国也发生了新教和天主教的争斗，而以英国国会势力为代表的政治力量，通过引进外来的荷兰国王把信奉天主教的国王逐出英国，同时也引进了荷兰的经济制度。光荣革命最重要的一个作用就是推进了英国现代国家制度的形成，执行权力法案与普通法，要求国王定期召集国会，国王增加的财政预算必须由国会通过。为什么国会这么关心财政，因为国会代表了有产者和商人的利益，他们自己是交税者，所以就必须知道这些税的用途。随着国王的权力虚化，英国的政治架构朝着现代君主立宪制演变。

国会制约王权和掌控税收，反而导致税收大幅增加，其中的重要原因是国家能力的增强，特别是建立现代的纳税制度和文官队伍。文官队伍的中立化、非政治化与专业化保证了税收直接进入国库，而不是被中饱私囊或被腐败所吞噬，更重要的是也界定了纳税人的合法财产权，这是光荣革命之后的一个重要制度建设。公共财政制度的建立带动了英国的公债市场，坚实的财政与国会的信誉提高了英国国债的信誉。与此同时，在17世纪末由政府特许商人认股而成立的英格兰银行，也开始经营政府的公债市场，同时也带动了伦敦的金融市场，使之发展成为比荷兰阿姆斯特丹规模更大的金融中心。英国在宪政政府建立以后，介入欧战与殖民开发，政府的开支与借款也大幅上升，而在这个过程中公债的利率在下降，很重要的原因就是它的信誉度高，风险降低了，这就形成了一个良性循环，构成了17世纪的财政与金融革命。1688年的英国光荣革命所带来的转变，对思想启蒙运动、法国大革命还有美国独立运动都有深远的影响与互动关系。

四、中国为什么没有走上工业革命道路？

North 和 Weingast 对光荣革命的诠释引起不少非议，特别是聚焦突变关键点这种方法会忽略历史的连续性，尤其忽视了英国的财政金融制度有一个漫长的、从他国学习借鉴先进经验及在本国消化的历史过程，我这里不便展开这些争论。但我们回到中国为什么没有走上工业革命道路这个问题上时，面临的是一个更为复杂的问题，或者说是要解释一个反命题，即解释一个我们认为该发生却没有发生的事件。命题的复杂性在于：首先，工业革命为什么发生在欧洲，经济史学界都没有定论；其次，英国的工业革命路程是否有普遍性？所以我接下来的关于中国的讨论就有很大的试探性。

从表面上来看，传统中国在历史上最早建立中央集权的体制和以科举为中心的文官体系。这似乎意味着中国会有很强的国家能力。但从税收来讲，中国中央政府的税率从人均来算，自宋朝以降，是在慢慢下降的，同时税收构成越来越依赖比较固定的土地税（而英国、荷兰更多地转向商业税，商业税又以城市为主，这对于欧洲的城市化起了很大的促进作用），同时中国的正规文官体系并没有随着人口增长而增加，而依赖于吏治等体制外的制度来运作，腐败等问题在体制内无法解决。这些问题在中国历史上的讨论与争议颇多，但最终结果却比较清楚，形成一个我把它称为强政权与弱治理并存的矛盾体。

中国历史上没有产生严格意义上的公债，西方的公债跟战争有很大的关系，战争需要贷款。但中国也不缺少战争，为什么中国的战争不会产生公债？这个问题最早是马克斯·韦伯（Max Weber）提出来的，有一种简单的说法是中国的皇权是至高无上的，产权是绝对的。这个说法其实不完全，欧洲也有根深蒂固的绝对王权与所有权的传统，但区别在于，给欧洲王权贷款的银行家往往在这些国家的疆域之外。所以，要想继续向这些管辖疆域之外的银行家贷款，这些欧洲皇帝就必须遵守有借有还的原则，这当然和欧洲政治分裂、多国竞争的架构有关。中国政治上的大一统始于秦朝，在宋朝以后得到巩固，也许是大一统和绝对王权这两个条件并存制约了公债的发展。

由于政府的税收基本都是用于战争，那么也牵扯到一个问题。借公债去打仗，穷兵黩武不是什么好事，但是借公债去打仗比让军人直接去山西商人家里掠夺财富，是一个很大的进步，因为维持公债需要政府建立一定的信誉，对随意践踏私人的财产权就会有所顾忌。在清朝，每次战争都导致银库库存下降。乾隆在位时很自豪地说，大清的银库有8000多万两的库存，8000万两实际上就等于清朝两年的收入，但到18世纪末就差不多耗尽。相比于近代西班牙的哈布斯堡王权政府，一年的公债就等于七年的财政收入，它的公债依赖不少意大利城邦的银行家，经常以来自南美殖民开发的白银资源作为抵押，这就让西班牙皇权的财政不用受制于国会或国内的纳税体系。由此看出，国家能力、政治架构与公共财政有密切的互动关系。

对英国工业革命的解释，我从要素价格方面的诱发技术创新开始，再倒推回财政和金融革命，最后联系到各个国家的政治架构。最重要的是，传统中国相对于欧洲的高资本价格低工资不是一个简单的外在现象，其背后可能有更深层的制度与历史原因。当然把工业革命的渊源直接和财政、金融革命乃至政治制度联系起来，没有一个简单的结论，更没有单一的因果关系。显然，我今天这样跨地区、跨时段的比较讨论，牵涉面很广，其逻辑推演与计量分析无法完全严谨，难免有许多思辨与臆测的成分，但我希望这个讨论给这个工业革命的老问题提供一个新的视角。

第一篇

大分流的制度视野

第一章：石头，剪刀，布：传统中国朝代更替的制度逻辑[1]

　　为什么尽管中国在 14 世纪甚至到 18 世纪在经济和科技上可能领先，却没能成为第一个工业化国家？学界从文化和科学传统到要素禀赋和自然资源等方面提出了一系列的假设。[2]一种从欧洲比较视角产生的观点认为：中国长期的停滞是因为在中国历史上早熟的统一中央集权统治下缺乏动态的内部竞争。这个论点出现在各种学术和流行作品中。[3]尽管听上去很对，但是它至少面临着来自两方面的批评。首先，政治分裂和国与国的竞争（正如欧洲的情况）如何直接影响作为经济长期增长基础因素的产权和契约执行这一问题并没有解释清楚。

　　〔1〕　本人在荷兰乌特勒支大学、马德里卡尔洛斯第三大学、复旦大学、清华大学、西北大学、密歇根大学、IMT（Luca，意大利）和西班牙的庞培法布拉大学联合召开的研讨会上，从 Loren Brandt, Mark Dincecco, Phil Hoffman, Cai Hongbin, Peter Lindert, Liu Guanlin, Paul Davis, Brad Delong，龙登高，Avner Greif, Deirdre McCloskey, Joel Mokyr, Patrick O'Brien, Maarten Prak, Leandro Prados de la Escosura, Kenneth Pomeranz, Paul Rhode, Thomas Rawski, Tirthankar Roy，史志宏、Tuan-Hwee Sng, Jan Luiten van Zanden, Oliver Volckhart, Gavin Wright，Colour，袁为鹏和周黎安等人以及其他与会者讨论中受益匪浅。本论文的研究支持来源于 Peter Lindert 主持的由美国国家科学基金会资助的全球价格和收入研究项目，以及欧盟委员会第七届框架计划中"对发达与欠发达的历史模式研究：大分流的起源与持续"（HI-POD）。文责自负。
　　〔2〕　参见 Ma（2004）对这些假设的概括。
　　〔3〕　最新的关于此观点的重述出现在 Ferguson（2011）。

实际上，近来所谓的加州历史学派声称，在传统中国，仁政也提供了一个对农民征轻税、保护私有财产和产权，以及较为自由的土地和劳工要素市场的制度框架（Pomeranz，2000 和 Wong，1997）。

第二，如同 Epstein（2000）指出的，国与国竞争优势的观点甚至也面临着来自欧洲经验的挑战。他强调，政治或司法的分权也会由于缺乏统一主权而导致政治和经济上的大规模的协调性失败，从而束缚了中世纪和现代早期欧洲的长期发展。他进而认为，18 世纪英国的崛起并称霸全球并非源于权力分割，而恰恰因为其相对较弱的"社团利益"，从而较早熟地形成了一个较为统一和集权的体制（Epstein，2000，pp.36–37）。

中国的帝制政治结构，作为一个在相对独立的情况下成长的一体化的中央集权，给关注政治制度与经济长期发展关系的研究带来了一个诱人的案例。但令人惊奇的是在中国与西欧大分流的辩论中，政治制度只引起甚微的关注，一部分原因是关于传统中国政治制度的历史描述长期笼罩在过于简单的东方专制统治框架或者阶级斗争理论之中。[4]

本论文利用新制度经济学视角来描绘中华帝国和朝代循环[5]的政治逻辑。从 Olson（1993）的视角出发，本文用一种历史叙述和实证的方法来解释鉴于统治者长时间的权力垄断，在帝制中国的政治体制下出现了一个拥有相对低消耗的财政、相对自由的私营经济的稳定路径。事实上，考虑到收入受制于专权统治的时间延续性和双重委托代理问题，这些封建统治者的目标函数应该由短期收入最大化转向维护

---

〔4〕 东方专制主义，参见 Wittfogel（1957）。同时参见王亚南（1981）从马克思主义视角对传统中国的批判。

〔5〕 相关国家的新经济文化制度，参见 North（1981），Olson（1993），North, Wallis and Weingast（2009）。

长期垄断租金。随着时间的推移，财政提取和税收收入最大化相对于生存和统治延续来说是次要的，而重点是化解内部叛乱和消灭竞争对手与其他政治势力。在这一特有均衡中，政治稳定和王朝存续大大优先于其他目标，如经济增长等。因此，朝代不稳定和统治被推翻被认为是偏离长期轨迹的暂时现象，国家内部的三大主体（帝王—官僚—民众）作为主线形成一个食物链等级次序，犹如石头—剪刀—布的游戏一样轮转循环。

通过两千年战争发生率的记录来构建王朝统一的指标，本文描述了战争和制度变迁的相关性，而中国高度集权的大一统政体的形成和巩固是一个内生性的历史过程，孕育于长期的文化和制度整合和对产权和要素市场的重塑。本文的定量指标显示帝制中国的朝政稳定性和国家统一度领先于世界其他主要文明。但是这种稳定最终成为一种惯性，使中国悠久历史的发展轨迹到了近现代初期却显得疲软无力；与此相对的是一个充满体制活力和上升的欧洲，而这种活力可能来自一个独特的国与国的竞争体系及其政体内的某种代议机制。

本文分成三个主要部分和一个结论。第一部分从历史角度叙述传统中国政治结构的模式和变革及其理论意义。第二部分引入两项王朝统一的指标对比两千五百年的战争数据序列，来考察传统中国政治治理的成败。第三部分分析了中国传统体制的激励和信息问题，并由此讨论近代早期的中国与英国和西欧发展出现大分流的制度因素。

一、具有中国特色的专制体制

（一）一个统治模式的渊源

公元前 7 世纪左右，随着中国北方平原地区上发展起来的周王朝的瓦解，少数通过制度革新来提高战争动员能力的统治者逐渐兼并其他小国（参见中国历朝年代表）。有学者集中研究了战国时期统治者的一项成功的政策——"编户齐民"，最后促使了中国历史上的首次统一——秦朝在公元前221年统一中国，统一举措包括以郡县制取代地方封建、在县以下设乡里等基层行政机构、用靠军功提拔的精英来取代世袭贵族制、登记土地户籍以便征收赋税、推行兵役制、颁布连坐等统一法令。杜正胜的研究把郡县制的起源追溯到军事步兵组织。[6]

从中国帝制的开端秦朝（公元前221年—前206年）直到1911年最后一个王朝清朝的倾覆，集权的官僚等级制度成为历朝历代最显著与持续的特征。在研究它的历史演变之前，我们先描述这种治理的政治模式，或者说借用马克斯·韦伯的政治术语——它的理想类型。在这种绝对专制的模式下，君主掌控着包括土地、劳动力等一切要素的根本权力。而处于这一体系另一头或底端的正是名义上的土地租借者和开垦者（农业国家的农民或农家）。[7]皇家将农业产出的租金收益大部分用于国防和维护内部安定。

这种模式的本质就是单一皇权的统治凌驾于所有社会或政治组织之上。在秦朝建立之时，中国的第一个皇帝秦始皇采纳了他的丞相——法家代表人物李斯的建议，决定不采取皇权和各种地方势力或世袭贵族权力共存的封建模式。取而代之的是皇帝统一管理的郡县制和实行"编户齐民"的户籍管理方法。在这种新秩序中，只有皇权是世袭的。随着贵族或独立政治单位逐渐消失，国家的一切管理——征税、镇压暴力和一些公共基础设施的提供——全部直接由公共机关依

---

〔6〕 参见美国学者 H.G. Creel 在 1964 年对中国郡县制的起源的深入研究。

〔7〕 传统制度下的土地在传统观念中被看作是"王土王民（王的土地，王的人民）"，这个表达出现在战国时期（公元前475年—前221年）编写的《诗经》，这种观念和用法贯穿了整个封建统治时期，参见 Kishimoto（2011）。

照国家的法规和律令进行。[8]

唐朝的大儒韩愈（公元768年—824年）曾精辟地阐释了这个由三部分组成的政治模式的运作逻辑："是故君者，出令者也；臣者，行君之令而致之民者也；民者，出粟米麻丝，作器皿，通货财，以事其上者也。君不出令，则失其所以为君；臣不行君之令而致之民，则失其所以为臣；民不出粟米麻丝，作器皿，通货财，以事其上，则诛。"[9]（Wm. Theodore de Bary，1960，pp.432–433）

这种国家理念被历代学者判定在很多方面是父权制度的延伸。随着世袭贵族慢慢消失，封建制度向中央集权统治的转轨也将独立的皇权延伸为国家主权。事实上，个体、家庭和国家的统一无不体现了儒家的一句经典古训："修身，齐家，治国，平天下。"汉字的"国家"是"家和国"的同构，正如马克斯·韦伯把这个词叫作"父袭的"或者是"家族式的国"。钱穆先生从词源学角度来解释中国皇帝的"宰相"，他说在先秦时期宰相实际上是指原来贵族家庭的管家，后来演变成一个国家的宰相。因此，在钱穆看来，中央集权的兴起也标志着所有权（皇帝）和管理权（地方官僚机构）分离的开端。[10]

（二）制度的演化

秦朝血腥的统一并没有结束中国历史上的政治分裂与暴乱。相反，秦朝仅十五年就被反抗暴政的力量摧毁，这也成为仅靠施行暴政统治导致政治秩序崩溃的一个教训。在汉朝早期的统治中试图部分重建封建统治，并且重新修复和确立了儒家思想的统治地位，着重强调

---

〔8〕 中国古代统治者的独立性是可以以统治者和地主、商业精英以及官僚的抗衡来说明的。明朝皇帝对地主阶级和官僚的酷刑可以参见黄仁宇（1974）。

〔9〕 韩愈：《原道》。——译注

〔10〕 参见钱穆（1966）第8–12页。同见 Creel（1964）和杜正胜（1990）关于"中国国家的氏族和王权起源"的论述。

帝国统治的"仁"和父系继嗣制度的儒家思想成为国家新的正统思想。重启这些在秦朝受到压制的思想，来缓和根植于法家思想中的严格惩罚和酷刑律令的秦制暴政。

儒家思想不断扩散成为新的统治思想，大约在公元 300 到 800 年间，即中国所谓的"贵族时代"，地方势力的抗争导致了更强大的家族势力进行统治，出现了政权的更迭。在这一时期内，强大的统治势力垄断儒家思想的学习传播，实行族内通婚与皇族统治，通过内阁闭门会议来管理国内朝政事务。实际上，很多贵族比天子更有高贵的血统。由于天子的地位受控于这些贵族家族及其亲信，如果违背这些贵族的利益，天子可能会被废黜甚至处死。朝权争夺是贵族和家族血统之间的斗争，与平民毫无关系。在唐朝的中央政府统治中，代表上层贵族的官僚机构有权挑战和否决（封驳）由尚书令起草的诏令。处于行政管理之首的唐朝的丞相，有相当大的权力，并且参与皇帝的最终决策。

但是从宋朝开始，权力的平衡已经决定性地倾向了帝王，皇帝掌管国家的一切结构事务，他能够指挥和吩咐他的臣子就好像一个主人使唤奴隶一样。对皇权的挑战和否决现象从明朝开始慢慢消失，在明朝第一个皇帝手中，甚至连丞相一职也被废除。正如日本著名的中国史专家内藤湖南详细论述的，中世纪的中国向专制主义转型是现在被我们熟知的"唐宋变革"时期的重要特征。他的理论提出中国的专制制度有其优越性，尽管这种制度伴随着负面影响，但是它标志着中国近现代史的开端。它把人民从贵族阶层的束缚中解放出来，让人们真正成为国家的臣民，也引起了从财政货币体系到私有人民财产权和土地权等方面的制度转型。[11]

第一个大的变革就是选官任人。尽管科举考试是从隋唐时期开始

---

〔11〕 参见 Miyakawa（1955），关于内藤及其影响的英文概括。

的，但是这种官员选拔大多局限于已经被世袭权贵垄断的官办的教育机构中。大约从 8 世纪开始，科举考试的范围开始延伸到"道州县"三层，也开始面向普通男性民众，不再局限于官办学院的学生。科举制和选官制度的开放重塑了儒家思想下的世袭家族控制的传统社会阶级，为庶族阶层人员的社会流动性提供了制度基础。宋朝朱熹在传统儒学思想基础上创立了新儒学并由国家将其渗入科举制，巩固了儒家学派作为国家正统思想的地位。

通过为不同层级的科举考试候选人授予终身免税权和某种程度的法律免罚，这一制度产生了一个非世袭的阶层，就是所谓的乡绅贵族。[12] 在这一制度下任命的官员在某个职位上任职 3—5 年就要在全国范围内轮换，并遵循"回避制度"，即被任命者的职位安排要避免自己的家乡。由此地方官员没有独立的自治权或者权力基础。[13] 由于中国象形汉字有能超越地方方言的特性，再加上隋唐时期造纸和雕版印刷术的推广，科举制度更加成为促进文化融合与认同的重要统治工具。

同时，财政制度也开始转变。在公元 780 年，唐朝宰相杨炎提出建议，推行"两税法"来代替"租庸调制"。两税法改革的一个关键点在于将不同形式的劳役和赋税整合为直接的土地税。这种以土地为基础征税的转变促进和加强了财政收入的货币化，使财政体系出现了标准货币流通单位，例如宋朝的铜钱、纸币，明朝中期出现的银两。财政体系的货币化实现了中央财政预算体系"量入以制出"，也同时出现了现金储备和备用资金（黄仁宇，1974；岩井茂树，2004）。有了这些货币和财政体系做基础，宋朝出现了新的兵役制，即用募兵制取代了

---

〔12〕 乡绅阶层更多的是居住在本地，协助地方行政者和官员的工作，管理本地事务。这个阶层变成了处理人民大众和国家之间关系重要的中间阶层（张仲礼，2008）。

〔13〕 钱穆（1966）、Ho, P.T.（1967），描述了中国明清时期世袭贵族的局限性。

府兵制，以及在免税土地上建立享有财政独立的军事藩镇制度。

财政制度的重组更深远的影响在于以人和土地为基础的中国产权制度。传统上来说，为了保证国家收入，中国历朝历代的统治者都积极地将土地分配给对土地进行开垦并纳税的农民。在唐朝所实行的"均田制"就是根据人们的生产能力给成年男子授田，在此基础上实行"租庸调制"。根据土地类型的不同，一部分授田一旦在租户离开或者死亡之后会交还国家。但是随着"两税制"的实行，对土地的征税不再与其所有权状态相关联了，由此国家开始放弃对土地所有权的控制与管理，事实上是允许土地私有和前朝非正式存在的私有土地交易。因此，法理上的国家土地所有权开始转变为对地主的事实征税权。而宋也成为第一个没有明确国家土地政策的朝代（钱穆，1966，第2章）。

建立在土地基础上的两税制成为贯穿中国古代直到20世纪的中国财政制度的标志，同时"量入以制出"的税收政策变成仁政思想的基础。政府允许民间而不是国家保有经济增长后带来的剩余。在一个相对独立自由的以家庭为单位的租佃制度下，生产力的提高和土地与人口的扩展都可以成为这些剩余增长的重要源泉，而这一切恰恰是因为政府退出了对土地的直接所有、经营和干预。财政政策和官僚系统的这些重大转变被王亚南解释为古代中国君主专制的两大支柱，也解释了宋朝之后的经济扩张（王亚南，1981，第8章；Elvin，1973；妹尾达彦，1999；钱穆，1966，第2章）。

传统中国的专制统治建立在中央集权的基础上，对统治者及其代理人滥用权力没有正式的、外部制度上的束缚与制约，唯一有的是定义模糊的"天道"。[14] 针对官僚是否滥用职权、玩忽职守，也存在一套监察系统，但这套系统在自上而下的行政体系之内，且最后的仲裁权还是在皇帝手中。但如果君权和行政机构滥用职权的压迫让人民无以维生，唯一的约束就是所谓官逼民反导致人民揭竿而起，我们可以把它想象成经济最优化模型中的"动乱约束"条件（insurrection constraint）。唐朝魏徵给唐太宗李世民的训诫——"水能载舟亦能覆舟"，就恰如其分地描述了黎民百姓与统治者"动乱约束"的关系。

我们可以用 Olson（1993）基于"坐寇与流寇理论"的类比来诠释古代中国政治的逻辑。他论证的重点是较长历史时期中的垄断皇权（特别是世袭皇权）更有可能带来一个"良好的"均衡，所谓"坐寇"统治可以带来较低的榨取和较高的公共产品的提供。而统治者的在位时间预期越长，帝国统治越稳定，坐寇型政府也会越关注自身的长远利益，或按 Olson 的话说就是"共容利益"（inclusive interest）。因此，政权垄断与长时段的统治预期及低贴现率（discount rate）的组合，能使统治者对未来的税收收入流的估值远高于对黎民百姓的一次性或短期压榨，所以即使缺乏任何正式宪法约束，它也形成了对独裁统治者掠夺之手的自我约束（self-enforcing constraint）。[15]

---

〔14〕 缺乏对皇帝的有效约束这一问题在黄仁宇关于中国帝制的全盛时期——明朝专制制度的研究中有所涉及："最终的权力是主权，官僚机构的行动被限制为对执行君主命令者的抗议、辞呈、试图弹劾等，以及将某些征兆夸张为上天对皇帝的警告。当这些都失败的时候，就没什么办法了。"参见黄仁宇（1974，p.7）。

〔15〕 参见 Olson（1993）。也参见 Besley 和 Ghatak（2010）基于声望的博弈论模型，该模型建立了统治者的征用率和政治的折现率之间的正向关系，这导致了所有权的内生化（私有产权在没有正式制度法规的情况下受到保护）。

二、历史的检验

（一）历代王朝的统一度与寿命

有意思的是，内藤关于中国专制制度的"现代"特征和 Olson 的独裁理论居然与一千多年前中国学者的预言有异曲同工之处。唐代士大夫文人柳宗元为中国的中央集权专制做出了最为雄辩的论证，他认为"分封制"实际上是为了满足封建主及其亲信的私家利益，而集权统治下的"郡县制"反而能创造一个公众的利益，尽管这项制度本身是为了满足皇权自身利益、加强专制统治而创立的。柳宗元认为，"郡县制"通过能者而非贵族世袭保证公正性。在这种制度下一个不称职的地方长官和官员可以立即免职替换，但替换一个不好的封建领主却不那么容易。[16] 因此，对柳宗元来说秦朝的建立标志着"公天下"在中国的诞生，用 Olson 的术语来表达就是作为坐寇的皇帝带来的共荣利益。而用防止动乱的标准来测试的话，"郡县制"要明显优于封建制：历史实践证明，与君权抗衡的反叛者来自分封的公国与周边邦国、藩镇的将领等，而非国家官员直接管辖的郡县[17]（Yang, L.S., 1969，pp.7–8；冯天瑜，2006，pp.60–63）。下面我们可以具体检验中国专制制度在柳宗元所谓的"动乱测试"中的表现。

如中国历史学家葛剑雄所论述的，自从秦朝建立以来两千多年的历史中，政治分裂的时间要超越统一的时间。用中国明朝的统一地域大小作为参考（即大致长城以内的大部分为中国的农耕区），按葛剑雄的计算（如附表所归纳），从秦朝开始的 2135 年中，中国统一的年限

---

〔16〕见《封建论》："有罪得以黜，有能得以赏。朝拜而不道，夕斥之矣。夕受而不法，朝斥之矣。设使汉室尽城邑而侯王之，纵令其乱人，戚之而已。"——译注

〔17〕见《封建论》："唐兴，制州邑，立守宰，此其所以为宜也。然犹桀猾时起，虐害方域者，失不在于州而在于兵，时则有叛将而无叛州。州县之设，固不可革也。"——译注

只有 935 年。而同时所有朝代无论分裂阶段还是统一时期，征战是贯穿其中的永恒主题。根据中国军事史编写组的一份战争发生率的详细统计，此附表说明了在 2686 年间发生了 3752 次战争，在此期间战争的年均发生率为 1.4 次。

我们将葛剑雄和中国军事史编写组提供的上述两类数据转化成图 1–1 的两个指数。具体而言，图 1–1 建构了公元前 7 世纪到公元 9 世纪的统一年数和战争发生次数这两个指数。每一世纪统一指标由两项指标 N_i 和 T_i 乘积的加总形成，即 $\sum_{T=0}^{100} N_i T_i$，i 代表在公元前 4 世纪到公元 19 世纪中的任何一个世纪，N_i 为在中国疆域（由明朝的疆域来定义）上的政权数目的倒数，而 T_i 则为第 i 世纪内这些政权统治的年数。图 1–1 中间第一个指数，即葛剑雄指数（图 1–1 中浅色阴影柱状表示），是假定如果中国（由明朝的疆域来定义）由单一统治者统治，N_i 值则设定为 1，否则设定为 0。而 T_i 为 N_i=1 时的统治年数。第一个指数体现了葛剑雄对历年中国统一和分裂的阐述。图 1–1 的第二个指数，或者说统一加权指数（图 1–1 中深色阴影柱状表示）中，N_i 被设定为在中国领土上统治者数量的倒数，而此时的 T_i 指的是这些政权在这一世纪中对中国的统治时间。相比葛剑雄指数，统一加权指数的 N_i 是 1（一位统治者）或 0（大于一位统治者）的简单的二元指数，因此它更明确地表示了中国的统一与分裂的程度，把同世纪存在于中国范围内的政权数量也计算进去了。

图中的两种指数表明，中国历史上有三次大一统时期：第一次是在公元前 3 世纪到公元 3 世纪的秦汉时期；第二次是公元 6 世纪到公元 8 世纪的隋唐时期；最后一次是开始于 13 世纪的元明清大一统。分裂最长的时期是在公元 3 世纪到公元 6 世纪的时期，也就是内藤湖南所说的贵族时期，在这一时期朝代纷争不休，领土与权力不断更迭。

到公元 907 年唐朝灭亡时又再次出现了分裂局面，但是从 960 年北宋政权建立到 13 世纪蒙古帝国的建立，中国的政治分裂以两大政权对峙的形式存在，即南宋、北宋与少数民族政权辽、金和后来蒙古政权的长期对抗。因此，我们的第二个指数比葛剑雄的标准更能反映中国从 10 世纪（或者说宋朝）开始走向大一统的趋势。至此，分裂时间越来越短，对抗国家数量减少，国家的平均面积和实力也越来越大。

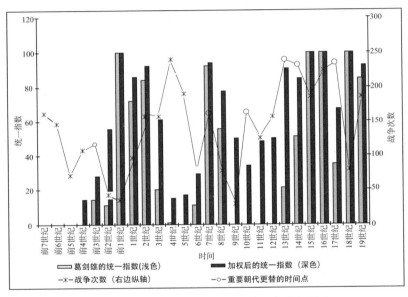

图 1-1　各世纪中国战争年数和统一年数记录表

资料来源：来自葛剑雄的研究，参见附表和文字解释。对于加权指数，政治体的数量计算方法如下：战国时期（公元前 4 世纪）设定值为 7，在三国时期（220 年—280 年）值定为 3，西晋时期为 2，东晋时期为 7，南北朝时期为 6，五代十国时期为 5，南宋和北宋时期为 2。在朝代更替但一个朝代名存实亡的情况下，本人将这种情况的数值定为 2。对于各朝领土范围和各朝政府数据，数据参考谭其骧主编的《中国历史地图集》（第 8 期），以及藤岛达朗、野上俊静的《东方年表》。

　　图 1-1 同样把统一指数和战争指数关联起来。如图所示历史上战

争不断持续，重要朝代更替的时间点出现在公元前 3 世纪、公元 6 世纪、7 世纪、10 世纪、13 世纪、14 世纪和 17 世纪（分别对应秦朝、汉朝、隋朝、唐朝、宋朝、元朝、明朝和清朝），这些世纪都是战争高发时期。在这之后的时间里，战争发生率又会有一个相对的缓和，因为新的朝代在努力巩固它们的权力。[18]

在历史上，对中国统一持续存在的威胁就是生活在长城以北的游牧民族的不断入侵，在这些地区，以定居农业为基础的中国治理体系无法延伸到草原和戈壁。[19] 图 1-2 显示了游牧民族与汉族之间的冲突在中国历史上的战争总数中占有相对较大的比重。事实上，除了公元前 1 世纪到公元 2 世纪早期相对稳定，游牧民族与农耕汉族的冲突数量始终超过了中国汉族内部战争的次数，在公元 9 世纪以后数量更是激增。汉族和游牧民族的冲突很早就受到了学界关注（Lattimore，1989；Turchin，2009；Bai and Kung，2011）。尽管人数稀少，游牧民族在战争中的竞争优势来源于游动性的居住方式和善用牧骑。Peter Turchin（2009，p.192）指出，在中国历史上存在的 15 个统一朝代中，除了一个朝代之外（1368 年建立的明朝），其他的都起源于中国的北部，而且中国大部分朝代都选择在北方建都，甚至在公元 1000 年后经济中心南移至长江流域之后也是如此。以长城为分界的中国北疆实际上见证了汉族政权和游牧民族之间战争规模和战争政治动员程度的不断扩大。比如，在 7 世纪时大规模建设的京杭大运河提供了更强的物

---

[18] 从中国军事史编写组所编写的两卷文献中筛选战争数据需要非常谨慎。根据文献注释，这两卷数据基于大量的团队项目工作，资料来源大部分是基于二十四史大事件记载以及其他的资料的记载。尽管它们记录了战争的发生率，但是并不包括战争规模、持续时间、战争强度等指标。尽管如此，我们相信这些是对历史的记录非常有用的信息，或者至少是对中国历史上战争强度和级数的官方看法和主流设定。Bai 和 Kung（2011）的论文对于数据来源的可靠性与 Peter Perdue 关于清代的独立论文做了一个可信的交叉检测。

[19] 参见 Owen Lattimore（1940）。

流能力和运输承载量，将经济重心南方的谷物通过河运运输到北方来支持中国的军事建设。但这一发展也加强了半游牧民族，如匈奴、突厥和蒙古等帝国同盟的扩大（见全汉昇 1976 年关于京杭大运河作用的研究）。

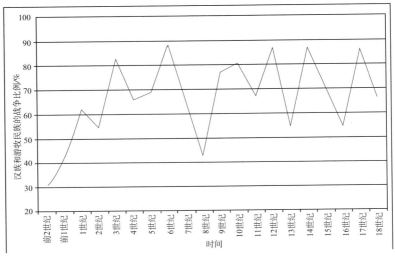

图 1-2　各世纪汉族和游牧民族的战争比例示意图（按百分比计算）

资料来源和注释：同图 1-1。汉族和游牧民族的战争数量由 Bai 和 Kung（2011）统计。感谢他们和我分享关于游牧和农耕民族战争的数据和资料。

Charles Tilly 对中世纪和现代早期欧洲"战争造就国家"的结论也同样适用于对中国的描述。游牧民族同盟的形成和中华农耕帝国在战争规模和帝国规模的扩大方面具有非常相似的同步性和反馈路径，这些参与国家构成了 Tilly 的欧洲的战争与国家形成故事的中国版，且其规模更大，时间更早。追溯西欧和伊斯兰世界的一千多年中的每世纪的政权数量，Bosker, Buringh 和 van Zanden（2008）指出它们在 14 世纪分别激增到几百个和二十个，但是两者都从 15 世纪以后才开始了融合，这几乎比中国的整整晚了 5 个世纪。的确，若仅以帝国统一和朝代存活时间为标准——更不用说规模了——来衡量，中国的专制制度在主要世界文明中的成果空前。柳宗元对中央集权专制优势的洞察极具先见之明。

三、大分流

奥尔森均衡中设定的良性专制，是建立在体制内的委托代理的问题不存在的假定基础上的；而有趣的是，这一假设却与理想的儒家思想中的家长式国家是一致的，因为家庭成员的激励和利益被假定是一致的。但考虑到帝国的扩张和官僚的非人格化的性质，现实最终与理想并不符：激励和信息问题来源于三个代理方——君主、官僚（或者说乡绅）和大众（或农民）——之间，从而会引起潜在的三方的双重委托代理问题。确实，被唐朝学者韩愈和柳宗元所盛赞的中央集权体制只不过用行政等级内的一系列委托代理问题暂时替换了封建体制内的派系斗争。由于前现代监控技术的不足，委托代理问题随着国家规模的扩大会更加严重。[20]随着持续把异质的种族与政治势力纳入集权体系内（通过武力或其他方式），外部威胁的解除过程却会带来内部叛乱风险的增强。[21]

统治者和他的权力执行者之间的激励偏差解释了在正式和非正式机构之间发展的历史移位。如同多位历史学家所观察到的，很多正式的官吏职位来自于内部官员受到皇室个人委派而成为所谓钦差大臣，以加强控制外部官员。实际上，巡抚、总督等省级官员就是源自

---

〔20〕 参见 Sng Tuanhwee（2010）发表的有关中华帝国信息化规模不经济模式的研究。

〔21〕 就此而论，唐宋变革——王朝通过制定一个标准的选官制度和系统开始了同质化，农民的均质化和儒家思想的传播可以看作是在一个处于上升期的王朝为缓解激励和机制问题而进行的一种制度创新。

作为中央的代表监督地方官员。一旦这些职位永久纳入了官僚机构体系，并且长期驻扎在都城之外，朝廷内部又会派出新级别的人员去监督和管理他们，这也就导致了很多历史学家所说的皇室内部官员的"外延化"（钱穆，1966，p.44；梁启超，1984，p.28；王亚南，1981，pp.48-49）。一个关于这个问题的极端版本是太监作为一个重要的政治角色贯穿于中国历朝历代的反常历史。由于缺乏正式地位，又没有后裔的他们对皇权不构成威胁，但这些依附皇权的太监们长期生活在他们所侍奉的皇帝的后宫中，有时他们串通后宫妃嫔实际操控皇帝，经常以皇帝的名义掌控了极大的权力。尽管历代都有警示，但是太监对正统体制内统治的威胁从来没有消失过（余华青，2006）。

中国专制统治在明清时期达到顶峰，一些较为独立的知识分子开始批评中央集权和郡县制的害处。黄宗羲和顾炎武在 17 世纪撰文痛述皇帝和朝廷官员经常将公众利益归于他们的私人利益。顾炎武特别回忆起中国古代分封分权制的好处，在那种制度下一些形式上的否决权也有利于牵制皇权，自治领主或者贵族更关心他们的民众而不像那些轮值的官僚[22]（萧公权，2010，pp.404-411）。

当 19 世纪末传统中国面临西方挑战之时，近代中国最著名的学者和改革家之一的梁启超对中国专制制度的祸害作了最精辟的总结，并认为中国传统制度的致命弱点就在于不信任。基于统治者对他的官员的不信任，他们从上而下设置一层又一层的机构对他们的官员和机构进行监督和检查；最后什么都没有解决好，因为没有人对任何事情负责。而较低级别的官员对于取悦上级的兴趣远高于服务民众。虽然榨取民财或漠视百姓疾苦，但只要能奉承和贿赂上级，他们的职位就更

〔22〕 "亭林认封建制度乃古代圣人公天下之大法……后世有其不善治者出焉，尽天下一切之权而收之在上。而万几之广固非一人所能澡也……'分天子之权以各治其事'……为子姓则必爱之而勿伤，为田畴则必治之而勿弃"。——译注

安稳。从中国古代开始，当地官员从当地的民众中任命。但是制度中的缺乏信任致使地方官员不断轮换，到明朝时期受任者的轮调甚至沿南北方必须长途跋涉到千里之外上任就职，甚至背负债务。由于不了解当地方言和习俗，他们的权力形同虚设，而实权却落入当地的官员和衙役手中。待到刚刚学习适应了当地风俗习惯，能够较好地完成和解决相关事情的时候，他们的任期已至，又踏上新的轮职旅程。而皇帝们更是被一层一层的官僚阻隔，与太监、宫女和妃嫔们常伴而居住在深宫之内，很少听闻宫外的事情。因此，梁启超总结道：一个一切为了自我防范的体制，最后结果是自我削弱[23]（梁启超，1984，pp.27–31）。

由此看来，西欧的多国竞争和代议制共存的政治结构，恰恰在某些方面解决了困扰着中国这样的统一集权帝国基本的激励机制和信息问题。这也能解释西欧经验可以观察到的战争动员和国家能力之间的正相关关系，在具有强大商业或财产利益的代表的城邦国家或者城市联邦国家（例如意大利北部和荷兰）中，战争动员导致了 Charles Tilly 所说的资本密集型道路的兴起。这与沙俄和奥斯曼帝国所实行的强权政治类型形成了对比，在这种强权政治下，商业精英的利益被抑制和削弱，并且代议制度的存在十分微弱，甚至根本不存在。在资本密集型的治理路径中，战争动员加速了以国债和商业税收为标志的金融和财政机构的发展。[24] 我们可以认为通过允许经济和商业利益直接控制

〔23〕"一事必经数人，互相牵制，互相推诿，欲其有成，乌可得也。……途壅俸薄，长官层累，非奔竞未由得官，非贪污无以谋食，欲其忍饥寒，蠲身家，以从事于公义，自非圣者，乌可得也。"——译注

〔24〕参见 North 和 Weingast（1989）对英国光荣革命的研究，以及 Brewer（1989，pp.66–67）关于光荣革命后现代城市机构的兴起的研究。另外参见 Karaman 和 Pamuk（2010），Dincecco（2009）。参见 Khan（2000）对所谓的国家和政府政策的"熊彼特租金"的研究说明。在欧洲的不同时期国家性质有着很多不同。Mokyr 和 Nye（2007）指出在具有全国性的英国议会中允许将寻租集中化并与国王进行讨价还价。这和更加分权的专制国家，例如以集团为基础或打包式寻租的西班牙和法国形成对比。在这些国家中，上升的财政需求让国家更加依赖农业税、受贿和其他短期的容易导致腐败的措施。同时也参见 Acemoglu 等人 2005 年对此发表的观点。

从（军事和商业）胜利中获得的欧洲国家间竞争的经济租金，代议制可以帮助解决激励和委托代理问题。

因此，就像 Max Weber 所说的，在缺乏政治代议和多国竞争的传统中国，军事战争不会和国家的财政和金融管理能力产生直接的联系（Weber，1951，pp.103–104）。中国皇权的专制特性，可以强制"借贷"，从而阻止一个持续的公债市场的崛起。而中国大一统的皇权垄断使整个中国处于单一司法体系，缺乏欧洲那样的政治分裂和多重司法的体系，以及境外的独立的金融市场或执法机制。[25] 所以西欧的政治结构虽然较不稳定但更具活力。

四、后论

通过构建一个关于传统中国的叙事模型，本文强调了制度在决定中国长期经济轨迹和决定中国与西欧在工业革命前出现的分流上所起到的关键作用。我提出的这一新解释，既批判也调和了两种对立主义的观点——东方专制主义，以及强调清朝皇权仁政的修正派观点。东方专制主义学派过度关注中国皇权名义上专制的本质，而忽视了动乱约束和信息约束所拥有的强大对抗力量。与此同时，修正学派又显然过于相信清廷有关仁政说辞的字面含义，从而忽略了中国集权主义下暗藏的黑暗现实。本文表明中国的大一统中央集权的制度是一个内生的历史过程，并不能仅仅用地理的原因来解释（Diamond，1997，第16章）。有意思的是，随着多国竞争的消失，在大一统体系下中国皇权的政治合法性往往会托付于独特的朝代间的竞争与比试（杨联陞，

---

〔25〕 实际上，唯一可行的公共借贷是 19 世纪在清王朝和西方商人及有西方殖民者支持的银行家之间开始的。参见周育民（2000，pp.277–287）。还见 Epstein（2000），第二章，在 27 页还具体提到欧洲的海外资本市场和金融中介机构如何约束专制统治者偿还公共债务。

2005，pp.30–42）。历史和朝代衰败的教训就像一面镜子，映照着现在和未来的统治者。因此，史书编纂本身也是皇权合法化的重要实践。这种特有的合法性意识在中国稳定的专制集权统治下具有内省与怀旧的倾向。即使对中央集权进行严厉批评的黄宗羲和顾炎武，却也都通过追溯中国的先贤来探索更好的统治模式。

中国的传统政治制度留下长长的阴影，19世纪西方帝国主义的入侵，也代表着外来威胁第一次不是来自北部边界的草原和沙漠，而是来自南部的海岸线，并通过新的全球国家间的竞争对中国传统政治发起了持续挑战。中国对西方帝国主义挑战的反应最终转化成了一个现代化过程——"洋务运动"。有意思的是，中国，或者说东亚地区的现代化过程却从传统的集权意识形态吸取了新的灵感。事实上，日本明治统治的转变和在幕府封建统治危机之上积极建立一个中央集权的统治系统，就归功于这种古代中国的意识形态（冯天瑜，2006，第四章）。在20世纪早期，中国的民族革命运动将统一和集权作为对抗西方和日本的侵略者的基石。中国共产党的创始人们，从中国第一个统一王朝秦朝以及柳宗元的思想和从苏联的经历中吸取了同样多的经验（冯天瑜，2006，p.65）。[26]

参考文献

中文文献

中国军事史编写组：《中国历代战争年表》，北京：中国人民解放军出版社，2006年。

冯天瑜：《封建考论》，武汉：武汉大学出版社，2006年。

---

〔26〕 也参见钱穆（1966）和Weingast（1977），以及Xu，Chenggang（2011）。

葛剑雄：《统一与分裂》，北京：中华书局，2008 年。

浜下武志著，高淑娟、孙彬译：《中国近代经济史研究》，南京：江苏人民出版社，2006 年。

何平：《清代赋税政策研究》，北京：中国社会科学出版社，1998 年。

梁启超著，吴嘉勋、李华兴编：《梁启超选集》，上海：上海人民出版社，1984 年。

罗玉东：《中国厘金史》，北京：商务印书馆，2010 年。

彭凯翔、陈志武、袁为鹏：《水浅而舟重：近代中国农村借贷中的市场机制》，10—20 世纪中国工商业、金融史国际学术研讨会，2007 年。

刘秋根、马德斌：《中国工商业与金融史的传统与变迁》，石家庄：河北大学出版社，2009 年。

钱穆：《中国历代政治得失》，北京：生活·读书·新知三联书店，2001 年。

全汉昇：《中国经济史研究》第一卷，北京：中华书局，2011 年。

史志宏：《清代户部银库收支和库存统计》，福州：福建人民出版社，2008 年。

史志宏、徐毅：《晚清财政：1851—1894》，上海：上海财经大学出版社，2008 年。

谭其骧主编：《中国历史地图集》，北京：中国地图出版社，1982 年。

王亚南：《中国官僚政治研究》，北京：中国社会科学出版社，1981 年。

吴宗国：《中国古代官僚政治制度研究》，北京：北京大学出版社，2004 年。

萧公权：《中国政治思想史》，北京：新星出版社，2005 年。

杨联陞：《国史探微》，北京：新星出版社，2005 年。

余华青：《中国宦官制度史》，上海：上海人民出版社，2006 年。

张之洞：《劝学篇》，北京：华夏出版社，2002 年。

周育民：《晚清财政与社会变迁》，上海：上海人民出版社，2000 年。

张仲礼著，李荣昌、费成康、王寅通译：《中国绅士研究》，上海：上海人民出版社，2008 年。

日文文献

岩波讲座《世界历史》第 9 卷：《中華の分裂と再生：3—13 世纪》，东京：岩波书店，1999 年。

藤岛达朗、野上俊静编：《东方年表》，京都：平乐寺书店，1996 年。

岩井茂树：《中国近世财政史の研究》，京都：京都大学学术出版会，2004 年。

英文文献

Acemoglu, Daron, Politics and Economics in Weak and Strong States, *Journal of Monetary Economics* 52(2005), pp.1199–1226.

Acemoglu, Daron, Simon Johnson and James Robinson, The Rise of Europe: Atlantic Trade, *Institutional Change and Growth, American Economic Review*, Vol.95 (June 2005), pp. 546–579.

Allen., R.C, *The British Industrial Revolution in Global Perspective*, Cambridge: Cambridge University Press, 2009.

Allen., R.C, Jean-Pascal Bassino, Debin Ma, Christine Moll-Murata and Jan Luiten van Zanden, Wages, Prices, and Living Standards in China, Japan, and Europe, 1738—1925, *Economic History Review* Vol. 64, No. S1 2011, pp.8–38.

Bai, Y and James Kung, Climate Shocks and Sino-nomadic Conflict, *The Review of Economics and Statistics,* 2011.

Besley, T., T. Persson, The Origins of State Capacity: Property Rights, Taxation and Politics, *American Economic Review,* 2009.

Besley T., and Ghatak, M., Property Rights and Economic Development, *Handbook of Development Economics*. edited by Dani Rodrik and Mark Rosenzweig, 2010.

Bosker, M., E. Buringh and J.L.van Zanden, From Baghdad to London: the Dynamics of Urban Development in Europe and the Arab World, 800—1800, CEPR Discussion Paper, 2008.

Brewer, J., *The Sinews of Power: War, Money and the English State, 1688—1783* London: Unwin Hyman, 1989.

Chang, C.-li., *The Chinese Gentry. Studies on Their Role in Nineteenth Century Chinese Society*, Seattle: University of Washington Press, 1955.

Chang, T.-c.a., The Economic Role of the Imperial Household in the Ch'ing Dynasty, *Journal of Asian Studies*, 1972.

Creel, The Beginnings of Bureaucracy in China: The Origin of the Hsien, *The Journal of Asian Studies*, Vol. 23, No. 2 (Feb. 1964), pp. 155–184.

De Bary, W. T., Chan, W.T and Watson, B. *Sources of Chinese Tradition*, New

York: Columbia University Press, 1960.

Diamond, J., *Guns, Germs, and Steel, the Fates of Human Societies*, New York: W.W. Norton & Co., 1997.

Dincecco, M., Fiscal Centralization, Limited Government, and Public Revenues in Europe, 1650—1913, *Journal of Economic History*, Vol.69, No. 1(March. 2009), pp. 48–103.

Elvin, M., *The Pattern of the Chinese Past*, Stanford: Stanford University Press, 1973.

Epstein, S.R., *Freedom and Growth: the Rise of States and Markets in Europe, 1300—1750*, London: Routledge, 2000.

Ferguson, Niall. *Civilization, the West and the Rest*, London: Penguin Press, 2011.

Greif, A., Commitment, Coercion, and Markets: The Nature and Dynamics of Institutions Supporting Exchange, *Handbook for New Institutional Economics,* edited by Claude Menard and Mary M. Shirley. Norwell MA: Kluwer Academic Publishers, 2005.

Greif, A., *Institutions and the Path to the Modern Economy: Lessons from Medieval Trade,* Cambridge: Cambridge University Press, 2006

Ho, P.-T., *The ladder of success in Imperial China,* New York: Columbia University Press, 1976.

Huang, R., *1587: A Year of No Significance: The Ming Dynasty in Decline*, New Haven: Yale University Press, 1981.

Huang, R., *Taxation and Governmental Finance in Sixteenth-Century Ming China*, Cambridge: Cambridge University Press, 1974.

Karaman, Kivanc and Sevket Pamuk, Ottoman State Finances in European Perspective (1500—1914), *Journal of Economic History*, Vol. 70, No. 3 (Sep. 2010), pp. 1–36.

Kishimoto, Mio, Property Rights, Land and Law in Imperial China, Debin Ma and Jan Luiten van Zanden edited, *Law and Long-term Economic Development, a Eurasian Perspective*, Stanford: Stanford University Press, 2011.

Khan, M.H. and J. K. Sundaram edited, *Efficiency and Growth in Rents, Rent-seeking and Economic Development*, Cambridge: Cambridge University Press, 2000.

Lattimore, Owen, *Inner Asian Frontiers of China*, New York: Capital Publishing

Co., Inc., 1940/1951.

Liu, Guanglin, Wrestling for Power, The State and the Economy in Later Imperial China, 1000—1770. Phd. Thesis, Harvard University Press, 2005.

Ma, Debin, Growth, Institutions and Knowledge: A Review and Reflection on the Historiography of 18th—20th Century China, *Australian Economic History Review*, Vol. 44, Issue 3(Nov. 2004).

Ma, Debin, Law and Economy in Traditional China: a Legal Origin Perspective on the Great Divergence, chapter 3 in Jan Luiten van Zanden edited, *Law and Long-term Economic Development, a Eurasian Perspective*, Stanford: Stanford University Press, 2011.

Maddison, A., *Chinese Economic Performance in the Long Run: 960—2030 A.D*, Paris: Development Centre of the Organization for Economic Cooperation and Development, 2007.

Miyakawa, H. An Outline of the Naito Hypothesis and its Effects on Japanese Studies of China. *The Far Eastern Quarterly*, Vol. 14, No.4(1955), pp.533–552.

Mokyr, J. and Nye, J. Distributional Coalitions, the Industrial Revolution, and the Origins of Economic Growth in Britain, *Southern Economic Journal*, Vol. 74, No. 1 (July. 2007), pp. 50–70.

North, D.C., *Structure and Change in Economic History*, New York: W.W. Norton & Company, 1981.

North, D. C., and Weingast, Barry R., Constitutions and Commitment: The Evolution of Institutions Governing Public Choice in Seventeenth-Century England, *Journal of Economic History,* 49(Dec. 1989), pp.803–832.

North, D.C., John Wallis and Barry Weingast *Violence and Social Orders: A Conceptual Framework for Interpreting Recorded Human History*, Cambridge: Cambridge University Press, 2009.

O'Brian, P. K., The Political Economy of British Taxation, 1660—1815, *Economic History Review* Vol. XII (Feb. 1988), pp. 1–32.

Olson, Mancur, Dictatorship, Democracy, and Development, *American Political Science Review*, Vol. 87, No. 3 (Sept. 1993), pp. 567–576.

Pomeranz, K., *The Great Divergence: China, Europe, and the Making of the*

Modern World Economy, Princeton, Princeton University Press, 2000.

Prak, M. and Jan Luiten van Zanden, Towards an Economic Interpretation of Citizenship: The Dutch Republic between Medieval Communes and Modern Nation, *States European Review of Economic History*, 10(2006), pp.111–145.

Qian, Y.Y. and B.R. Weingast, Federalism as a Commitment to Preserving Market Incentives, *Journal of Economic Perspectives*, Vol. 11, No. 4 (Fall 1997), pp. 83–92.

Sng, Tuan-Hwee, *Size and Dynastic Decline: The Principal-Agent Problem in Late Imperial China 1700—1850*, Department of Economics, Northwestern University: Evanston IL, 2010.

Tilly, Charles, *Coercion, Capital, and European States, AD 990—1992*. Cambridge, MA: Wiley-Blackwell Publishing, 1990.

Turchin, Peter, A Theory for Formation of Large Empires, *Journal of Global History*, 4(2009), pp.191–217.

Van Zanden, J.L. E. Buringh and M. Bosker, *The Rise and Decline of European Parliaments, 1188—1789*, CEPR Discussion Paper, 2010.

Wang, Y.-C., *Land Taxation in Imperial China, 1750—1911*, Harvard East Asian series 73, Cambridge, MA: Harvard University Press, 1973.

Wang, Y.C., Secular Trends of Rice Prices in the Yangzi Delta, 1638—1935, in *Chinese History in Economic Perspective*, T.G. Rawski and L.M. Li, eds., Berkeley: University of California Press, 1991.

Weber, M. *The Religion of China, Confucianism and Taoism*, New York: Free Press, 1951.

White Eugene, France's Slow Transition from Privatized to Government-Administered Tax Collection: Tax Farming in the Eighteenth Century, *Economic History Review*, 2004.

Wong, R.B., *China Transformed: Historical Change and the Limits of European Experience*, London: Cornell University Press, 1997.

Wittfogel, K.A., *Oriental Despotism: a Comparative Study of Total Power*, New Haven: Yale University Press, 1957.

Xu, Chenggang, The Fundamental Institutions of China's Reforms and Development, *The Journal of Economic Literature*, 2011.

Yang, L.S., *Ming Local Administration in Chinese Government in Ming Times*, edited by C.O. Hucker, Cambridge: Cambridge University Press, 1969.

Zelin, M., *The Magistrate's Tael: Rationalizing Fiscal Reform in Eighteenth Century Ch'ing China*, Berkeley: University of California Press, 1985.

附录　中国朝代、统一年限和战争发生率表

中国朝代	起止年代	各朝年限	统一起止年限	统一年数	战争次数	每年战争发生率
春秋	公元前 770—前 476	294 年			395	1.34
战国	公元前 475—前 221	254 年			230	0.91
秦	公元前 221—前 206	15 年	公元前 221—前 209	15 年	10	0.67
西汉	公元前 206—公元 25	230 年	公元前 111—公元 22	132 年	124	0.54
东汉	公元 25—220	195 年	公 50—184	134 年	277	1.42
三国	公元 220—280	60 年			71	1.18
西晋	公元 265—317	52 年	公元 280—301	21 年	84	1.62
东晋	公元 317—420	103 年			272	2.64
南北朝	公元 420—589	169 年			178	1.05
隋	公元 581—618	37 年	公元 589—616	27 年	88	2.38

续表

中国朝代	起止年代	各朝年限	统一起止年限	统一年数	战争次数	每年战争发生率
唐	公元 618—907	289 年	公元 624—755	131 年	193	0.67
五代十国	公元 907—960	53 年			73	1.38
北宋	公元 960—1127	167 年			255	1.53
南宋	公元 1127—1279	152 年			294	1.93
元	公元 1206—1368	162 年	公元 1279—1351	72 年	204	1.26
明	公元 1368—1644	276 年	公元 1382—1618	236 年	578	2.09
清	公元 1616—1911	295 年	公元 1683—1850	167 年	426	1.44
总计		2833 年		935 年	3752	1.32

资料来源：中国统一年限数据来源于葛剑雄整理（2008，pp.218–224）；战争数据来源中国军事史编写组的《中国历代战争年表》。

第二章：清朝的财政与国家能力分析

 本论文通过建构 17 世纪到 19 世纪清朝公共财政及其与战争频率的时间序列来重新解释传统中国中央集权的政治逻辑。从 Olson（1993）的新制度经济学视角出发，本文用一种历史叙述和实证的方法来解释鉴于统治者长时间的权力垄断，在帝制中国的政治制度下能形成一个稳定拥有相对低消耗财政、相对自由的私营经济的路径。不同的是，在 Olson 框架的基础上，本文切入一个由帝王，官僚和百姓三者形成的委托代理问题。我认为在集权的等级制下三方之间的基本激励偏差和信息不对称的问题（或者双重委托代理问题）为中国皇帝或者官僚结构增添了一个制约权力（或者说攫权之手）的新维度。事实上，考虑到收入受制于长时间的专权统治时间延续和双重委托代理的问题，这些封建统治者的目标函数应该由短期收入最大化转向维护长期垄断租金。随着时间的推移，财政提取和税收收入最大化相对于生存和统治延续来说是次要的，而重点是化解内部叛乱和消灭竞争对手和其他政治势力。在这一特有均衡中，政治稳定和王朝存续大大优先于其他包括经济增长在内的目标。而 18 世纪清王朝的统治可以集中体现出低财政支出和朝政稳定的良性均衡。

 但本文也认为，信息不对称使这样的制约机制是一把双刃剑：它们限制了一个名义上的专制主义国家对社会的掠夺（或者说是限制住了政府的掠夺之手），可同时也限制了中国国家财政和金融能力的发展，进而延缓了近代早期中国的经济增长。这种特殊的均衡与工业革命前西欧国家制度的发展形成了鲜明对比。西欧制度的特点即两种制度间的动态相互作用——即国家间激烈的竞争体系，与国家内部通过正式的宪政约束限制皇权的代议制。

本文第一节根据新近重建的战争、中央政府收入和政府白银储备三项数据序列，考察了清朝的财政制度；第二节分析清朝财政制度的信息与激励问题，并讨论国家制度对理解中西大分流的重要意义。

一、战争与国家：清朝的财政制度

作为中国最后一个王朝的清朝，可以看作是中国历史上一个从起兵、征战到建立税制与行政的中央集权国家的典型。清朝的统治者发起于中国东北边境的一个少数民族满族，最终演变为儒家思想和中央集权的维护者。在将近三个世纪的清朝统治中，中国的人口增长了三倍，国土面积增加了两倍，在 18 世纪出现了"康乾盛世"的大繁荣。

通往 18 世纪的繁荣顶峰之路开始于清朝入关之时。清朝早期依赖汉族的将帅和军事力量来镇压南明保皇势力，但由此也形成了建立于南方的相对自主的地方藩镇力量和组织，因此为封建和分权创造了可能的条件。然而到 1681 年平定三藩之乱，康熙皇帝（1661—1722 年在位）平定南方"三藩叛乱"，将他们的领土并入了清朝的中央统治。两年后，康熙击破了郑成功的"海上帝国"，并将台湾岛正式纳入清朝官方的管辖。在 17 世纪最后几十年，清朝遏制了沙俄领土扩张，与俄国在 1689 年签订了《尼布楚条约》，并征服了西北部的外蒙地区。从1720 年开始，清政府安定西藏，册封新的达赖喇嘛。到 18 世纪早期，清朝不断巩固政权，建立起历史上面积最大的统一政权，并通过所谓的"朝贡体系"，宗主权最远延伸到了东亚和东南亚地区。[1]

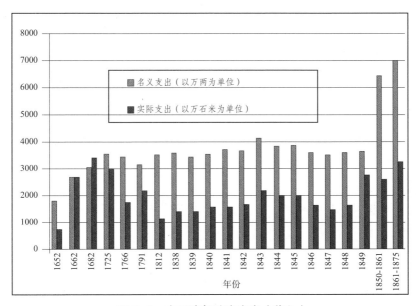

图 2-1　中国清朝政府支出（收入）

注释：财政数据来源于岩井茂树（2004，p.37），表 2，浜下武志（2006，p.73）。长江中下游地区谷物价格，来源于王业键 1991 年的数据系列，用于折算名义序列。

为了研究国家财政收入与政治稳定之间的关系，我们从清代官方数据开始研究，虽然它不能反映整个经济中政府的税收。图 2-1 描绘的是在户部直接控制下的财政收支。它非常清晰地展示出 1652 年到 1875 年间的财政情况：序列基本是没有趋势的，年均收入保持着平均 3600 万两，但是标准差只有 3.2。从 19 世纪中期开始序列呈上升趋势，但是根据米价来看，实际收入却是始终保持稳定趋势。实际上，

---

〔1〕 参见 1990 年 Jonathan Spence 的标准叙述。

实际财政收入在 17 世纪后期到 19 世纪中叶呈现下降趋势。

需要注意的是，通常仅有三分之一的国库收入到达了户部，更大一部分是周转于各省之间，或者是北京以外的地区。白银的年流入或输出以及户部银库白银储备的变化能更好地反映清朝的财政状况，这些银库账簿记载户部银库收支与存量的变化，至今仍保存完整。图 2–2 表示的是银库中年度流入或输出数据的可用序列，它的平均值为 1100 万两白银，占国家全部税收收入的三分之一以下。尽管走势不是很明确，还是存在着大的波动，当有大的战争支出的时候流出量增加。流入和输出的平衡决定了银库存银量，在 19 世纪以来（特别是在 1804 年、1827 年和 1834 年）年输出量突然增长的年份，清政府往往通过采取紧急措施（卖官鬻爵）来填充银库，以修复和扭转其财政困境。

图 2–3 是关于清朝白银储备和战争频率的数据表，这张表更全面和有效地表达了清朝将近三个世纪统治下的财政状况。在 1660 年清朝早期军事征战阶段，清朝早期白银储备量极少，然后在 18 世纪逐渐稳固和增加，特别是在战争次数骤降和政治稳定的阶段。1712 年在康熙皇帝统治下实行著名的"滋生人丁，永不加赋"的政策，1722 年雍正实行"摊丁入亩"的财政改革，清朝由此进入较长时间的白银储备积累的阶段。到 1790 年，白银储备达到 7000 万两，相当于两年的总税收收入。也恰恰是"康乾盛世"期间，清朝能在歉收的年份减免税赋，以彰显仁政（张之洞，2002，pp.19–21）。但至 18 世纪乾隆末期，镇压白莲教导致白银储量急速下降，从此清政府的财政再也未能完全恢复。1840 年的鸦片战争和之后的太平天国运动几乎让清政府的国库完全亏空，而到 19 世纪中期，清政府已濒临破产。

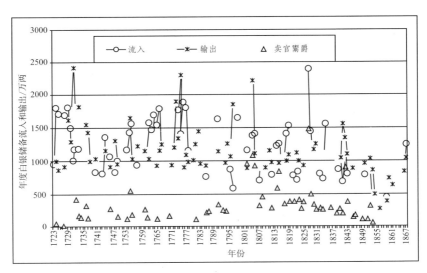

图 2-2　清朝年度白银储备流入和输出（以万两为单位）

数据来源：史志宏（2008，pp.272–281），罗玉东（2010，pp.6–7）。

　　现在我们来考察清朝的财政收入结构，王业键的一项基于几个基准年的详细研究证实了土地税的主导性。1776 年，总收入的 70% 来源于土地税，其他来源于各种形式的商业税收。非货币的实物税收仅占 20%（王业键，1973，p.80）。在支出方面，大约 50% 是军费支出，还有 17% 用于支付政府官员工资。仅仅只有 10% 用于公共物品（例如运河维护或者饥荒赈灾）支出。[2]

────────────────

　　〔2〕参见张之洞（2002），p.68；岩井茂树（2004），p.32。尽管朝廷或者是内务府只占财政预算的 1%，但是朝廷也有官方资产负债表以外的自己的收入来源以及支出项目，参见 Chang te-ch'ang（1972）。

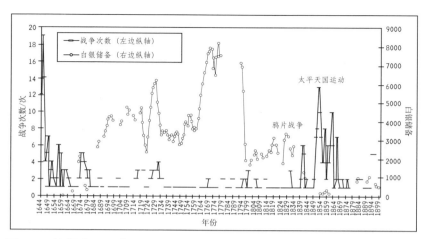

图 2-3　清朝（1616 年—1911 年）历年战争记录和白银储备（以万两为单位）

数据来源：由中国军事历史编辑委员会编辑，《中国历代战争年表》。白银储备数据来源于史志宏（2008，pp.272–281）。

　　总而言之，18 世纪清朝的人均征税率应该是所有朝代里最低的。Guanglin Liu 的研究显示出，1776 年左右的人均赋税是自宋朝开始的几个基准时期中最低的。大约在 18 世纪，尽管人口激增，但是清朝的常规军规模大约是 80 万，相比明朝和宋朝要低得多（岩井茂树，2004，p.33）。就连康熙皇帝都自夸说，"在我们的朝代，在军事和民用上的花费大约和明朝时期的一样。但就朝廷花费而言，朝廷的花费的总额比修建一座后宫宫殿的花费还要少得多。在过去 36 年间的朝廷累计数额还不到明朝一年的花费。"（引自 Chang te-ch'ang，1972，p.271）

　　得益于近年的比较研究，现在我们可以将清朝的收支和财政体制放入全球视野中进行研究，如表 2–1 和表 2–2 所示。表 2–1 显示，在 17 世纪下半叶中国政府以白银计价的名义收入比欧洲任何一个国家或者奥斯曼帝国的收入都要高，并且在整个 18 世纪都保持着最高收入。

这也反映了中国巨大的人口数量，18世纪时，中国的人口数差不多是奥斯曼帝国、俄国和法国等国的10倍。从人均来看，如同表2-2所示，中国人均税收收入与奥斯曼帝国和俄国一起名列较低位，英国和荷兰人均排名较高，法国和西班牙人均排名位于中间。最明显的对比是从19世纪上半叶中国与英国在鸦片战争的正面交锋之时，清朝中央政府的总收入大约只有英国的24%，人均收入仅仅只占1%。

表2-1　清朝中央政府收入与国际对比

单位：吨白银

年份	中国	奥斯曼帝国	俄国	法国	西班牙	英国	荷兰
1650—1699	940	248		851	243	239	
1700—1749	1304	294	155	932	312	632	310
1750—1799	1229	263	492	1612	618	1370	350
1800—1849	1367					6156	
1850—1899	2651					10941	

数据来源：中国数据来源同图2-3。其他国家来源于Karaman和Pamuk2010年的统计数据，参考http://:www.ata.boun.edu.tr/sevketpamuk/JEH2010articledatabase。感谢Kivanc Karaman和Sevket Pamuk的数据分享。单位转换说明：白银1两=37克。

表2-2　国际人均税收比较

单位：克白银

人均税收收入（克白银）							
年份	中国	奥斯曼帝国	俄国	法国	西班牙	英国	荷兰
1650—1699	7.0	11.8		46.0	35.8	45.1	
1700—1749	7.2	15.5	6.4	46.6	41.6	93.5	161.0
1750—1799	4.2	12.9	21.0	66.4	63.1	158.4	170.7
1800—1849	3.4					303.8	
1850—1899	7.0					344.1	

续表

人均税收（城镇非熟练工人日工资）

年份	中国	奥斯曼帝国	俄国	法国	西班牙	英国	荷兰
1650—1699		1.7		8.0	7.7	4.2	13.6
1700—1749	2.26	2.6	6.4	6.7	4.6	8.9	24.1
1750—1799	1.32	2.0	8.3	11.4	10.0	12.6	22.8
1800—1849	1.23					17.2	
1850—1899	1.99					19.4	

数据来源：同表 2–1。
每日人均收入指的是城镇非熟练劳动力工资。1650 年到 1659 和 1700 年到 1709 年间的数据用于代表 1650 年到 1699 年和 1700 年到 1749 年间的数据。1750 年和 1780 年到 1789 年间的平均数据代表 1750 年到 1799 年间除中国外的所有国家的数据。参见 http:// www.ata.boun.edu.tr/sevketpamuk/JEH2010articledatabase。中国和英国的工资数据采集选取的是北京和伦敦，由 Allen 等人在 2011 年整理绘制。俄国在 1700 年到 1725 年以及 1772 年到 1774 年的工资为 1 和 2.52 克白银是由 Brois Miromov 整理提供，参见 http://gpih.ucdavis.edu/files/Wages_Moscow_1613—1871.xls。感谢 Peter lindert 和 Steve Nafziger 提供俄国的数据信息。

表 2–2 的第二部分是根据 Karaman 和 Pamuk 的方法将人均税收转化为城镇非熟练劳动力的日工资。18 世纪早期，清朝的人均税收只相当于城镇非熟练工人 2 天的收入，在 18 世纪后期变得更少了。这是固定财政目标伴随人口激增共同造成的，在 19 世纪上半叶以白银计价的中国人均税收仅为英国的 1%。用日工资来计算的话，中国较低的工资水平让其人均财政收入勉强达到英国的 10%。

同样一组显著的对比是税收结构和趋势的比较。清政府的收入处于停滞状态（实际收入甚至有轻微的下降），英国的绝对收入在 1665 年到 1815 年间上升了惊人的 17 倍。英国税收总额占国家收入的比例，在 1688 年光荣革命之前只有 3%，到 1810 年竟然上涨到 18%（O'Brien，1988，p.3）。从 18 世纪到 19 世纪没有可用的中国的 GDP

数据，但王业键的初步研究数据表明，更全面的税收收入（包括估算的税收征管成本和法律管辖之外的各种地方附加）在 1910 年左右也仅占 NNP（net national product，国民生产净值）的 2.4%。[3] 总而言之，如果中国统一和王朝稳定方面优于其他国家，那么近现代中国在中央层面上的低税收也是让人赞叹和印象深刻的。因此近现代中国与欧洲出现大分流的原因需要从王朝持续性和财政榨取之外来寻找和探究。

二、中国体制的激励信息问题与大分流

以下的讨论仅限于清朝正规的财政体系。如果我们走出帝国的首都，体制下的代理问题变得更加明显。由于恐惧内部任何一个潜在势力的崛起，导致明清时期高度集中而缺乏地方政府财政的财政系统。中央为州县政府的每一项收支项目规定详细的法令和条例，税收必须从帝国里高度分散的生产单位和市场中进行收集或减免。清政府将税收和物品区分为起运和存留，后者通常作为税收征收成本，形成实质上的地方财政。正如曾小萍（Madeleine Zelin，1985，p.28）所言，在 1685 年存留收入仅仅只占总收入的 21.5%。在这仅有的 21.5% 中，大部分的花费用于地方和中央的联系上，例如供给军队或者驿站。

因为正式税收再分配到地方的部分远远不足以满足正常行政管理的需要——甚至还不足以支付官员的工资，更别提秘书、伙计、差役和佣人的开支——各个层次的官吏都依赖非官方渠道的苛捐杂税。曾小萍的一份详细的研究成果显示，这些收入来源于征收各种附加税，

---

〔3〕 参见王业键（1973，p.133）。王先生的研究结果也大体上与表 2–2 的日工资数据项符合。在 18 世纪后期，英国激增的税收也不成比例地来自于间接税收，例如海关税和营业消费税，差不多占总收入的 80%。参见 O'Brian（1988，pp.9–10）。

在收税过程中操纵度量衡和货币兑换，或者是伪造税收报告，在年度或者季度中转移国库资金，扣留商业税，从新纳入的土地税中囤积税款，从当地的农民或商人手中苛求出资和捐赠。省级以上官吏和他们的衙吏的收入还依靠下级官员的送礼和上供，或者在采购和分配之间中饱获利（以低价买入，却以高价上报）。[4]

依靠非正式的地方税收和雇佣非官方的吏员参与公共管理导致了公共服务的私有化。瞿同祖在一本关于清朝地方政府的经典著作中描绘了一幅生动的画面，县级官员在威胁延迟提交法律案件的过程中收受贿赂，差役向被锁住或被折磨的被指控者家属索要"解锁费"，从小偷或强盗所窃取的赃物中私自保留一部分，或者有的时候直接向受到错误指控的富有家庭勒索。甚至连县衙的门卫都可以在转交文件等物品的时候索取。总而言之，伙计、衙役和佣人经常合伙分赃。这种地方腐败关系更没有反映出更高的国家级别运作中更大的结党营私的腐败网络。尽管这是从省部级至下的各等级层次的攫取，但是互相欺骗和勾结在各个层面都存在，官官相护、层层勾结甚至能逃过朝廷的各种监督。[5]张仲礼的一项开创性研究表明，在中国乡绅收入中来自底层不同层次的非官方的收入（排除商业或者其他活动的收入）是来源于官方收入的 19 倍。[6]这些普遍存在的各级政府的权力滥用可以解释表面上明清政府财政低税却又贪婪的双重矛盾形象。

---

〔4〕 参见 Madeleine Zelin（1985，pp.46–71）。官员的勾结也可能朝意想不到的方向发展。通常情况下，法律之外的这些附加费迫使这些团体不得不参与敲诈勒索，参见岩井茂树（2004，pp.3–4）。

〔5〕 众所周知的是有些官员重造账簿，用一套地方上使用的密码来应付官方的检测。这种制造特殊账簿的方法在私下里广为流传。参见 Madeleine Zelin（1985，p.240）。

〔6〕 我们可以将这些非正式的收入与全部税收收入联系起来。根据张仲礼的研究，1884 年省级以下的上报的非官方的收入总额是 6300 万两，占总官方定税的 81%（张仲礼，1962，第一章）。这也证明了王业键将官方税收翻了两倍以包含 1753 年整体税收收入的正确性（1973，p.72）。

从激励和信息经济学理论框架来看，我们可以重释中国长期的税收定额制政策的形成。这个所谓皇帝仁政的标杆性方针，实际也是一个应付信息不对称问题的合理对策。在缺乏信息和监管能力的情况下，一个委托人（相当于一个经济学中佃农契约的地主）会选择与他的代理人（佃农）签订固定租金而非给予佃农工资或分成租的合同。[7] 我们可以在中国现实历史中观察到固定租金——定额制——的做法通过包税制等方式，扩展到其他征税层面，例如商业税和城市税收以及地方的政府管理等方方面面。而建立一个正规与透明的课税体系，从而让政府的税收总额随着国民总收入增长的努力反而面临着一些根本困难。比如18世纪有名的雍正皇帝主导的"火耗归公"的财政改革试图将地方非正式税收公开化，却把原本隐形的收入置于上层官僚甚至皇帝攫取的视野之下。[8] 在遇见财政危机和压力的时候，明清统治者都会通过官僚体系短视的财政榨取手段，例如出售官爵、强制上贡、征用充公或者——如19世纪中叶的太平天国起义时期——制造大规模的通货膨胀。[9] 讽刺的是，恰恰是被置于官方管理之外非正式的或者灰色的税收变成了最为安全的地方税源。

所以，中国财政转型的基本矛盾与困难根植于制度框架内的利益冲突，在这种框架中，皇帝或者上层官僚在委托代理契约中同时扮演了委托人和合同执行监督者的双重矛盾角色。这种双重角色赋予了皇

---

〔7〕 参见 Eugene White 的一个在法国旧体制下的税收制度中运用的相类似的理论方法。

〔8〕 雍正皇帝从1724年开始实行的著名的财政政策使附加土地税收得到了增长，并将过去"不合法"的地方提取合法化了。虽然取得了一定程度的成功，但是这项政策却不得不在18世纪末期被大面积取缔，因为它不能很好地解决双重代理问题，首先是较高级别的管理层不能很好地监管地方收入的使用，其次是高级官僚阶层开始介入地方财政的提取和对地方收入使用的再分配。参见 Zelin, M.（1985，ch.7）。

〔9〕 即使是王朝收入的最高的权力机构也很难拒绝皇帝对税收的提取使用。在1872年财政部门管理的记录中，有官员说："必须在内务府和户部之间分清界限……该部门的收入是额定的，但是内务府的借款是无限的。在近年来……我们请求陛下教导内务府遵循祖制……这样不必要的开支就能节省下来，国家的收入就能被保持下来……"（Chang，1972，p 269）。

帝和官吏巨大的恣意权力，可以对政治与社会稳定进行有效控制。只要在政治稳定和王朝稳定的范围之内，统治者可以默许地方腐败和滥用职权。只有当这种滥用变得过度以至于威胁稳定时，统治者才会有选择性地（根据其恣意的行政与法律权力）实施惩罚，而惩罚的严重程度不一定要根据违法程度的不同来定，而更会考虑不同时段的政治稳定的需求。[10]

可以想象，一个稳定的可预测的法制难以出现在这个恣意权较高的体制内。在帝国的激励结构中，为保证皇帝与官僚的权力和相关的租金收入，政治或官僚阶层的利益被高置于任何独立的经济或商业利益之上。这些隐性分散化的租金（在不直接威胁帝国稳定时被默许）以非正式形式或者是通过地方层面的非法税收（或腐败）存在，也对一些信息特别敏感的资本密集和有规模效应的行业有特别大的伤害。也就是说，内生的信息不对称（对于财富或投资信息的藏匿）在绑住政府的"掠夺之手"（grabbing hand）的同时，也束缚住"援助之手"（helping hand），导致 Greif 所指的"政府缺位"（Greif，2005）。确实，清朝很多对民间经济的救援，例如免税和饥荒救济等都与减少风险和增加社会稳定有关，而在商业立法、社会契约维护方面缺乏作为。[11]这一切并不令人惊讶，皇室规模相对稳定的清朝（因此统治者对奢侈消费的需求有限），其关心重点是朝代的稳定和延续而非收益最大化，更不是发展经济。

---

〔10〕 参见何平（1998，pp.293-295）所述的周期性和选择性地对高级官员"经济犯罪"处以死刑。Huang（1974）仔细计算出从 1380 年开始，明朝户部长官有 89 位被处以死刑（pp.13-14）。在历朝历代国家的统治中，监督和惩罚的变化也能部分解释中国朝代的生命周期变化。

〔11〕 参见马德斌在 2010 年对中国在金融和商业领域法律的滞后发展的描述。

三、结　论

与许多传统帝国一样，本文认为中国式集权为我们展现了一个强权力和弱治理并存的矛盾现象。中国的案例也为欧洲财政体制长期以来的矛盾现象提供了解释：在其他条件不变的情况下，宪政体制将比专制体制更高效地提取更多税收。同时，财政收入水平的不同特征能够反映财政金融制度和机构发展方面与人均收入的差距。其他的研究实际上也指出了低税收、高利率、低水平金融中介的组合往往和现代的欠发达国家的低人均收入高度相关（Besley 和 Ghatak, 2010; Besley 和 Persson, 2009；Acemuglu，2005）。一些明显的证据显示出，在 17 世纪和 18 世纪，传统中国的民间利率表现出巨大的差异，但即便是最低的时候平均也达到了 20%，是英国和荷兰的 4—5 倍（参见彭凯翔等人 2006 年关于中国的研究，Epstein 在 2000 年对欧洲的研究）。这个比例与这些国家非熟练的城市工人真实的工资率之比正好相反，中国在 17—19 世纪的水平大概是这两个国家的三分之一甚至还要低（Allen 等，2011）。欧亚大陆两端的要素价格比例恰恰与其国家统一和王朝稳定的相对指标形成鲜明对比。确实，如果我们接受 Allen（2009）最近关于差别要素价格的论点，即英国工资与资本成本和资源价格的比率比中国的比率更高是使得工业革命最早发生于英国而非中国的关键原因，那么我认为，我们不应只把要素价格的差异看作是外生的，这一差异本身也是需要解释的。

未来我们的研究应该尝试去定义非正式约束和自我约束（例如动乱约束和信息约束）与正式的宪政约束对政府权力限制上的理论含义。在中国，非正式约束导致了对经济租金的分享被限制于官僚阶层或政治－社会型等级制度之中，从而抑制了独立的经济或商业利益集团的崛起。此外，在非正式税收、法外税收、或腐败的形式之下，这些租金本身隐蔽且分散的特质，又尤其会对那些资本密集、信息密集、或是讲求合约精神的经济活动构成威胁。在这方面，我们可以推测，欧洲各国内部的代议制和欧洲各国之间的政治分裂这两者的独特组合可能具有某些关键的制度特征，有助于减轻在等级制的政治结构中反叛和信息约束所带来的危害，并为现代西方的兴起铺平了道路。

参考文献

中文文献

中国军事史编写组:《中国历代战争年表》，北京：中国人民解放军出版社，2006 年。

浜下武志:《中国近代经济史研究》，南京：江苏人民出版社，2006 年。

何平:《清代赋税政策研究：1644—1840 年》，北京：中国社会科学出版社，1998 年。

罗玉东:《中国厘金史》，北京：商务印书馆，2010 年。

彭凯翔，陈志武，袁为鹏:《水浅而舟重：近代中国农村借贷中的市场机制》，10—20 世纪中国工商业、金融史国际学术研讨会，2007 年。

史志宏:《清代户部银库收支和库存统计》，福州：福建人民出版社，2008 年。

张之洞:《劝学篇》，北京：华夏出版社，2002 年。

日文文献

岩井茂树:《中国近世财政史の研究》，京都：京都大学学术出版会 , 2004 年。

英文文献

Acemoglu, Daron, Politics and Economics in Weak and Strong States, *Journal of Monetary Economics*, 52(2005), pp.1199–1226.

Allen., R.C, *The British Industrial Revolution in Global Perspective,* Cambridge:

Cambridge University Press, 2009.

Allen., R.C, Jean-Pascal Bassino, Debin Ma, Christine Moll-Murata and Jan Luiten van Zanden, Wages, Prices, and Living Standards in China, Japan, and Europe, 1738—1925, *Economic History Review*, Vol. 64, No. S1 2011, pp.8–38.

Besley, T., T. Persson, The Origins of State Capacity: Property Rights, Taxation and Politics, *American Economic Review*, 2009.

Besley T., and Ghatak, M. Property Rights and Economic Development, *Handbook of Development Economics* edited by Dani Rodrik and Mark Rosenzweig, 2010.

Chang, C.li., *The Chinese Gentry: Studies on Their Role in Nineteenth Century Chinese Society,* Seattle: University of Washington Press, 1955.

Chang, C.li., *The Income of the Chinese Gentry: A Sequel to the Chinese Gentry,* Seattle: University of Washington Press, 1962.

Chang, T.-c.a., The Economic Role of the Imperial Household in the Ch'ing Dynasty, *Journal of Asian Studies*, 1972.

Greif, A., Commitment, Coercion, and Markets: The Nature and Dynamics of Institutions Supporting Exchange, *Handbook for New Institutional Economics,* edited by Claude Menard and Mary M. Shirley. Norwell MA: Kluwer Academic Publishers, 2005.

Greif, A., Institutions and the Path to the Modern Economy: Lessons from Medieval Trade. *Political Economy of Institutions and Decisions*, Cambridge: Cambridge University Press, 2006.

Huang, R., *Taxation and Governmental Finance in Sixteenth-Century Ming China.* Cambridge: Cambridge University Press, 1974.

Karaman, Kivanc and Sevket Pamuk Ottoman state finances in European Perspective (1500—1914), *Journal of Economic History,* Vol. 70, No. 3 (Sep. 2010), pp. 1–36.

Liu, Guanglin, Wrestling for Power, The State and the Economy in Later Imperial China, 1000—1770，Phd. Thesis, Harvard University Press, 2005.

Ma, Debin, Law and Economy in Traditional China: a Legal Origin Perspective on the Great Divergence, *Law and Long-term Economic Development：a Eurasian Perspective*，edited by Debin Ma and Jan Luiten van Zanden，Stanford: Stanford University Press, 2011.

O'Brien, P. K., The Political Economy of British Taxation 1660—1815, *Economic History Review*, Vol. XII (Feb. 1988), pp. 1–32.

Sng, Tuan-hwee, Size and Dynastic Decline: The Principal-Agent Problem in Late Imperial China 1700—1850, Department of Economics, Northwestern University: Evanston IL, 2010.

Spence, J.D., *The Search for Modern China,* New York: W.W. Norton, 1990.

Wang, Yeh-Chien, *Land Taxation in Imperial China, 1750–1911,* Cambridge, MA: Harvard University Press, 1973.

Wang, Yeh-Chien. Secular Trends of Rice Prices in the Yangzi Delta, 1638—1935，*Chinese History in Economic Perspective,* edited by T. G. Rawski and L. M. Li. Berkeley: University of California Press, 1992.

White, Eugene, France's Slow Transition from Privatized to Government-Administered Tax Collection: Tax Farming in the Eighteenth Century, *Economic History Review* (Nov.2004).

Zelin, M., *The Magistrate's Tael: Rationalizing Fiscal Reform in Eighteenth Century Ch'ing China,* Berkeley: University of California Press, 1985.

第三章：传统中国的法律与经济 [1]

　　日本和亚洲"四小龙"在战后数十年来史无前例的经济增长，不仅改变了这些地区的外部形象，还导致了深刻的认知变革。曾经长期陷入贫困与停滞的东亚，现在却成了人们普遍称道的奇迹与典范，并形成了通常所谓的经济增长的东亚模式：经济增长建立在下列诸因素之上，如人力资本的积聚、出口导向、政府与私营部门的密切合作，以及培育内部的长期关系等。这一模式被认为是对以西方历史经验为基础的新古典自由市场经济与私人产权模式的一种替代或者挑战。自从 20 世纪 70 年代后期摆脱了政治孤立后，有着十多亿人口的中国取得了令人瞩目的经济增长，这给东亚模式的合理性提供了一个新的支持。通常认为，带来中国三十多年来经济奇迹的重要制度，包括家庭联产承包责任制、乡镇企业乃至海外华人网络对中国的直接投资等，实际上大部分是非正式的、自发的和中国特有的。尽管如此，中国却在过去三十多年取得了令人羡慕的经济增长记录，这与俄国、东欧等前社会主义国家选择的，在意识形态方面更符合正统的西方新古典经

---

〔1〕　本文得益于与 Larry Neal, Sevket Pamuk, Osamu Saito, Masayuki Tanimoto 的讨论和 2004 年 9 月在荷兰莱顿召开的全球经济史网络（GEHN）研讨会的评论，该会上我提交了初稿。文责自负。

济理论的所谓"休克疗法"改革方案，以及与其带来的经济崩溃与混乱形成了鲜明相比。

历史修正主义的浪潮似乎与经济增长的周期同步。在 20 世纪 70 年代和 80 年代出现了一种修正派的观点，认为日本现代经济增长的根源可以追溯到明治维新时代之前（即 1868 年前），这一时期曾被过去占主流的学者长期摈弃并视为停滞和落后的时期。相反，对修正主义学者来说，正是在德川幕府时期（1603—1867）所累积的社会与经济进步，使得日本超过了包括中国在内的其他国家，为走上现代化与工业化道路准备了更好的条件。[2]

随着近二十年来日本经济的停滞不前，修正派学者们的关注点开始转向 18 世纪的中国。最近几年，修正派学者们喜欢批评关于中国经济史中所谓经济长期停滞的观点，他们声称，近代早期的中国已经在诸如工农业技术、区域贸易扩张、城镇化水平，甚至人口转型等方面取得了重大进步。彭慕兰在其影响很大的《大分流》一书中，挑选了中国经济最为发达的地区——江南地区为研究对象，指出这一地区通过土地的集约经营、劳动力的有效配置与使用、节能技术的应用和区域贸易的扩张，已经经历了所谓的"斯密型增长"，堪与德川时期的日本和现代化早期的西欧经济增长相媲美。他还进一步认为，通过近三百年的经济扩张，18 世纪江南地区的经济发展和生活水平可能与同时代的西北欧地区旗鼓相当。

假如中国或其他东亚地区的初始条件真如这些学者所认为的那样优越，那么，为何近代工业革命却不在东亚发生呢？彭慕兰将这个老问题的答案归于东西方资源禀赋的差异，即中国经济发达的江南地区

---

[2] 见 Nakamura and Miyamoto（1982）。关于日本德川时期经济史的乐观评介与综合摘要，见 Yasuba（1987）。

却偏偏缺少煤炭资源，而欧洲因为地理大发现，轻而易举地获得了大量自然资源，从而导致了18世纪以后东西方之间的大分流。[3]

制度重要吗？回答是肯定的，但修正派认为传统中国在产权与契约自由的保障与灵活性方面并不比西欧逊色。最近对中国传统法律制度的研究成果挑战了韦伯的传统阐释，描绘出在近代以前的中国产权是相当有保障的，自由契约比较普遍，对合同公开履行的保护是规范化的。[4]

研究经济增长与发展经济学的经济学家们已经对法律制度与经济增长之间的因果关系作了广泛的探究，这些研究成果体现在所谓有关"法律起源"（legal origin）的文献中。遗憾的是，他们的关注点比较狭隘地集中在西方的法律传统，热衷于争论普通法与大陆法这两个体系在促进经济发展方面究竟谁更有效率，却无视非西方的法律传统。实际上，今天大多数发展中国家最根本的经济与政治制度，尽管时常使用的是西方法律词汇，但其本质却植根于其社会内部早已存在的规范传统。事实上，在传统社会中，非正式的制度与规范在制约人们的经济行为时往往起着更为重要的作用。仅仅研究正式的法律结构肯定是不够的，甚至会产生误导。[5]

本文通过比较分析中西法律制度的不同发展与演化进程，初步为填补这一空白并对"大分流"的讨论做出贡献。本文表明，与西方法律传统的演化趋势（即趋向于由独立的司法阶层来运用透明的、事先确定的法律规则或判例进行审判）不同，中国处理民事或商事纠纷的正式的官方机构，仅仅依靠定义模糊的一般性原则和诉讼双方的相互

---

〔3〕 见 Ma（2004）对修正派学者的评论。最近大量的研究表明，在日本和中国的主要城市中心，真实工资水平与欧洲中部和南部更为接近，而不是西北欧。见 Allen 等（2005）和 Bassino，Ma，Saito（2005）。

〔4〕 见 Pomeranz（2000）论中国传统要素市场的灵活性。见 Philip Huang（1996），Zelin（2004）等人关于这些修正主义者对中国传统法律体系的研究。

〔5〕 Ohnesorge（2003）提供了关于"法律起源"的文献摘要与述评。

妥协来断案。以宗族血缘关系或地缘关系形成的商人社会团体在中国出现，也部分作为这种定义模糊的法律体制的替代物，帮助保护了产权与契约的安全，降低了贸易与经济增长中的信息与交易成本。本文认为，由于西方以规则为基础的法律制度具有规模效应，在大规模的贸易往来与大批量的交易活动中更为经济有效，因此更加能够促进非人格化的交易活动的出现。这种法律知识与制度传统的不同对于理解中西方间的"大分流"理论有非常重要的意义。这种差异同样也可以帮助我们理解东亚地区何以在现代化早期未曾发生工业革命及其在 20 世纪晚期以来引人注目的赶超成就。

本文分为三个部分：第一部分用比较的视角回顾了中国的传统法律制度；第二部分考察了中国商人团体为保证产权及契约执行而采取的战略措施；第三部分比较了以规则为基础的西方体制与以关系为基础的中国传统体制二者之间的经济效率的高低，揭示了其对长期经济增长可能造成的影响。

一、传统中国的法与法制

要考察中国传统的法律体制，最好先从 Max Weber 对形式正义（formal justice）和实质正义（substantive justice）的概念区分出发。Weber 认为：在形式正义情况下，当发生私人间的法律纠纷时，法律裁定及其程序均依照一系列普遍应用的、事先明确规定的规则和程序来进行；与之相对，在实质正义情况下，人们对每一个个案都追求实现最大公正和平等，而且要考虑到法律、道德、政治与各种综合因素。形式正义能提供高预期性和可计算（predicable and calculable）的法律结局，尽管对某些个案的裁决可能会与实质正义者所根据的宗教与伦理原则或者政治权宜相冲突。韦伯认为，由于形式正义减少了个人对统治者的恩惠与权力的依赖，它扼制了独裁或暴民政治的滋长。

Weber 认为形式正义是欧洲的法律传统所独具的。欧洲的法律机构是高度分工的且与政治权力分离的，其特征是存在自治的、专业化的法律职业阶层。法规是运用理性制定的，不受来自宗教或其他传统价值观的直接干涉。最重要的是，脱胎于西方法律传统的法治提供了韦伯所谓的"可计算性"和"可预见性"，是资本主义得以在西方而非其他文明中产生的根本因素。[6]

Weber 的观点渗透了几代汉学家对于中国传统法律的看法。Edwin O. Reischauer 和 John King Fairbank 指出：

> 法律的概念是西方文明的荣耀，但是在中国，两千多年来所有法律都被视为可鄙的名词。这是因为中国法家的法律概念远远落后于罗马。在西方，法律被视为上帝或自然更高秩序在人类世界的具体表现，而在中国，法律仅仅代表统治者的意志。中国几乎没有发展出民法来保护平民，法律大部分是行政性的和惩罚性的，也是人们竭力避而远之的。西方民众认为比起由容易犯错的个人来判决，被非人格化的法律管理更加安全。而中国人可能是出于孟子人性本善的观点，认为被高尚的管理者来统治比被独断的非人格化的法律来统治更加安全[7]。

这些关于中国法律传统"落后性"的观点在中国学者张中秋[8]的书中得到了总结。他认为中国的法律传统来自于部落战争，由公共法律和官方法规主导，是集团本位的、伦理化的，是单一和封闭的，建

---

[6] Weber（1978），vol. Ⅱ，p.812。Unger（1976）和 Truvek（1972），pp.721。

[7] Reischauer, Edwin O. and Fairbank, John King（1960），pp.84。

[8] 张中秋（2006）。

立在人治和无诉讼的理想之上。另一方面，西方的法律起源于氏族内部及平民与贵族之间的斗争，由私人法律和法理学主导，是个人本位的、宗教化的，是多元和开放的，建立在法律和公正的规则之上。这种粗略的特征描述，尽管某种程度上有用，但对于法律文化的看法近乎刻板印象，因而成为近年来修正派学者批评的目标。

受 Weber 和 Unger 的影响，"二战"后日本法学界对于中国传统司法体制的研究，以法律诉讼档案史料为基础的细致分析而著名，其中尤以滋贺秀三（Shiga）等人的成果为典范。滋贺秀三首先从一个众所周知的事实着手进行研究，即中国的法制机构只是中国行政机构内部的一个必要组成部分，只有建立在等级制度之下的各级行政官僚，包括从县级官员到皇帝本人，才是罪案的最终裁判者。弄清这一事实对理解明清时代的刑法典是非常关键的。尽管这些刑法典以表述详细精确、内容广泛全面而著称，但这些法典里面的条文只是些供官员们依据犯罪的危害程度进行合理地量刑惩罚的决策原则而已。实际上，正如中国学者梁治平所指出，清代法律文本的结构与帝国官僚体制下的各行政部门相对应（梁治平，1996，pp.128-129）。同样地，对法案判令也只能在金字塔式的行政层级内通过多层次的官僚系统来进行复议或更改。而法律条款或附属条例并不能被诉讼双方或者被独立的第三方用来争辩或解释。从这一角度来看，中国传统的律学是指对法律规章、制度等进行的汇编与编辑，而不是一个独立的学术科目。

从根本上讲，中国法典的刑罚性质并不适用于商事或民事争端的裁决。然而，县级法官即最低级别的官僚的确处置和裁决了许多并不牵涉到运用体罚的法律纠纷。现已发现有大量的民事和商事案例起诉到县官那里并得到解决。[9]但是滋贺秀三指出这些县级层次的审判更

---

[9] 关于普通民众使用县级审判系统的程度，见夫马进的文章和黄宗智（1996）。

接近于一个"教诲调解"（didactic conciliation）的过程，这一用语来自西方学者在研究日本德川时期的法律制度时所采用的说法。县官的裁决并非西方法律程序中的裁决（adjudication）。

滋贺秀三强调了西方"裁决"的概念在中国法律思想和程序中的缺失。县官的裁决只有在一个案件在诉讼双方都感到满意且不再试图上诉时，才被认为是有效的。滋贺秀三指出，尽管不常见，但有的案子会无限期延迟，这是由于诉讼的一方违约，有时甚至多次违约，并拒绝履行其对于判决的最初承诺。也就是说，从现代法律的意义来看，这种裁决缺少强制约束力和终结力。滋贺秀三对县官进行法律裁决的依据也非常感兴趣，他发现县官虽然会应用一般伦理、社会或法律规则来断案，但却很少依赖或引用任何专门的法规、习惯和先例。与其调解的特点相一致，县官在审理每一个具体案件时，对这个案件本身的特点和解决方案的关注，要远超过对判案标准的内在统一性及一致性的关注。[10] 他将县官的判决概括为将"情、理、法"相结合，且在必要的时候成为劝导和威胁的工具（见滋贺秀三等，1998；滋贺秀三，1996，2002）。实际上，梁治平也认为，为了息事宁人，县官们会毫不犹豫地对争议双方原先达成的协议进行更改或者简化（1996，pp.134–138）。

这可以从滋贺秀三引用的一个特殊案例得以说明：

19世纪，一个七十多岁的居住在山东省的高姓寡妇将土地以45000钞的价格典当给她的小叔和他的两个儿子。后来高寡妇想让她的两个侄子再付50000钞来购买和接手土地。两个侄子拒绝了她，这一争端闹到了法庭。

---

[10] 关于滋贺秀三的分析，见滋贺秀三等（1998），滋贺秀三（2002，1996）。

法官一开始就宣布血缘关系比金钱更重要，老寡妇需要得到家庭的照料。由于根据当地习俗，典当价格是土地出售价格的一半，寡妇应当向侄子索要 45000 钞而非 50000 钞。法官进一步建议小叔和他的两个儿子分摊支付给寡妇的金额。争端看起来得到了解决，两方都同意了法官的处置方案（滋贺秀三等，1998，p.56）。

这一案例说明，法官的裁决不仅仅受限于法规。实际上，他以牺牲原始协议的代价，得出他认为道德与和谐的结果；他更在意影响案件的结果——而非规则本身。他的治理更依赖于劝说的能力而非法律基础。滋贺秀三之所以格外关注本案，是因为它是少数引用了地方习俗的案件。但是很明显，正如他所指出的，这里引用的习俗并没有作为治理的法律基础或社会规则。实际上，滋贺秀三指出了其他一些案件，在这些案件中当地习俗被忽略甚至违背了（滋贺秀三等，1998，pp.57–59）。

显然，地方法官对民事案件的判决常常服务于多个目标，有时包含了再分配目标。事实上，正如晚明时期著名的官僚海瑞所说：在诉讼遇到问题的时候，我的判决通常会倾向于穷人而非富人，弱势群体而非强势群体。这让学者们质疑传统中国法庭和合同的本质意义。寺田浩明（Terada）认为，地方法庭通常是作为再协商的平台来适应条件的变化，而不是用来维护合同中的条文。传统中国的"合同"是双方达成一致意见的书面证明，在未来可能有也可能没有强制约束力（寺田浩明，2004，p.95）。"所以在本质上是更为社会化而非法律化，因为它们根植于并受到社会关系的保护。"或者换句话说，"一个人权利的保障是他们得到当地社会群体的承认"（Myron Cohn 和 Ann Osborne，引自 Ocko 和 Gilmartin，2009，p.74）。讽刺的是，合约背后社会关系的重要性部分解释了参与地方法院诉讼的动机。人们通过提起诉讼来促使契约的强制执行和债务的履行，但更重要的是，通过案件获得受理或者有利的裁决，他们在社会网络中获得了倾向于诉讼当事人的权力平衡，这一过程被称为"诉讼协商"（Ocko 和 Gilmartin，2009，p.71）。

对中国传统法制的韦伯式解释最近遭到了修正派学者的大力批评，其中最引人注目的是黄宗智。通过阅读清代关于民事纠纷的司法档案，黄宗智对滋贺的理论提出了挑战。他说明中国地方官吏的判决远远不是主观随意的，而是植根于正式的法规，并且大多数案件是依法审判的。黄与滋贺及其他学者们使用相似的司法档案，而对中国传统法制的评价却与滋贺形成了鲜明的对照，这令人既惊奇又迷惑。滋贺和他以前的学生寺田浩明在一系列反驳的文章中，严重质疑黄的结论所使用的研究方法。例如，寺田浩明指出，没有证据表明县官的最初判决引用了任何法律条款和地方习俗作为法律依据，黄所声称的县官依据法律进行判决，不过是根据他自己的"发现"，即将县官的判决与他认为相关的清刑法典中的正式法律规则相匹配（滋贺秀三，1996；寺田浩明，1995）。

中西法律传统之间根本的但又很微妙的差别经常被严重地误解。实际上，正如 Bourgon 所论，在中国并没有与西方术语"custom"对应的法律词汇。汉语把"custom"翻译为"习惯"，这两个词来自不同的社会文化背景，可能是我们忽视这两个法律传统之间的根本差异的一个原因。"custom"在西方不仅仅是一种社会习俗，而同时有法律意义，是指在法庭上被证人们或陪审团引用，并有明确的地域性。而根据滋贺和 Bourgon 所述，中国的所谓"习惯"，主要指大部分非成文的、松散的、没有地域性的社会实践。它们也许偶尔在断案时被官员作为参考，但几乎从来没有成为县官断案或诉讼双方争辩的具体法律基础。

正如滋贺所说，如果地方官断案所依据的法律基础既非由习惯形成，亦非由判例形成，如果断案更像是调停而不是裁决，那么西方的路径——从民间习俗到习惯法再到正式和公共的法律制度的累积与渐进的过程，在传统的中国就无以形成（滋贺秀三等，1998，pp.13–15）。梁治平也得出了相似的结论，他指出在传统中国，民间习俗与习惯法、公共法律之间存在"不可逾越的鸿沟"。他的解释以中国国家政权的性质为中心，认为对于中国传统国家政权来说，最重要的利益所在就是尽可能地维持主要以农业为基础的财政收入和社会稳定，并不重视民间私人的商业活动。因此，当遇到非常复杂的商事纠纷时，朝廷和地方政府倾向于采用简单灵活的方法来处理，而不会花大力气来建立一致的、普遍适用的法规和判例（梁治平，1996，pp.138–140）。在这个中央集权的帝国里，没有任何其他像城邦或自治社团等独立的权力结构存在，因此，民间习俗与公共法律之间的鸿沟难以弥合。[11]

二、法律传统的分流与合流：中国、西欧和英国的法律观念

西方法制的起源和演变过程均与中国传统法制形成了鲜明的对照。现代西方法律制度的产生源于 13 世纪的罗马教皇的宗教革命，这场革命使得教会脱离世俗权威而获得自治权。教会的法理学家即宗教法规学者（canonist）开始系统地编辑并且不断地检验各种法规，从而使法学逐渐演进为一门新的独立的科学。他们为西方中世纪种种不同习俗的成文化与合理化开展了大量的整理与编纂工作，促使习惯转化为相对稳定、一致的法律规则，为法院的判决和诉讼当事人的权利

---

〔11〕 关于西欧权力分散与法律传统发展间的关系，见 Greif（2005）。

主张提供了法律依据（Harold Berman，Toby Huff，Jerome Bourgon，1983，pp.53–55）。

尽管如此，正式的法律，尤其是有关商业的法律发展仍极其缓慢，这部分是因为每一起商事争端都有其特殊性，正式的法律诉讼、审判和执法可能需要极高的成本。在中世纪和近代早期，欧洲商人们仍广泛地依靠如调停和仲裁等私人途径来解决商业纠纷。但随着时间的推移，商业风俗和习惯逐渐被整理成统一的法律规范，尤其是在那些具有相对自治的司法审判权的地方政府和独立城邦统治之下的主要贸易中心。欧洲历史上的一些重要的知识和政治革命，如宗教改革和启蒙运动，特别是现代民族国家的兴起，促进了适用于不同地区的传统的习惯法之间的相互融合和标准化的过程，成为推动西方现代民法形成的主要力量。[12]

为了理解中西法律传统中微妙而基础性的差异，让我们从 Harold Berman 对西方法律传统基本特征的描述入手，这可以追溯到中世纪标志着政教分离的宗教革命：

●法律制度与其他制度有很大的差别，习惯（作为惯常的习性）与习惯法（即法律上受到约束的习惯）区分开来。

●法律制度的管理被委派给一群特殊的人，他们在专业的基础上参与法律活动。

●法律从业者接受独立的法学教育，这类教育有自己的文献和专业学校。

●有一门独立的法律科学，或者说法理学。法律不仅包括法律制度、法律指令、法律决定等，还包括法律学者的观点。

●法律有自我成长的能力，且这种成长有其内在逻辑。

---

〔12〕 见 Oscar Gelderblom（2005）。

•而法律的这种内在的历史性赋予其超越政治权力的概念，使统治者（或立法者）也受制于法律⋯⋯（Harold Berman，1983, pp.7–8）

尽管 Berman 的特征描述建构在西方法律传统之上，英国普通法特殊的历史发展过程使其与中国法律体系比较起来更加有趣。与通常依靠抽象原则与逻辑推理的大陆法系不同，英国普通法依赖于案例的方法乍一看和中国地方法官依赖于每个案件的"情、理、法"的方法存在共同点。的确，英国普通法的诡辩性导致了 Max Weber 对其"非理性"的著名批判，但这对于 Weber 的理论体系来说是个悖论，因为英国是现代资本主义的先驱（李红海，2003, pp.352–357）。

然而，在两种法律传统中看起来共同存在的"非理性"背后，存在着显著的差异。正如 Maitland 所注意到的，使得英国的案例法体系独立于大陆法系发展的，不仅是议会或司法体系，因为前者在欧洲广泛存在而后者起源于法国——而是专业律师协会的兴起、在律师协会体系下组织起来的法官、大法官法庭，以及他们基于法律案例报告研究的训练方法（李，2003, p.20）。律师协会起源于中世纪，从一个培训机构成长为相当于一所法律学校的机构，到都铎王朝时期被称为英国的（在剑桥和牛津之外）第三大学（J.H.Baker，2002，p.161）。

如果没有律师协会的鉴定作为进入法律行业获取普通法庭律师和法官职位甚至皇家司法职位的唯一途径，职业法律群体的权力就会化为乌有。独立专业人士逐步控制司法解释权也为司法摆脱政治和政府控制、实现独立播下了种子。到了 17 世纪，即便是最高统治者詹姆斯一世，也遭到了皇家法院最高法官爱德华·柯克的指责，他认为案例的判决权不在国王手上，而在经过培训的、受到英国法律和习惯指引的法官手中（Berman，1983，p.464；Jones，2004, pp.46–47）。

法律专业人士担任议会代表和其他重要政治职务，使他们的影响力突破了法律圈，带来了有利于政治变革的法律思维方式，最终见证了英国宪政传统深深根植于法律规则之中。在17世纪血腥和暴力的政治斗争之中，法律团体站在国会议员这边，控制了国王特权法庭，确保了英国司法的独立性和1688年光荣革命之后普通法庭的胜利（Berman，1983, pp.214–215；J.H. Baker，2002, pp.166–168；陈绪纲，2007，第六章）。正是因为法律和专业理性超越了政治逻辑和特权利益，使相对独立的法律界成为案例法的一致性和可预见性的重要守护者。这甚至在19世纪建立严格的判例约束原则之前就发生了（Duxbury, 2008，chapter 2）。法律专业者的独立性也触发了一个动态过程：法官和律师通过基于法律逻辑的思考，例如"法律拟制"（legal fictions）的拓展，逐渐改变了起初仅仅是一套民事救济的法律规则，涵盖了更广泛的商业和民事纠纷（Berman，2003，chapter 9）。因此普通法以自己的逻辑成长，走过了自下而上的法律发现和法律制定的路线。这一历史背景可能提供了解决所谓英国法律体系的韦伯悖论的缺失环节，也解释了他那句令人迷惑的评论："普通法虽然不是理性的，却有可计算性，从而给契约一个广泛的自主空间。"（Weber，1951，p.102）

中国法律体系的变革则与英国的专业化过程形成了鲜明的对比。整个法律体系不仅继续成为国家管理机构的一部分，而且正如滋贺所说，传统中国参与争端解决的各方，从地方法官、第三方见证人、担保人和合约方，都保持着"外行"的状态（滋贺秀三，2002，第四、第五章）。邱澎生（2003）提供了明清时期中国地方法庭的形象图景。法庭向公众开放，往往挤满了各种各样的旁观者，有些人与诉讼各方毫无关系。[13]官员的资质是基于他在灌输儒家思想的科举考试中所取

---

〔13〕"明清地方官审案时，应该多是开放旁听的。明代后期极为熟悉地方政务的官员余自强，即曾建议官员要留意自己在法庭审案时的公众形象……"——译注

得的成功，并且在三年全国轮换的官僚体系下得到任命，地方官既缺乏法律专业知识，也缺乏他所服务地方的相关知识。作为地方法官，如果他的判决被上级官员认为是错误的，或者不满的诉讼人向他的上级起诉（一个成本极高的过程），他可能受到降级甚至刑罚[14]。他判决的有效性得到上级的认可就变得十分重要。

结果，大多数地方法官严重依赖被称为"幕友"的法律顾问，这些私人法律秘书是他们自掏腰包聘请的。秘书们不能出现在法庭上，而是在幕后，完全依赖书面文件提供建议。地方法官对于幕友——这一法律秘书的依赖产生了相当于西方律师的一类职业，即所谓"讼师"，他们利用自己的法律专长来协助司法过程中的诉讼方。由于他们的法律协助可能会鼓励法律诉讼，从而威胁社会稳定的目标，讼师作为一种职业长期以来被贴上了许多贬义的标签，被认为是非法的，要接受刑罚。18世纪晚期一位著名的幕友汪辉祖，具有长期成功服务多位地方法官的职业经历，在他的回忆录中骄傲地陈述了他如何处理这些被抓到的讼师：他们会被绑在法庭的柱子上，在公众面前见证他们帮忙煽动的诉讼；然后他们在接下来的一天里被鞭挞、被迫忏悔直到被最终释放。实际上，一本秘密的讼师指导手册特别建议讼师不要出现在法庭上，以避免从人群中被抓出来[15]（邱澎生，2003，pp.55–56）。

在官方禁止的情况下，讼师作为地下产业发展起来，参与起草法律诉讼以及说服法庭差役来影响诉讼结果。地下或政府官僚体系背后非正式的法律行业在地方法庭的运行，与英国近代早期日益自主化的

---

〔14〕"康熙九年（1670年）已规定几类审转案件遭受中央司法官员驳覆改正时的地方各级官员议处方式……各级承审官员要受到降级调用或是罚俸等不同议处……若此案已经发教执行造成无可弥补的错误时，则将'承问官革职，司、道降四级调用，督、抚降三级调用'。"——译注

〔15〕"两月后，有更名具辞者，当堂锁系。一面检其讼案，分别示审；一面系之堂柱，令观理事。隔一日，审其所讼一事，则薄予杖惩，系柱如故。不过半月，愈不可支。所犯未审之案，亦多求息。"——译注

法律行业向正式制度化发展的趋势形成了鲜明对比。

法律传统上的大分流，部分原因可以追溯到中央集权的中国和政体分裂、各政治体之间相互竞争的西欧在历史上的政治结构分流（邱澎生，2003）。这种使西欧自中世纪就开始政体分裂的独特的政治结构，不仅使国家间竞争成为可能，也为单一政治体中体现商业和财产利益的独立法人实体提供了自主空间。正如 Greif（2008）所说，欧洲具有行政权的阶层的存在为宪政的产生提供了重要的先决条件。在英国，议会动员行政和军方力量对抗国王的能力使独立的法人实体（比如法律团体）得以成长。

从这个角度来看，大一统政治统治的过早建立提供了一个反面案例。尽管早期精心设计与修饰的官僚法律服务于政治控制和社会稳定的目标，单一皇权统治的政治主导建立在消除任何独立竞争阶层的基础之上，并且受到高度集中化的官僚机器的支持；这二者都限制了自主的公民团体的成长（Greif，2008）。一个正式和自主的法律专业群体，在竞争制定和解释规则的权利方面形成了对帝国独裁的潜在威胁。实际上，在整个清代，皇帝都控制着直接审阅刑部提交的法律案例的权力，特别是那些涉及死刑和高级官员的案件，有时这些案件的判决被刑部官员认可，而有一些则被推翻。王志强的研究揭示，清代刑部官员几乎没有在哪个案件上挑战过皇帝的观点，更不会像爱德华·柯克对待詹姆斯一世那样，对皇帝最终裁决权的正统性发出质疑（徐洪兴等，2009）。事实上，正如郑秦（2003，p.76）的引文所生动展示的，刑部官员对乾隆皇帝要求修正 1746 年的一个法律决策的公函，所表现出的是立刻服从并伴随着官员的负罪感、悔恨和恐惧。[16]

---

〔16〕"今奉圣主恩加训饬，如梦初醒，悚惧战栗，心魂失措，虽万死不足以自赎。乃蒙皇上天恩，不加治罪，仅交部从重严加议处。反躬局踏，感激惶愧。实无地可以自容。谨将杨灏一犯改拟情实，恭缮黄册，另本进呈。"——译注

最终，皇权对于法律和管理条例解释权的垄断，给统治者根据政治需要或帝国统治进行专制统治的权力。的确，正如传统中国的格言"因地制宜，因时制宜"，法律执行应当根据时间和地点进行调整：法律执行在法制松懈的时候应当更为严格，在稳定时期应当更加宽松（寺田浩明，2007，p.82）。这种执行上自由裁量的程度，是由官僚阶层一级级分配的，皇帝则位于顶端。这和瞿同祖的经典研究一致，他将这描述为中国法律的等级特质，不仅因为社会的上层人士（无论是官僚层级上的还是家族中的）在犯罪时可以得到更轻的惩罚，而且下层法庭或行政机构的官员的运行规则与程序都无法触及更高层的官员（或具有功名的乡绅）。

自由裁量权代表着法理（de jure）上权力的一种奇特形式，统治者不仅能选择何时何地去执行它，而且受到传统帝国资源的限制，他们可能在直接的国家利益不受威胁的时候选择不去执行。事实上，国家对待民事和商业纠纷的长期政策是不鼓励正式诉讼，而鼓励私下解决。在很多情况下，国家发现将强制执行和监督责任"外包"给非官方阶层作为社会管理的手段是十分方便的，只要国家能够通过集体责任体系对这些组织或团体加以控制。同时，在法理上拥有的权力又给了统治者干涉中国社会方方面面的自由，无论是公共的还是私人的，刑事的还是民事的。这导致法律内外之间缺乏区别，或者如梁治平所说的"法律的伦理化"和"伦理的法律化"（梁治平，2002，第一和第十一章）。显然，这个国家主导的法律制度的最大利益关注事后的结果，而不是事前的规则。

再次，这一法理上的权力不一定意味着统治者没有对于规则一致性和常态性的尊重，它们仍然是皇帝解决庞大帝国内代理人问题的最有效途径。实际上，正如郑秦精彩的表述，当有些偏执和多疑的雍正皇帝不得不处决他的一个大权在握的高级官员时，他遵循了所有的法律程序，"允许"刑部定他死罪[17]，因为他被指控犯有惊人的92大罪状，实际上他的主要罪行可能仅仅是过于傲慢不敬。郑秦指出了多个法律程序遭到政治干预的历史案例（郑秦，2003，pp.77–81）。因此，这和一个规则和程序由自上而下与自下的西方法律体系相去甚远。

在英国和西欧大部分地区，法律体系也体现了统治阶级的利益和他们在近代早期既有的权力结构。但一个重要的不同是，统治阶级通常由法人团体联合的形式组成，例如城市和行会以及它们之上的议会，它们保持着相对于皇室和政治权力结构的独立性。由于财富定义了政治地位和阶级地位，他们通过中世纪起源欧洲，且独有的政治代议制获得了独立性和直接进入政治结构的权力。因此明晰性和维护产权成为西方法律体系演化的决定性特征。随着法律阶层独立性的增强，这种政治结构使得建立法制成为当务之急，一开始只是针对有产阶级而言，后来是扩大至其他经济和社会群体（North, Wallis and Weingast, 2009, chapters 3 & 5）。

然而在中国，权力之路走向了相反的方向。财产来源于政治权力，财产或财产权是权力阶层中社会政治地位的衍生品。中国历史上有一个范进中举的故事，一名穷苦的读书人在几次失败后终于获得了科举考试的成功，他发现自己很快被一大群村里人围住了，穷人想成为他的家仆，富人想转让他们的地契，放贷者愿意提供无息贷款——村里人都希望在他当官后获得好处和保护（Ping-ti Ho，1962，pp.43–44）。当然，大部分的资本和财富是在官场之外创造和积累起来。但是中国商人家庭将大量的资本投入到后代参加科举考试和买官，而且财富在中国官绅阶层的聚集，都是政治地位占主导或是压过财产所有权的体现。这

---

〔17〕"雍正最后算是'俯顺'了下情，准奏……"（郑秦，2003）——译注

就带来了邓建鹏所说的中国财产权的基本困境：正式法律保护的薄弱使得财产所有者寻求权力的庇护，然而因此通过政治权力产生的财产却在本质上是非法的（邓建鹏，2006，p.69）。

正式产权的困境可以解释近代早期中国正式法规和私人习俗之间的巨大差异。例如邓建鹏就指出了私人产权的清晰表述在传统中国的成千上万个私人土地买卖合同中以各种形式体现出来。但是很少有人做出努力使这些权利在国家法律体系中系统性地制度化或条文化，而这一法律体系在私人土地交易中最大的利益就是确保土地税收。其他具有启发性的例子是传统中国的版权案例。与目前中国古代不存在知识产权的认识不同，邓建鹏认为印刷术的极早发明和传播带来了出版商维护自己版权的需求和尝试，但是所有这些尝试都没有在国家法律体系内得到制度化回应。同时，国家对出版和版权的严格规范大多是受到政治认同和保护国家支持的儒家经典的驱动（邓建鹏，2006，第三章）。

三、中国商人与官僚政治

这样一个以人治为基础的法律体制显然有很多方面的弱点。如当事人对县官的品格及其断案的合理性表示怀疑时，会导致无休止地经过层层官僚等级体系上诉。同时，这种体制极易造成官吏对权力的滥用和独裁统治。尽管如此，为什么在大部分历史时期内中国的社会秩序并未分裂？实际上，跨地区的贸易——作为斯密增长的核心——在明清时期还大大扩张了。一项以不同地区间粮食价格相关性的统计分析为基础的中国区域间市场整合度的长期研究显示，18世纪中国的市场整合程度与效率已经达到相当的高度，几乎可以与同时期的欧洲相匹敌，甚至更胜一筹。[18]

寺田试图再现一个权利界定模糊、规则灵活的中国传统社会秩序，在这种秩序下，关于产权与契约的纠纷经常受社会规范、权力意志，以及人们对长期成本与收益的理性权衡与妥协等多种因素的相互影响（滋贺秀三等，1998，pp.191–279）。在一层薄薄的"正式"公共秩序背后，有层层非正式的、内部的规则，如家法家规、宗族规范、行会规则，来确保各个组织内部的产权与契约安全。

这种机制并不是中国历史上的独特现象。Avner Greif 运用博弈论，揭示出马格里布商人——中世纪晚期活跃在地中海的一个犹太商人团体——通过组织成为一个信息共享的联合体，并运用多边或集体的处罚措施来制止机会主义行为，使缺乏正式法律机制的长距离贸易得以长期维持。这种战略，即重复博弈理论中的声誉机制，成为中世纪晚期欧洲地中海地区商业复兴的关键。

中国传统的商业组织的一个典型特征就是通过血缘或地域关系形成的商帮（张忠民，1996）。最近的研究揭示中国传统社会的宗族作为一种社会和经济组织远比以前人们所理解的更有活力也更灵活。例如，科大卫（David Faure）指出，宗族不同于家庭，它具有一种与众不同的"公司"（corporate）的性质：以家族名义拥有的财产超越任何单个家族成员的生命而持续存在；家族财产的分配权被当作股（份），股份多少主要是按照贡献大小而定，而不是由世系来决定的；管理者们有权力和责任进行经营管理，但如果没有其他相关族人的同意不能随意处置财产。

宗族能够通过宗族联盟（联宗）扩大或缩小，即不同的宗族在共同的祖先名义下联合并融为一个更大的宗族（通谱）。实际上，这种共

---

[18]　见 Shine 和 Keller（2004）"中欧市场整合程度比较研究"。

同祖先在多数情况下往往是假想的。有时一个家族联盟可融合成巨大的宗族，可能包括几十、几百甚至几千名成员，他们分散在不同的县或省份，却由宗族严密的内部规则所控制。多数研究者认为，这种宗族联盟形成的动机，最主要的还是经济与政治因素。宗族组织汇聚的资源为当地提供了重要的公共产品：为族内穷人提供慈善救助，为有才青年提供教育经费，为商业和金融事业的发展提供机会。

因此，一个地区的商业化程度似乎与当地的宗族组织力量成正相关关系。例如，宗族活动在中国商业化程度最高的珠江和长江下游地区最为普遍。最著名也是组织最复杂的以宗族血缘为基础形成的商帮来自于安徽省徽州地区，也被称为徽商。徽州宗族间的信任为他们提供了信用、资本和商业合作伙伴。家族成员，时常还包括家内仆人就是徽商商号或店铺的主要员工：包括掌柜、账房先生、跑街或者是遥远的贸易城镇的代理人。精心编写并不断更新的族谱发挥着搜集信息和编织商业网络的重要功能。族谱经常成为外在经商的徽商的关系网络图。

徽商的组织能力使他们具备了无可匹敌的竞争力。在南京，联合起来的500家徽州典当商人用低于市场的利率驱逐了福建典当商。在扬州，徽商夺取了曾经由山西商帮主导的利润丰厚的食盐专卖。不久，上海的墨水及印刷品交易、安徽省芜湖的谷物和木材交易、长江下游的纺织品交易都落入徽商的营业范畴。徽商由此遍布长江两岸，尤其是江南地区，所谓"无徽不成镇"。

中国第二大商帮是起源于宗族关系较弱的华北地区的山西省，自19世纪以来，山西商人以地域为纽带经营着一个遍及全国的汇兑网络。山西"票号"通过向商人和长距离旅行者出具汇票，使其可以凭票在目的地的某个专门分号兑取现银，从而有效地降低了人们携带大量金属货币旅行的成本和风险。

到 19 世纪中叶，自山西省的三个县内所兴起的多家票号商已经在中国主要的商业城市设立了分号。而平遥，从一个偏远的默默无闻的小城，一跃成为一个全国性的汇兑网络中心。在 19、20 世纪之交，这一网络延伸到日本和朝鲜。因此，直到清朝 1911 年灭亡前的整整一个世纪，山西银行家们锁定了中国的长途汇款业务。

虽然票号是一种无限责任的合伙制（partnership）或个人所有制，但是票号的日常经营却由外雇的经理和员工管理，票号股东对经营干涉极少。实际上，正如张正明指出的，许多商号有明确的回避条款，禁止雇用与股东有关系的人员。

票号的第二个特点是激励机制。票号的资产由两部分组成，一是由东家出资构成的"银股"，一是由经理与伙计们的劳动力构成的"身股"。身股使职员们可以从利润中分得红利，这是一种与现代的利润分享方案极其相似的设计。这个办法激励员工们将自己的个人利益与票号的长期利益联系起来。

最后，使得这种令人惊奇的"现代"机制得以运行的却是非常传统的第三点因素：所有的受雇者严格限制为山西本地人。通常，学徒制度雇佣本地人（包括那些将被派往山西省外分号的员工），这些学徒要经过认真的背景审查，经常必须由其家庭或其他可靠的第三方做担保。任何因被发现有欺诈行为而遭解雇的员工，也不会再被其他山西票号雇佣。显然，人们愿意将他们有时甚至是一生积蓄的银两换取为一张纸的汇票，几乎完全依赖于山西票号的清廉名声。[19]

尽管在中国中央集权的官僚体制下，民间的秩序与公共法律存在着脱节或者鸿沟，中国商人组织与政府之间的联系，却通过一条与西方迥异的轨道发展着。竞争激烈的科举制度为中国人提供了相对公开、

---

[19] 以上来自作者的论文，详细论述见 Ma（2004）。

公平的——虽然非常有限的——进入正式官僚机构的机会,通过科举考试的成功者会成为绅士或被赋予税收和司法特权的官僚。由于官僚们有行政、税收、司法三位一体的地位,给整个中国社会创造了一个官本位的诱因或者说是扭曲机制,由于商人群体积累的财富最易受制于恣意权力的破坏,这一诱因对他们来说尤为显著。

在广东、长江下游地区和其他地方,宗族财产、宗族联盟和其他社会组织被特意投资和建立起来,提升族内子弟参加科举考试的成功率。在这方面徽商尤为成功。徽州地区有悠久的儒学传统,在科举考试中人才辈出。徽州籍官员在中国官僚队伍中所占的比例远远超过徽州人口在全国所占的比例。官商关系对于解释在政府垄断下的食盐专卖交易中,晋商和徽商能够先后占据统治地位,以及后来山西票号们能够承担作为清政府汇兑代理人的角色十分重要。[20]

中西之间政治结构的差异导致了两种不同的民间秩序与公共制度之间的关联方式。很明显,如果中国商人不能够影响或改变公共的、正式的法律规则,他们只能采取投资儒学教育、培养自己的官方代理人的方式渗透正式的政治结构。

正如滋贺所强调的那样,我们不可以站在西方的角度,将中西方法律制度的分流看成是中国法律制度本身的缺陷。相反,这是双方文化价值体系不同所导致的自然结果。在西方,法律规则、标准和判例被用来明确界定个人或团体的权利,而法规本身也向着一致性、可重复性、先验的和固定的方向发展,而相对模糊和笼统的中国法律制度则有利于地方官们根据儒家和谐社会的理想来灵活地解决纠纷。按照儒家经典反复灌输的原则,一个精通儒学而贤明的地方官或其他"仲裁者"应该比只关注人们法定的权利和义务关系的外在规则更好地代

表社会的、法律的、伦理的正义性。因此，中国法律思想和法制史上的永恒主题就是培育官员的道德与能力。

四、法律与经济增长

与这种战略选择相应的经济效率到底预示着什么呢？从社会资源配置角度来讲，对科举考试的过度投资显然是一种效益损失。[21] 但是，在前现代社会，这种效益损失并不只是发生在中国，且可以被由此带来的产权与契约的执行上的相对安全所弥补。正如王国斌所认为的，如果中国商人采用非正式的机制能很好地为自己的目的服务，那么没有什么理由把欧洲转向公共执行的方式视为必然比中国优越（Wong，2001，pp.399–401）。

然而，这种观点至少忽略了两种更重要的效率损失问题。第一，无论在哪里，官商联合容易导致垄断与寻租行为，而造成整个社会资源的无谓损失。第二点也是最重要的一点，正如 Greif 和其他人所认为的那样，在一个以关系和团体组织为基础的机制中，随着组织与交易的扩张，交易的规模与经营活动的范围会受急剧上升的信息传递与组织协调成本的制约。比较而言，建立一套法制化的公开透明的规则并由独立的第三方执法的法律制度或许在开始建立时成本更高，但是却能够展示出强大的规模经济效益，并能支撑更大规模的交易活动，并有助于超越内部团体的大规模的非人格化的交易活动的产生（Greif，2002；John Li，2004）。

图 3-1 源于 John Shuhe Li 的论文，用来说明由其命名的两种不同体制，即以关系为基础的体制和以规则为基础的体制之平均交易成本

---

〔21〕 见 John Li（1995）。

曲线的变化趋势。图中可见：以关系为基础的体制的交易成本曲线的固定成本（fixed cost）相对较低而边际成本较高，是一条向上倾斜的曲线。而以规则为基础的体制的交易成本曲线则是一条向下倾斜的曲线，其固定成本相对较高而边际成本较低。起初，以关系为基础的体制的平均交易成本要比以规则为基础的体制的交易成本低得多。然而，随着时间的推移以及交易规模与市场范围的扩大，以关系为基础的体制的交易成本急剧上升，并在经过某个转折点（两条曲线的交点）之后，超过了以规则为基础的体制的交易成本。

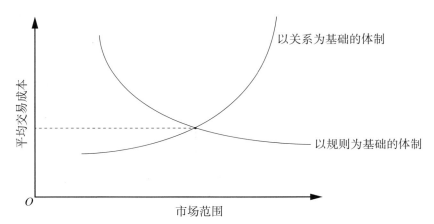

图 3-1　以关系为基础的体制和以规则为基础的体制的平均交易成本

资料来源：John Shuhe Li [2003]

　　一些研究中国问题的社会学家和法学家们的成果业已对上图所示的非正式的、以关系为基础的机制随着规模扩大而回报递减的这一性质作了注解或进一步说明。梁治平引用了著名的中国社会学家费孝通的比喻，费把中国社会秩序的范围与影响力比作一块石头投入水中激起的层层涟漪：离中心越远的地方，这种社会秩序的影响力就越薄弱（梁治平，1996，pp.157-158）。梁本人对私人契约与习俗的广泛研究使他坚定地认为，中国的地方性规则与习俗仅仅在当地既有的社会网络范围内才具有约束力和有效性。

尚须进一步的研究才能确定或验证我们有关中西方不同法律传统之下两种不同的经济运行机制的相对效率的初步假设。然而，一些较为随机的比较分析可以成为我们建立一个可验证的正式假说的开端。例如，大部分现代金融和商业工具，如纸币、汇票、提货单、股票、保险合同以及期货市场等，均可以在东亚历史上找到它们的萌芽形式，但长期停留在高度地方化、分散化的状态之下。这是否有可能是双方不同的法律传统所产生的经济运行机制的规模效益的不同所导致的呢？

实际上，比较19世纪中叶以来在西方影响之下东亚的经济与组织转变模式的差异，可以为我们提供一个考察不同法律体制之间相对效率的富有启发性的案例。日本明治维新的一个重要支柱就是介绍采用西方的法律制度，从宪法到商法，乃至会计法和公司法。而中国的法律改革迟至20世纪初期才开始，当时在日本法律专家的帮助下，中国历史上的第一部民法典和商法典才得以编撰出来。但是随着清帝国的覆亡，1911年之后全国陷入混乱无序状态，法律的施行与制度改革遭到严重阻碍。正如我在其他地方所论，今天东亚地区间的经济差距在很大程度上可以归之于19世纪中期以来，面对西方挑战所做出的政治与制度方面反应模式的差异（Ma，2004）。

20世纪初的中国制度与法律改革却在一个非常不同的背景下发生。从19世纪中期开始，治外法权与西方法律制度在中国条约口岸被强制性地移植，显然干扰了中国的国家主权，但它却对保障在华的西方私人银行业与洋行的安全起着不可缺少的作用，当时它们的资本和交易规模远超中国传统商人所建的银行和贸易公司。这种移植还导致了一个意想不到的结果，那就是在西方法律制度统治之下的条约口岸，催生了一个新的中国工业和金融企业家阶层。在 20 世纪早期，他们的财富与资本已经达到一个中国历史上前所未有的规模和水平。更重要的是，中国商人组织开始向新的方向发展。[22]

例如在上海，来自浙江省宁波市周围的被称为"宁波帮"的商人们通过培养和利用宗族血缘与地缘关系，在当地发展迅速的传统银钱业及后来的现代银行业部门中占据着主导地位（Susan Mann，1974）。在 20 世纪早期的上海公共租界，在由宁波财团控制的上海钱业公会内也发生了深刻的制度改革。

杜恂诚根据新公开的档案资料，在最近的研究中对上海钱业公会编制的详细的规章制度进行了分析，这些规章制度是为了保障公会成员在政治分裂时期的权利与信誉而制定的。他特别注意到公会对于成员加入与退出的规定是完全根据钱庄的金融地位而定的。而且，公会关于解决纠纷的规则被正式出版发行，经常成为上海相对独立的会审公廨的法庭判决金融诉讼案的法律原则。一旦本地银行成员的合法权利被上海地区之外的其他组织侵犯，且通过协商的办法不能解决时，公会经常会采用多边惩罚机制，向其所有成员通报并要求中断与那个组织的一切交易。公会的规则逐渐得到广泛的认可，成为上海之外其他地区钱庄业经营的指导性的原则（杜恂诚，2004）。可能正是由于保证契约执行的非正式机制与正式机制的联合作用，及其由非正式机制向正式机制的过渡，一起支撑着上海钱庄业的迅速增长，使之成为上海所谓的"黄金时代"的 20 世纪 20 年代的金融业中最重要的机构。

---

〔22〕 见 Ma（2008）。

五、结　语

我们对"大分流"的讨论必须考虑近代早期中西方之间在法律传统和制度上的差异。从一定程度上讲，那些支撑和促进 11、12 世纪西方法律革新的制度与认识论方面的因素，如政教分离，独立的地方自治权的出现，对先验的、客观的、可证伪的标准的追求等，正如 Toby Huff 所论，也同近代早期欧洲科学革命的兴起相关。所以我们应该严肃地对待法律制度与工业革命起源之间的关联。

这种不同的法律传统并不是一个独立的现象，而是历史发展的结果，或者说是中西方政治与社会结构之间显著差异的产物，即西方分散的政治架构与宗教和世俗之间的分隔相对于中国中央集权的官僚统治的差异。而不同的法律传统反过来会对产权与契约的安全性产生广泛而深远的影响。短期而言，正式与非正式的体制在解决商业或民事纠纷时规模效益方面的差异，在交换和贸易量都很有限的情形之下似乎影响不大。但就长期而言，这种差异将潜在地使工商业组织、货币与财政体系等产生显著差异。不过，必须指出的是，这两种不同的法律传统所暗含的相对经济效益本身并不能作为判断两种文化孰优孰劣的一个价值性标准。

西方的历史经验表明，民间的社会秩序不仅为公共制度的演进奠定了基础，而且在现代经济中仍起着不可或缺的作用。同样，在东亚，传统文化与制度禀赋是其经济奇迹产生所必不可少的因素。东亚地区长期以来不断累积的社会网络与社团及非正式的制度资源，有助于降低交易成本，提供信誉，从而使这一地区的经济增长能够在正式的法律制度确立与变革之前产生。在 20 世纪 80 年代早期中国的改革中，变通与不墨守成规的传统反而有利于摆脱僵化的意识形态的束缚。这一传统也对改革时期出现的各种尝试性、临时性的制度创新具有促进作用，而这在其他传统经济体中是极为少见的。

尊重读书的文化传统即使在1905年科举制度废弃之后也仍然得以延续，为大多数东亚地区深受儒家文化影响的国家奠定人力资本的迅速积累的文化基础。深受儒家文化影响的东亚地区具备不仅能够学习西方的科学技术，而且采纳从法律制度到国家建设乃至货币体制等正式制度的能力。这可能是今天东亚地区的经济发展成就较之其他发展中地区更为突出的根源所在，而这恐怕也是当年马克斯·韦伯所始料未及的。中国今天面临的法制转型，以及亚洲金融危机，都在提醒着东亚地区继续进行制度学习和创新的重要性。

因此，现代东亚的经济成功既不能归结为对西方制度的简单效仿，也不应归因于这一地区传统意识形态与制度的复活。它符合一种更具普遍意义的历史现象：一个古老的文明得以在外部因素的刺激与影响之下再生。有鉴于此，修正派学者所声称的假如煤矿储藏于合适的地方，或者假如有新的领土被发现而得到开发，工业革命在18世纪的中国或东亚即便没有19、20世纪西方影响下备受艰辛的意识形态和制度方面的变革，也可以自生，这种观点似乎有违于真实的历史。而更重要的是，修正派学派在某些方面忽视了意识形态，知识与思想本身对制度变迁有着重要影响，法学本身的积累与增长都对制度的进化乃至经济增长有重要的指引作用，新学术与理论的匮乏，使得中国历史即使通过革命而建立的新政权，也往往只是复制了以前被革命推翻的老体制，而周而复始。

参考文献

中文文献

曹树基:《中国人口史》,上海:复旦大学出版社,2001年。

陈绪纲:《法律职业与法治:以英格兰为例》,北京:清华大学出版社,2007年。

邓建鹏:《财产权利的贫困》,北京:中国政法大学出版社,2006年。

杜恂诚:《近代上海钱业习惯法初探》,中国制度与经济变迁研讨会,上海金融学院,2004年。

夫马进:《明清时代的讼师与诉讼制度》,载《明清时期的民事审判与民间契约》(滋贺秀三等著,王亚新、梁治平编辑),北京:法律出版社,1998年。

梁治平:《清代习惯法:社会与国家》,北京:中国政法大学出版社,1996年。

梁治平:《寻找自然秩序中的和谐》,北京:中国政法大学出版社,2002年。

李红海:《普通法的历史解读》,北京:清华大学出版社,2003年。

邱澎生:《以法为名:讼师与幕友对明清法律秩序的冲击》,载《新史学》2003年第15卷。

史若民:《票商兴衰史》,北京:中国经济出版社,1998年。

徐洪兴,小岛毅,陶德民,吴震主编:《东亚的王权与政治思想》,上海:复旦大学出版社,2009年。

张忠民:《前近代中国社会的商人资本与社会再生产》,上海:上海社会科学院出版社,1996年。

张忠民:《艰难的变迁:近代中国公司制度研究》,上海:上海社会科学院出版社,2002年。

张中秋:《中西法律文化比较研究》,北京:中国政法大学出版社,2006年。

郑秦:《清代法律制度研究》,北京:中国政法大学出版社,2000年。

日文文献

寺田浩明:《合意と契約》,《比較史のアジア:所有、契約、市場、公正》,东京:东京大学出版社,2004年。

寺田浩明:《「非ルール的な法」というコンセプト——清代中国法を素材にして》,《法学論叢》第 160 巻第 34 号, 2007 年 3 月。

寺田浩明:《清代民事司法論における裁判と調停》,《中国史学》1995 年第 5 期。

滋賀秀三:《清代の民事裁判について》,《中国社会と文化》1996 年第 12 期。

滋賀秀三:《清代中国の法と裁判第二版》, 東京: 創文社, 2002 年。

英文文献

Allen, R., Bassino, J-P., Ma, D. Moll-Murata, C., and van Zanden, J.L (2005), *Wages, Prices, and Living Standards in China, Japan, and Europe, 1738—1925*, http://gpih.ucdavis.edu/Papers.htm.

Baker, J. H., *An Introduction to English Legal History*, Butterworths, Lexis Nexis, 2002.

Bassino, J-P, Ma, D. and Saito, O. *Level of Real Wages in Historic China, Japan and Southern Europe, 1700—1920: A Review of Evidence*, Vol.56, No.4 (Oct. 2005).

Berman, Harold, *Law and Revolution: The Formation of the Western Legal Tradition*, Cambridge, Mass: Harvard University Press, 1983.

Berman, Harold, *Law and Revolution II: The Impact of the Protestant Reformations on the Western Legal Tradition*, Cambridge: Harvard University Press, 2003.

Bourgon, Jerome, Uncivil Dialogue: Law and Custom Did Not Merge into Civil Law under the Qing, *Late Imperial China*, Vol, 23, No.1(June. 2002), pp.50–90.

Duxbury, N., *The Nature and Authority of Precedent*, Cambridge: Cambridge University Press, 2008.

Faure, David, The Lineage as Company: Patronage versus Law in the Development of Chinese Business, *Chinese Business Enterprise*, Vol.I, New York: Routledge Press, 1996, pp.82–121.

Gelderblom, Oscar, *The Resolution of Commercial Conflicts in Bruges, Antwerp, and Amsterdam, 1250—1650*, Utrecht: Utrecht University, 2005.

Greif, Avner, Cultural Beliefs and the Organization of Society: A Historical and Theoretical Reflection on Collectivist and Individualistic Societies, *Journal of Political*

Economy, No.5(Oct., 1994), pp.912–950.

Greif, Avner, Commitment, Coercion, and Markets: The Nature and Dynamics of Institutions Supporting Exchange, *Handbook of New Institutional Economics*, edited by C. Menard and M. Shirley, Springer, 2005, pp.727–786.

Greif, Avner, *Institutions and the Path to the Modern Economy*, Cambridge: Cambridge University Press, 2006.

Greif, Avner, The Impact of Administrative Power on Political and Economic Development: Toward Political Economy of Implementation, *Institutions and Economic Performance*, Cambridge: Harvard University Press, 2008.

Ho, Ping-Ti, *The Ladder of Success in Imperial China: Aspects of Social Mobility, 1368—1911*, New York: Columbia University Press, 1962.

Huang, Philip, *Civil Justice in China*: *Representation and Practice in the Qing*, Stanford: Stanford University Press, 1996.

Huff, Toby, *The Rise of Early Modern Science: Islam, China, and the West*, Cambridge: Cambridge University Press, 2003.

Hones, Susan Mann, The Ningpo Pang and Financial Power at Shanghai, *The Chinese City Between Two Worlds*, Stanford: Stanford University Press, 1974.

Jones, William, Chinese Law and Liberty in Comparative Historical Perspective, *Realms of Freedom in Modern China*, Stanford: Stanford University Press, 2004.

Li, John Shuhe, Relation-Based Versus Rule-Based Governance: an Explanation of the East Asian Miracle and Asian Crisis, *Review of International Economics*, 11 (4), 2003.

Lin, Justin, The Needham Puzzle: Why the Industrial revolution did not Originate in China, *Economic Development and Cultural Change*, 44(1995), pp. 269–292.

Ma, Debin, Why Japan, Not China, Was the First to Development in East Asia: Lessons from Sericulture, 1850—1937, *Economic Development and Cultural Change*, Vol52, No.2(Jan.2004), pp.369–394.

Ma, Debin, Economic Growth in the Lower Yangzi Region of China: A Quantitative and Historical Analysis, *The Journal of Economic History*, Vol. 68, Issue 2, June 2008, pp.355–392.

Ma, Debin, Growth, Institutions and Knowledge, a Review and Reflection on the

Historiography of 18—20th century China, *Australia Economic History Review (special issue on Asia)*, Vol.44, Issue 3(Nov. 2004), pp.259-277.

Nakamura, James and Miyamoto, Matao, Social Structure and Population Change: a Comparative Study of Tokugawa Japan and Ch'ing China, *Economic Development and Cultural Change*, Vol. 30, No. 2(Jan.1982), pp. 229–269.

North, D., Wallis, J., and Weingast, B., *Violence and Social Orders, a Conceptual Framework for Interpreting Recorded Human History*, Cambridge: Cambridge University Press, 2009.

Ohnesorge, John, China's Economic Transition and the New Legal Origins Literature, *China Economic Review,* 14(2003), pp.485–493.

Ocko, J. and Gilmartin, D., State, Sovereignty, and the People: a Comparison of the Rule of Law in China and India, *Journal of Asian Studies*, Vol. 68, No.1（Feb.2009）, pp.55–133.

Pomeranz, Kenneth, *The Great Divergence, Europe, China, and the Making of the Modern World Economy*, Princeton: Princeton University Press, 2004.

Reischauer, Edwin O., and Fairbank, John King, *East Asia, the Great Tradition*, Boston: Houghton Mifflin Co, 1960.

Shiue, Carol and Keller, Wolfgang, Markets in China and Europe on the Eve of the Industrial Revolution, Center for Economic Policy Research Working Paper, University of Texas at Austin, 2004.

Truvek, David, Max Weber on Law and the Rise of Capitalism, *Wisconsin Law Review*, 3(1972).

Unger, R. M.，*Law in Modern Society: Toward a Criticism of Social Theory*, New York: Free Press, 1976.

Weber, Max, *Economy and Society*, Vols. II, Berkeley: University of California Press, 1978.

Weber, Max, *The Religion of China, Confucianism and Taoism*, Glencoe, IL: The Free Press, 1951.

Wong, R. Bin, Formal and Informal Mechanisms of Rule and Economic Development: The Qing Empire in Comparative Perspective, *Journal of Early Modern History*, Vol5, No.4(2001), pp.387–408.

Yasuba, Yasukichi, The Tokugawa Legacy: A Survey, *The Economic Studies Quarterly*, Vol. 38, No. 4(Dec.1987), pp. 290–307.

Zelin, M., Ocko, J. and Gardells, R.eds., *Contract and Property in Early Modern China*, Stanford: Stanford University Press, 2004.

第四章：近代中国货币与货币体系概观[1]

1889 年，一位西方人对中国货币体系作了如下评论：

"中国货币体系的古怪与混乱要么让任何一个西方国家在一代人的时间内精神失常，要么使这个巨大扭曲的货币体系马上自我解救。而中国人对货币准确性的漠视，尤其让人困惑。100 枚钱币不是 100 枚，1000 枚也不是 1000 枚，而是另外一些完全不确切的、只是由经验来决定的数值。在帝国的许多地区，1 枚铜钱被记作 2 文，这只是大于 20 枚的情况下才是如此。这样，如果有人听到他将被付 500 文时，他知道自己会收到 250 枚铜币。不同的地方还常常会有少量的减少。这些铜币中经常会掺杂些小的或伪造的铜钱，这导致任何一个行业都存在交易者之间不可避免的争端。"（Kann，1927，pp.415–416）

尽管不无偏见和夸张的成分，上述说法还是多少揭示出接近真相的事实的。那些所谓的"混乱的怪癖"指的是一种双金属货币体系的运行情形。这种体系下一两未铸银块被设定等于一千文由货币当局铸造的铜钱（制钱）[2]。但实际上，白银即使按重量进行标准化铸造也存

---

〔1〕 本章系 Charles Calomiris 和 Larry Neal 主编的金融全球化百科全书的一部分，由 Elsevier 出版社刊行。感谢 Charles Calomiris、David Chilosi、Larry Neal、彭凯翔、严循等的有益评论。

〔2〕 1 两白银大致相当于 37 克白银。

在形状、纯度、精度等各种差别，最终导致银两作为一种计价单位也因地区或行业的不同而不同。制钱的情况也是如此，甚至更糟。由官府铸造的制钱起初被设计为一种计数而不是称重的货币，但由于笨重且价低，单一的制钱通常按每 1000 枚用绳子串起来作为一种计数单位（被称作"吊"或"串"）而流通使用。但是"吊"作为一种货币单位也因地区和行业的不同而不同。虽然在大多数地区每吊钱通常在 900~1000 枚，但帝国之内的某些地区每吊可能低至 150 枚铜钱。各地广泛流行的将各种粗制滥造、私铸及伪造钱币与标准制钱混在一起的做法使得吊这一货币单位更加混乱不一（Frank King，1965；张家骧，1925）。

这个双金属货币体系还有一个特征是，主要从西班牙属美洲进口的银圆同时在中国市场上流通。同上面的情形一样，西班牙银圆的传播与流行因地区的不同而不同。在中国南方及沿海地区，因为与丝绸、茶叶或者鸦片等商品的全球商业贸易路线相联系而较广泛地使用西班牙银圆。一些高质量的银圆，如卡洛斯比索，在市场上享有极高的美誉并能获得相当高的超出其实际含银量的溢价。但尽管如此，西班牙银圆作为一种交易媒介，其价值通常要依靠当地白银公估局另外加盖的一种作为在当地流通许可的戳记。除了极少数主要贸易港口城市，银圆在中国北方或内地的存在几乎可以忽略不计。

在这种复杂的货币体系之下，各种货币混杂使用，而不同货币间的兑换率则随着时间和空间（单独的或者重叠的区域）的变化而不断变动，为了满足对统一记账单位的需求，一种虚拟的记账单位在中国不同的贸易区域或行会组织内应运而生。这种记账单位，通常用银两来表示，但有时也会用铜钱或银圆表示，习惯上由一组关于该金属的物理特征来定义，譬如纯度、精度、重量甚至金属块的形状等。由于这种虚拟的记账单位通常并不与市场上流通的任何特定的通货相一致，它们为市场上的职业估银师或货币兑换者们确定其他各种通货的价值提供了一个可靠的基准。

而最著名的虚拟记账单位——库平银是与帝国范围内的财政体系相联系的。库平银是北京中央政府收取所有税收时所使用的一种标准银两单位。[3] 即便如此，政府仍通过规定接收财税的库平银单位略大于日常开销支出所使用的银两单位而为自己谋利。更有甚者，清帝国的库平银单位还随着各使用省和县级衙门的不同而不同，这进一步加剧了库平银单位的内部不一致（张家骥，1925，pp.55–60）。除了这些与国家税收有关的虚拟记账单位之外，各地区或地方市场上出现的虚拟记账单位的数量急剧增多，到 20 世纪初全国已不下 100 种（戴建兵，2007，第三章）。这就意味着，依靠市场供需，在种种虚拟记账单位之间、虚拟记账单位与实际市场通货之间以及各种不同市场通货之间，存在着数不清的兑换汇率（详情参见 Frank King，1965；Kaan，1927；Kuroda，2005）。的确，正如马士（Morse，1910，p.29）所深刻揭示的那样，一次单程从江苏省经过上海将财政收入汇给甘肃省，总共需要经过九次不同的银两单位（包括虚拟的和实际的）兑换才能最终达成。

一、概念框架

整个 18、19 世纪和 20 世纪头二十年间，中国货币体系的特征并不能简单套用既有的货币体系模式来解释说明。一个简单的方法是将其与中世纪欧洲的货币体系类比。在中世纪的欧洲，同样存在着多种流通货币，在不同的领地及司法管辖区之间，也同样存在着各种各样

---

〔3〕 其他与政府税收有关的银两单位有"漕平"，用于各地粮食上贡，参见张家骥（1925，p.67）。19 世纪中叶以后，一种新的作为海关关税征收标准的虚拟银两单位"海关两"出现了。参见本文后半部分。

的货币兑换率。这种类比一方面是有益的，一方面则有可能误导读者，因为这一时期的中国与中世纪的欧洲相比，既有许多相同之处，又存在着许多鲜明的对比。实际上，在任何货币金融系统中，政治体制均发挥了超强的影响力，这一点正是中国与欧洲货币体系之间存在的最显著差别。

清朝作为一个统一的中央集权王朝，拥有自己专门的国家级铸币机构来负责铸造标准化铜币（制钱）。除了位于北京的铸币机构之外，各省虽然也有自己的铸币场所，但必须严格按照中央规定的标准铸造铜钱。铜钱笨重而面值极小，主要用于小额和地方性的零售交易。正如金本位出现之前的欧洲一样，不同金属铸造的货币的使用帮助中国解决了"小零钱的大问题"，即用银来充当大额交易或远程贸易的媒介，而用铜钱来充当小零钱。但这里需要提到的第二个中国与欧洲中世纪货币体系间的显著差别，也被一些人称为灵活的双金属体系的特征在于：在这种混合的货币体系中，作为更大的记账单位银两，直到19世纪末期都没有由政府机构铸造成标准的银币或银锭。为了理解中国的货币制度，我以中国独特的历史背景下政治权力与地理条件的互动为基础，提出了一个简单的历史框架。

相对于未经铸造的金属块而言，铸造钱币最大的优势在于可以节省不得不时刻进行的、对每次交易中使用的金属块的内在价值进行评估的交易成本。但这种对每次交易中通货的内在价值进行评估的成本的节省同时也会增加这种货币因人为操纵而贬值的风险。这种人为操纵既包括官方铸币机构的偷工减料，也包括一些私人的假冒伪造。换言之，不断地对市场上流通的某种货币进行内在估值，虽然推高了交易成本，但也有力地保证了这种货币本身不会因为官方追求铸币税利益而遭受贬损。

大额面值与小额面值的通货在铸造的相对成本与收益上存在着差

异：对于大额面值的通货来说，对每次交易所使用的金属块进行估值所花费的边际成本（可变成本）可能相对较小，但与小额面值通货持有者相比，大额面值的通货持有者因为铸造标准降低而造成的损失则要大得多，反之，铸造当局从中所获得的资本收益也要多些。因此，假定其他条件不变，对交易中大额面值货币的内在价值进行估值所带来的收益会大于对小额通货进行估值的收益。这也许可以解释在中国白银（有时甚至是进口的外国银圆）以金属块的形式进行流通，其较高的内在价值要求其在每次交易中或者在不同地区进行交易时均需要进行估值。而面值较低的铜钱以计数货币的形式进行流通，甚至包括民间伪铸的滥钱，它们承担了为小额零售交易提供媒介这一非常有用的功能，但每枚铜钱自身的价值太低，以至无法承担每次对其内在价值进行估值的成本。[4]

纸质票据作为货币在中国历史上的兴衰过程正好说明了在管理大额货币中的政治问题。印刷的纸张具有成为大额面值货币（几乎是无限大的面额）的潜能，这对于任何拥有足够行政能力与强权的政治当局都是一个永恒的诱惑。古代中国作为一个中央集权与君主专制程度相当高的国家，在宋、元及明初期，曾有过长期大规模发行纸币的历史经验。但是政府获取巨额铸币收入的冲动（这种冲动时常由应对外敌入侵或者内部叛乱而造成的严重财政危机引发）不可避免地导致了纸币超发，并在历史上导致了高通胀或超级通胀。这种不断发生的因为财政驱动而导致的货币操纵与贬值行为严重败坏了纸币在中国社会的声誉，以至于发行纸币常被视为一种亡国之兆（参见杨联陞，1996）。实际上，明朝初期强行将纸币推向私人经济的结果只能导致占

---

〔4〕 这是"小零钱的大问题"这一论题的另一个侧面。这一论题由 Oliver Volckart 在解释为何中世纪的欧洲金币币值（大额货币）要比银币（小额货币）更加稳定时提出（Volckart，2008）。

中国经济很大一部分的民间经济活动倒退到物物交换和自给自足的状态。正是由于存在这种货币真空地带，部分解释了日本和西班牙银圆在17—19世纪能够进入中国。16世纪晚期，经过著名的"一条鞭法"财政改革，即便是明朝户部，也意识到了采用库平银两这一内在价值稳定的虚拟记账单位作为征收赋税的货币标准所具有的便利性。

影响中国货币体系的第二个重要因素是地理条件，亦即中国广大的面积。庞大的国土面积和辽远的地理距离导致内部普遍存在地区差异，使得强制性的货币统一政策难以有效实现。而这种统一的、中央集权的政治体制也排除了自下而上的政治势力获得政治与司法自治权力并自行铸造或管治当地货币的可能性。在这样一个庞大而地区差异巨大的国家内部所出现的管理真空，通常由地方行会和地方习俗所制定或形成的各种民间规则或贸易惯例填补（虽然填补得并不完美）。这些地方行会和网络本身所具有的非正式性和由于管理与协调缺乏权威，可以解释为何中国会产生越来越多虚拟的和真实的货币种类或记账单位。这一连串复杂而独特的历史因素的互动导致中国的货币体制位于一系列矛盾的交汇点上：它同时是统一的，又是多元的；是中央集权的，又是地方化的；政治干预严重的，又是自由放任的；是对外开放的，又是封闭僵化的。例如，中国缺乏一种严格定义的货币记账单位和稳定的铸币标准，这既是王朝专制武断的表现，同时也反映出这种绝对专制力量的实际影响力有限。这种货币制度的缺陷导致了全国范围内高昂的市场交易成本。但是，正如我们将要看到的那样，如果考虑到传统中国在管理大额面值通货时信誉低下的糟糕历史表现，这种高昂的交易成本可能仍然是市场愿意或者值得付出的代价。下文我将简要追踪1800—1950年间中国货币体系演进的历史过程。

二、1800—1850 年

18 世纪是中国历史上所盛传的"康乾盛世",这是一个政治相对和平、经济繁荣、人口增长、财政稳定的世纪。更重要的是,这是一个"廉价白银"的时期。实际上,如果说这一世纪在货币问题上遭遇任何困难的话,这只是指政府极力维持铜钱的供应量,从而防止制钱对银两的比价相对于政府理想的比价——即 1000 制钱兑换 1 两白银——下降得太多。

然而这一潮流在 18 世纪末已经开始逆转,白银价格开始上升,到 19 世纪中叶达到 2000 制钱兑换一两白银(Lin Manhong,2006)。中国传统的或有强烈民族主义色彩的史学家将批评的矛头指向了 19 世纪初数量急剧上升的令人担忧的鸦片进口水平,认为鸦片进口是导致中国贸易赤字和白银外流的罪魁祸首。但是,更加深入的研究则揭示出这一"昂贵白银"时代更加复杂的图景。实际上,1820 年左右,西班牙属美洲帝国的崩溃,给中国白银及高质量银圆的供应所造成的干扰和打击对于中国银价上升的影响,可能与鸦片贸易所造成的白银外流一样严重。另外,高质量的卡洛斯三世银圆在中国东南沿海的贸易网络中的渗透非常深入,并且其市场溢价也非常高,将中国其他地区的银锭吸引到海外,由海外铸造成银圆之后再重新运回中国(Irigoin,2009)。在这样的历史情景之下,中国国内地区间贸易的不平衡同样也会导致地区间货币供求的失衡。

银价上升对于财政体系完全由白银主导的中国来说意味着一场可怕的灾难。对于这种由白银引起的通货紧缩,一种很自然的解决方案就是将白银去货币化。这一建议曾在当时的官员和学者们之间引起过热烈的争论。但这样一场货币改革所需要的智慧与行政组织能力均远远超出了 19 世纪中期的清王朝——这个传统的王朝所能达到的范围

（彭信威，1965/2007, pp.678–688；Lin，2006）。清政府通过禁止鸦片进口选择了一条同英国对抗的道路，而中国在鸦片战争中的决定性失败预示着一个历史转折点的来临，从此中国开始被迫对西方帝国主义开放。

三、1850—1911年

19世纪50—60年代间影响重大的太平天国运动引发了清政府一场严重的财政危机。统治者不顾一切地搜括财税，大幅度贬值铜钱并发行不可兑换纸币，最终导致了所谓的"咸丰通胀"（在咸丰皇帝的统治期间，即1851—1861年）。咸丰通胀的历史过程一方面显示出清政府强制推行货币的能力，另一方面则又显示出其货币管理方面的局限性。由于只能铸造铜钱，清政府对铜钱的贬值是在1853年通过发行所谓的"大钱"而得以实行的。这是一种稍大、稍重的铜钱（市场上通常称之为"大钱"）。例如，一枚含铜量只相当于过去所铸两枚铜钱的铜币被官方铭刻上10文。不可兑换的纸币也被发行并完全由国家强力推向市场。这些政策立即引起市场反应，在种种传言之中，钱店纷纷关门歇业，大量资金逃离北京。当最后甚至连政府机构都拒绝接受大钱时，公众对这种货币的不信任进一步加剧了（King, 1965；彭信威，1965/2007）。

没过几年，大钱和政府所发行的纸钞均急剧贬值，大钱的交易价格已经与其实际含铜量相当。这些通货被证明是短命的，从铸造到结束不过三四年的光景。在北京，这仅仅只是意味着名义价格在以"大钱"为记账单位的基础之上一次性地翻了五倍。囿于清政府在太平天国起义时期对地方政府的政治控制能力，这次通过铜钱贬值与发行不可兑换纸钞实现的通货膨胀政策也只是局限在北京及其周边省份（彭信威，1965/2007, pp.613–623）。在北京地区使用的"大钱"单位与其他地方货币单位之间出现的新的差别，无疑给后太平天国时代跨地区之间的贸易增添了新的困扰。[5]

中国的开放及其随后在沿海及主要水道所建立的各种各样的条约口岸，对中国货币和银行体系带来了长远而根本性的影响。这种影响是通过建立在通商口岸城市内的洋行和稍后建立的从事货币兑换与贸易金融的银行来实现的。西方银行，如汇丰银行和稍后出现的日本银行开始吸收存款并发行可兑换为白银的纸币，他们很快发现这样的业务在口岸的民众中颇受欢迎。另一个重大发展是新成立的海关管理机构。这是一个由西方列强强制在各口岸城市设立的、负责收取中国进出口货物转运税的机构。海关管理机构的一个关键性的制度变迁发生于太平天国运动时期，这一时期海关实际管理权力由名义上隶属于清朝官僚机构落入西方列强之手。在赫德——这位同时受到西方商人利益团体和清政府信任的英籍总税务司的领导之下，海关作为一个高效率的、透明的税收征收机构，获得了高度的自治权力。由海关所征收的税款，通常被清政府及随后的民国政府作为向外国银行及向公开市场借债的抵押。

与海关相联系的是海关银的发展。海关银两是一个抽象的银两单位，并成为全国关税征收的标准单位。传统的库平银两单位变化不一，经常有利于税收征收者并成为其腐败性收入的来源，而海关银单位是统一的、严格定义的，其制定过程是由众多条约国家和中国政府反复谈判而形成的。一海关两单位平均起来要比不同地区通行的各种银两单位大 5%—10%，就是要故意排除由使用其他银两单位所内含的任

---

〔5〕 的确，1883 年清政府试图恢复过去的铜钱单位的做法曾在私营银钱业内产生混乱。这些银钱业主担心今后必须按过去铜钱标准赎回，愿意支付一定的溢价来召回他们发行的以京钱为计价单位的银票。参见邵义（2010，pp.183–197）。

何额外收费。在传统的财政体制下，这种额外的收费作为一种税务征收的中间费用，从来不会进入中央政府的实际收入（张家骥，1925，pp.60–67；Frank King，1965）。

在19世纪后半期，清政府仍然因循守旧，只愿从事有限的改革来应付新的现实。实际上，1894—1895年间中日甲午战争的惨败才让清政府真正醒来并意识到必须进行更加根本性的变革。随后于1895年签署的中日《马关条约》，极大地扩张了外国直接投资的范围，并以清中央政府权威的削弱为代价加强了条约口岸城市中外国商业利益的政治控制。这一切导致了两个对于中国货币与银行体系演进具有新纪元意义的重大事件的发生：一是清政府意识到必须设立自己的现代银行，这导致了1908年公司化的大清银行成立（Cheng Linsun，2003，p.25）。这一银行建立本身的意义，远不如它标志着20世纪初中国进入一个公共和私人银行业大发展的新时代那样重要。第二，尽管19世纪后期各省和各条约口岸当局业已开始自行铸造银圆，但直到20世纪第一个十年开始，中央政府才真正企图建立银本位，并开始铸造国家银圆（魏建猷，1955，pp.119–136）。随着清政府于1911年覆灭，以上这些划时代的关于中国货币制度的思想意识形态的变革发生了意想不到的转变。

四、1911—1930年

20世纪10至20年代，中国近代史进入北洋军阀时期，政治现实的特征就是政治权力从北京向地区性的军阀势力、各条约口岸及租界内的殖民统治机构转移。政治统治的分崩离析带来了地区间的经济与司法管理的竞争，形成了D. F. Denzer Speck所谓的中国历史上独一无二的自由银行时代。这一时代是由深陷财政泥淖的北洋政府企图通过操纵货币来解决财政问题而开启的。1916年，北洋政府面临着严重的财政不足，命令中国银行和交通银行这两家大的国家银行所发行纸币暂停与银的自由互换。正如预期，这个命令通过各主要金融中心，在全国各地的银行业和金融市场造成了挤兑和金融破坏。可是，中国银行的上海分行利用其条约口岸的治外法权，在与外国银行的合作之下，成功地抵制这一命令，在整个危机期间，始终维持了该行纸币的可兑换性。

在这次事件中，中国银行上海分行不断上升的声望进一步削弱了北洋政府的信誉及其对于中国方兴未艾的银行业的控制力。实际上，在上海银行家们的领导下，中国银行和交通银行都经历了一个半私有化的过程。这一过程显著地减少了银行同政府间的联系，将银行的控制权力大部分转换到私人股东的手中。上海公共租界成为中国的金融中心。20世纪20年代被称作中国现代银行业的"黄金年代"。据Cheng Linsun（2003，p.71）计算，1911年至1926年间，中资银行业的总资本额上升了近5倍。1936年，中资银行在银行业总资本（定义为发行钞票量、存款数和银行净资产之和）中所占的份额远超过外国在华银行，达到80%，而外国银行总资本占比只有11%，余下的9%为中国传统钱庄所占的份额（p.78）。

中国现代银行业的发展推动了中国货币体系的重要改变。就白银而言，中国国内自己铸造的银圆，即"袁世凯圆"超过其他各种外国银圆，逐渐在全国各地流通、普及。据1924年进行的一次调查，当时全国市场上流通的9.6亿元银圆中，有7.5亿元为袁世凯圆，外国银圆只有区区三千万元（Kuroda，2005，p.114）。这一期间，银两与银圆之间错综复杂的关系得以建立。随着官方铸造的银圆日益普及，银两（通常用抽象或虚拟的单位来表示和计量）在主要金融中心日益被充作银行储备金。虚拟的银两单位作为一个重要的价值基准，对于阻止市场上流通的银圆和其他各种货币可能进行的粗制滥造和伪铸发挥了至为关键的保障作用。这种市场保障功能经过全国各主要商业城市设置的相对独立的白银估值机构（公估局）而得以制度化。上海在这方面再次走在时代的前沿。这些公估机构从 19 世纪末开始，在地方商会、银行公会或地方政府部门的支持下相继建立，有效地制定并维护着各地的银两标准（戴建兵，2007，第 3 章）。

在这个政治四分五裂的时代所出现的是一个复杂的，但却相对透明的、货币标准或通货种类多元化的货币体系。当时全国各地使用的货币标准或货币种类多达百种以上（戴建兵，2007，pp.58–79）。Tomoko Shiroyama（2008，p.24）分别引自 1911 年和 1925 年一份主流日报的金融版的行情显示，仅上海一地就有多达 8 到 10 种不同的货币单位之间的相互兑换价格，这些货币间的兑换率不断波动，在同一天的上午和下午都不相同。这种激增的货币标准和通货种类自然会提高跨地区贸易的交易成本，但货币体系中这种由于地方性管制和信息传播所带来的新的相对透明的特征，也同样会促进全国性的货币体系和金融市场整合。

的确，随着时间的推移，即便在乡村地区，银圆作为交易的媒介也正在逐步取代银两。在农产品贸易中，农产品收获的季节性导致乡村地区周期性的现金需求，在农村经济作物上市和收购的旺季，银圆对银两的兑换率就会产生一定的溢价。马俊亚的研究详细地证实了中国传统的钱庄是如何凭借其庞大的商业网络，通过全国各主要商业中心，调动和转移大量的钱票和银圆，利用各地，特别是南北方之间农产品产销周期性差异而导致的不同地区间银圆与银两兑换率的差异来获取利润。这样的白银套利行为，参与者大多是本地钱庄，但也包括中国和外国银行，一方面给农村市场提供了所需要的流动性，同时也节省了对本身就比较稀缺的白银的使用。渐渐地，市场上银圆的使用都汇聚在袁世凯元上，这就产生了一种使用单一银圆标准并与银两脱钩的呼声。1933 年，南京国民政府在强有力的以上海为基础的现代银行界的支持之下，正式实行"废两改元"，建立起了单一的以银圆为基础的货币标准（戴建兵，2007，pp.116–117）。

中国货币金融体系中发生的最伟大的变迁是在纸币和银行存款方面，这是由快速发展的现代银行业，特别是中资银行业推动的。罗斯基（1989，p.157）估计，银行发行的钞票和存款在全国总的货币供应中（M1）所占的比重从 1910 年的略过三分之一增至 1926 年的三分之二以上，同时，白银和铜钱所占的比重则相应下降。纸币的增长发生在一个所谓的"自由银行"的时代，私立的外国银行、华资银行，中国政府所办的国有银行或者省立银行，都自由发行并流通着自己的作为交易媒介的钞票。如所预期，在一个竞争的差异化的货币市场上，声誉机制最终会发挥作用。那些由各省军阀控制的省立银行所印刷发行的钞票易于发行过多，往往导致市值急剧下跌，经常被市场彻底淘汰。那些由日本和俄罗斯殖民机构控制的银行所发行的钞票，情况又稍好些，尚能在中国东北地区其各自的势力范围内广泛流通。而由一些著名的西方银行，如汇丰银行和渣打银行所发行的钞票，因其准备充裕、随时可以兑换成白银而享有良好声誉，在中国各主要通商口岸及其相邻的内陆地区广为流通（Horesh，2009）。

到 20 世纪 20 年代，由中国银行和交通银行所发行的纸钞数量不断跃升，超过了西方在华银行。不仅仅是受益于条约口岸相对安全和发展良好的法律环境，纸钞发行的增长还与当时成功的制度创新——领钞制度有关。通过钞票交换，一些较小的银行和钱庄可以将自己手中所持的现金储备与政府公债作抵，来换取由中国银行或交通银行所发行的等量钞票。这一钞票交换系统，一方面可使小的金融机构利用大型银行的良好声誉拓展业务，另一方面促进了两大华资银行所发钞票迅猛扩散，促进了中国市场流通货币的统一（张家骧，1925，

pp.126–148）。Rawski 的研究显示，到 1930 年，纸钞和华资银行存款占到市场份额的大约 80%。1936 年，中国现代银行业的发展已经远远溢出了各条约口岸城市，多达 526 家银行分支机构形成了一个全国性的金融网络（Rawski，1989，pp.135–136）。在这个中央集权分裂瓦解并伴随地方政治自治势力上升的时代，中国货币与金融市场发展与整合的历程在很多方面似乎复制了在相似的政治背景下，现代早期欧洲货币与金融体系自下而上的发展过程。

五、1930—1949 年

中国依附于银本位制度虽然多少有点偶然，但却使中国避开经由全球金本位传导的大萧条时期的不利影响。实际上，在大萧条前几年，中国的经济和出口反而得益于世界的廉价白银和国际白银储备的净流入。但这并未持续太久，由于许多国家纷纷放弃金本位和美国在 1934 年公布购买白银法案，全球白银价格开始上涨，导致白银流出中国和国内的通货紧缩。20 世纪 30 年代这种由于白银外流导致的货币危机与一百多年前缠绕清政府的"幽灵"有着显著的相似性。一百多年前的那场危机以清政府在鸦片战争中的决定性失败而告终，但这次不同，通过与强有力的上海银行公会的密切合作及与美、英政府的艰苦的谈判，南京国民政府成功地进行了众所周知的货币改革。这次改革建立了中国第一个法定货币，即"法币"，它只能由中国最大的三家银行在政府的授权之下发行，这三家银行是中国银行、交通银行和中央银行。通过将法币确定为一种法定货币，其可兑换性不再与白银挂钩，而是按照固定汇率与一篮子主要的世界货币相联系，中国开始走上了一条避开由白银引发的货币紧缩的道路。在改革之后的两年里，市场物价水平、生产和出口贸易等已经显示出复苏的积极信号。

为了保证法币改革的成功，南京政府建立了一系列至关重要的制度。这包括建立一个货币储备委员会，委员会的成员既包括一些著名的私人银行家，也包括了一些政府官员（Shiroyama，2008，p.186）。政府还逐渐改组了新成立的中央银行，使其承担最后贷款人的角色。通过谈判，向美、英获取外汇借款以及出售国内的白银，政府自觉地建立起了以外汇储备为基础的储备金，以支持新的法币长期的自由兑换。与此同时，政府还企图让公众确信其对维护财政平衡的承诺。1935年中国法币改革的成功虽然因1937年日本的全面入侵而中断，但仍有力地证明了中国货币和银行体系在20世纪20年代至30年代所取得的进步。改革过程中，政府财政官员，如孔祥熙和宋子文与上海银行界的密切合作与磋商，标志着中国政府已经告别了传统帝国那种自上而下强制、威压的政府治理模式。[6]

日本全面大规模的对华侵略战争通过对东南沿海地区的占领，逐渐地剥夺了南京政府的财政基础，并最终将南京政府逐至相对贫瘠的以重庆为中心的西南地区。在那个财政危机不断加剧的时代，中国历史上关于法定货币使用的黑暗一面开始重现。战争期间深陷财政泥淖的国民政府，很快将法币转变成一种国家财政工具。20世纪40年代后期超高的通货膨胀率预示着国民政府统治的终结。在随后大规模的解放战争中胜出的新政府，力图建立起一种取消私人市场和货币的计划经济。经过三个多世纪的岁月流逝，中国纸币的历史，正如Gordon Tullock恰如其分地指出的那样，又重新走过一个完整的历史循环，再次以超高的通货膨胀率而终结（关于超高通胀时期的历史，另可参见杨联陞，1965）。

---

〔6〕 参见 Tomoko Shiroyama（2008）对1935年法币改革所做的全面的、大多是正面的评价。Brandt 和 Sargent 1989年对法币改革有不同的评价。Friedman（1992）从美国的视角对这次法币改革进行了分析。

参考文献

中文文献

戴建兵:《中国近代银两史》,北京:中国社会科学出版社,2007 年。

彭信威:《中国货币史》,上海:上海人民出版社,1965 年。

邵义:《过去的钱值多少钱:细读 19 世纪北京人、巴黎人、伦敦人的经济生活》,上海:上海人民出版社,2010 年。

魏建猷:《中国近代货币史》,上海:群联出版社,1955 年。

英文文献:

Brandt, Loren and Thomas Sargent, Interpreting New Evidences about China and U.S. Silver Purchases, *Journal of Monetary Economics* 23 (Jan.1989), pp. 31–51.

Cheng, Linsun, *Banking in Modern China,* Cambridge: Cambridge University Press, 2003.

Denzer-Speck, D. Freiburg/Br., Currency Competition in China Between 1850 and 1950, *Kredit und Kapital*, 42(2009), pp.327–351.

Friedman, Milton, Franklin D. Roosevelt, Silver, and China, *The Journal of Political Economy,* Vol. 100, No. 1, (Feb.1992), pp. 62–83.

Horesh, Niv., *Shanghai's Bund and Beyond: British Banks, Banknote Issuance, and Monetary Policy in China, 1842—1937,* New Haven: Yale University Press, 2009.

Kann., E. *The Currencies of China,* Shanghai: Kelly and Walsh, 1927.

King, Frank H.H., *Money and Monetary Policy in China, 1845—1895,* Cambridge: Harvard University Press, 1965.

Kuroda, A., The Collapse of the Chinese Imperial Monetary System, Sugihara, K., ed. *Japan, China, and the Growth of the Asian International Economy, 1850—1949,* Oxford: Oxford University Press, 2005.

Irigoin, Alejandra, The End of a Silver Era: The Consequences of the Breakdown of the Spanish Peso Standard in China and the United States, 1780s—1850s, *Journal of World History,* 2 (2009), pp.215–220.

Lin, Manhong, *China Upside Down: Currency, Society, and Ideologies, 1808—1856,* Cambridge: Harvard University Asia Center, 2006.

Ma, Junya, Traditional Finance and China's Agricultural Trade, 1920—1933, *Modern China.* Vol. 34, No. 3, July 2008, pp.344–371.

Morse, H. B., *The International Relations of the Chinese Empire,* Vol. 1. London; New York: Longmans, Green, and Co, 1910.

Rawski, T., *Economic Growth in Prewar China,* Berkeley: University of Berkeley Press, 1989.

Shiroyama, Tomoko, *China during the Great Depression, Market, State, and the World Economy, 1929—1937,* Cambridge: Harvard University Press, 2008.

第二篇

大分流的实证分析

第五章：1738—1925 年中国的工资、物价和生活水平

——与欧洲、日本和印度的比较[1]

　　中国和欧洲的劳动力货币工资之间的差异要远远大于最低生活水平所需要的货币价值之间的差异，因为欧洲劳动力的实际报酬要高于中国。

——亚当·斯密《国富论》[2]

　　〔1〕　本文是美国国家科学基金会资助项目——以 Peter Lindert 为首的"1350—1950 的全球物价和收入"项目，由荷兰科研机构资助的关于全球经济史的斯宾诺莎高端项目，由加拿大社会科学和人文研究协会资助的关于全球化、教育和科技的团队前沿研究的一部分。本文作者：Robert C. Allen, Jean-Pascal Bassino, Debin Ma, Christine Moll-Murata, Jan Luiten van Zanden. 衷心感谢 Peter Lindert 在本文各阶段给予的建议和鼓励，同时也对为我们收集荷兰东印度公司数据的 Kariin Sundsback 表示感谢。本文也得益于 2005 年 6 月第 43 届计量历史学会议的现场讨论，2005 年 6 月在乌特勒支召开的全球经济史网络会议，华威大学召开的研讨会，巴黎经济学院、清华大学、图宾根大学、东京大学、耶鲁大学，尤其是 Jorg Baten, Steve Broadberry, Kent Deng, Bishnupriya Gupta, Timothy Guinnane, Patrick O'Brien, Kenneth, Pomeranz, Jean-Laurent Rosenthal, Tirthankar Roy, Osamu Saito, 和 R. BinWong 等人的相关评论。我们同样感谢三位佚名审稿人和编辑 Jane Humphries。下文中对物价和工资数据的研究，可在 http://www.iisg.nl/hpw/data.php#china 和 http://gpih.ucdavis.edu/Datafilelist.htm 查阅。

　　〔2〕　Adam Smith, 1937, p.189.

工业革命前夕亚洲和欧洲生活水平的比较一直是经济史中一个非常具有争议性的话题。古典经济学家和很多现代学者认为，在工业革命之前的很长一段时间，欧洲的生活水平就已经超过亚洲国家。最近，修正派学者开始质疑这一看法，他们认为 18 世纪时亚洲和欧洲的生活水平是相当的，同时对支持传统观点的人口学和土地生产性等统计数字提出异议[3]。但是，到目前为止，修正派学者的观点并没有使大多数人信服[4]。

　　关于这一争论，有一个问题是清楚的，那就是证据不足。大多数的比较研究是依据零散的产量、消费或者人口学数据而间接进行的，只有少数学者尝试进行直接的收入比较，其数据大部分源于关于亚洲工资和物价的零散信息[5]。我们对欧洲实际收入的了解已经有了相当的广度和深度，这是因为自 19 世纪中期官方统计开始时，学者们已经在编辑从中世纪后期至 19 世纪欧洲城市的工资和物价数据库了。

　　本文通过收集古代中国的政府记录、商人账簿以及地方志来重建工资和物价的系统数据，试图填补 18 和 19 世纪的中国在这一方面的空白。这些工资序列通过重构消费篮子来适当地去除物价指数的影响，并与日本、印度和欧洲的资料进行比较，以此来评估欧亚大陆两端雇佣劳动者实际收入的相对水平，比较的结果呈现了一幅比修正派学者的观点更为悲观的亚洲图景。

　　以本文开头 Adam Smith 的假设作为起点，我们接下来比较中国和欧洲劳动力的"货币价格"。为了达到这个目的，我们以这两个区域的工人每天获得的白银（以克为单位）来表示工资率。中国这一时期

---

〔3〕 例如，Pomeranz（2000），Parthasarathi（1998），Wong（1997），Lee and Wang（1999），Li（1998），Allen（2009，pp.525–550），Allen（2004），Allen（2005）。

〔4〕 例如 Broadberry, S. and Gupta, B.（2006），pp.229–248; Allen（2007），pp. 9–32。

〔5〕 Pomeranz（2000）; Lee and Wang（1999）。

通用的交换媒介是以银两（1两大致等于37克）为单位的，即以一种未经铸造的白银来衡量[6]。银的交换条件确定了欧洲和亚洲货币市场的交换汇率。接着，我们要比较"维持生计水平的货币价格"。这是一个更为复杂的问题，因为在中国和欧洲，维持生计的食物是不同的。幸运的是，我们可以用不同的方法来解决这个问题，得到类似的相对价格水平。一旦进行测算，就可以察觉出欧洲和中国的货币工资、最低生活成本，以及不同的"实际劳动报酬"之间的差异。

本文的其他部分分为六节和一个结论。前两节分析中国多种类型的工资数据，建立中国18到20世纪名义工资的历史数据。其主要来源是广州、北京和长江三角洲地区的苏州和上海的历史数据，因为这些城市有更多的资料可利用，以及它们可以和我们拥有类似资料的欧洲和日本的大城市相比较。第三节比较了中国和欧洲的名义工资，检验Smith的"劳动力货币价格"正确与否。第四节研究"维持生计的物价"，通过比较欧亚大陆的消费价格指数来对比其生活成本。第五节比较了Smith的"价格指数"和包含更广泛的消费组合的费歇尔理想指数，以伦敦和北京进行比较，其结果是相似的。在第六章，我们估算了18世纪中期到20世纪20年代广州、北京和苏州/上海的实际工资收入。Smith所言的"实际劳动报酬"是通过比较中国这些城市的工人和其他国家同行的实际工资收入得来的。至于日本，我们根据Bassino和Ma（2005）在《日本非熟练工人的工资》一文中的研究，以18世纪和19世纪初的京都和江户（今东京）以及19世纪末到20世纪初的东京和中国的城市收入进行比较。中国和印度实际工资的比较参照了Allen（2007）的《大分流中的印度》。正如Allen所做的，

---

〔6〕 目前的研究适用于这个平均值；最重要的四个变量在36.54克到37.58克之间，彭信威（1993），p.669。

我们通过比较诸如伦敦、阿姆斯特丹、莱比锡、米兰的生活水平来拓展亚洲的比较视角。最后，这项研究以讨论 Smith 和大分流之辩的研究结果的意义作为总结。

一

在比较生活水平之前，我们必须确定中国名义工资的发展水平和趋势。欧洲城市工人的工资记录多数来源于建筑行业，我们现在对中国的研究也集中在三个大城市的非熟练工人，因为没有单一来源的资料包含 18 世纪至 20 世纪整个时期，所以研究中国历史上的工资，必须把不同的资料拼接组合起来[7]。

对于北京来说，我们已了解 18 世纪一些政府建筑工程的工人工资，并且可以查知从 19 世纪 60 年代至 20 世纪 20 年代相关的工人的工资。而对广州，我们可以利用 18 世纪受雇于欧洲贸易公司非熟练的港口工人的工资数据。另外，苏州纺织业中人们从事踹布的日收入是可以估算出来的。这一系列可以和 20 世纪上海棉纺织厂纺织工人的工资相联系。实际上，我们可以通过估算作为一个整体的农户里男性农业劳动者的收入和农妇纺织棉布的收入来统计长江三角洲地区的劳动收入。我们将 18 世纪中国特定行业非熟练工人的工资和 20 世纪早期工资相配对，就可以重建中国工资的长期历史，以便与欧洲工资进行比较。

我们这项工资研究始于 18 世纪的三组合理、连续、明确的工资数据。第一组是苏州踹布工人的计件工资，它们刻在有关工商业的石碑上，当时的苏州是 18、19 世纪长江三角洲地区最大的工业和商贸城

---

〔7〕 现有的关于工资和物价的调查研究，见岸本美绪（1997），pp.11–46。

市。踹布工人的情况和他们的工资纠纷已经有了很多的研究。[8] 踹布工的工作是"在挤压和摩擦之后柔化并抛光棉布"（Santangelo，1993，p.109）。这些碑刻刻有 1670、1693、1701、1715、1730、1772 和 1795 年踹布行业协商的计件工资数据，这些计件工资单位用的是银两，关于铜–银的交换汇率和额外的食物津贴我们已经有所了解了。这里主要的问题是要把它转换成日工资，这里使用了徐新吾关于 20 世纪初的研究，这在附录一 A 中有相关的说明。总的来说，我们由此推断得到 1730 年和 1772 年踹布工每天的工资分别为 0.09944 和 0.1144 两银子。

在 18 世纪，踹布工大多是从江苏北部和安徽这样的贫穷地区移民到苏州的。他们"必须是强壮的男人，因为他们的工作极其累人：他们的手臂就像杠杆一样作用于木架以保持平衡，然后必须摇动一个巨大的石叉以使地基上棉布包裹着的木轴在石头底部的凹槽上转动"（Santangelo，1993, p.109）。踹布工的工资标准只是略高于非熟练的建筑工人，但是可能又低于完全熟练的建筑工人。

我们第二组私人部门的工资资料是荷兰东印度公司（VOC）的档案。18 世纪的广州是中国唯一获准与欧洲人贸易的城市，当时许多荷兰东印度公司的船停泊在广州湾。荷兰东印度公司雇用了许多中国工人来修理船只和搬运货物，van Dyke 最近的一项研究提供了一个对于荷兰东印度公司在广州的供应体系的详细描述。通过荷兰东印度公司的档案，我们可以获得横跨 18 世纪 63 个年份的工资报价[9]。日工资有波动，但主要集中在 0.08 到 0.1 两银子之间，没有额外的食

---

〔8〕 全汉升（1975），pp.424–426; Terada（1967），pp.121–173; Santangelo（1993），pp.81–116; 徐新吾（1989）。

〔9〕 van Dyke（2005）和 Jorg（1982），pp.21–73，详细介绍了广州的荷兰东印度公司。我们专门采用了荷兰国家档案、海牙、东印度公司的档案资料，nos.4373, 4376, 4378, 4381, 4382, 4386, 4388, 4390, 4392, 4395–4401, 4403, 4405, 4408, 4409。

物津贴。

第三组工资数据有不同的资料来源。我们由政府的两个则例开始。第一个是1769年的《物料价值则例》，这是一个官方对建筑工程中建筑材料价格和支付给建筑项目工人工资的详细记录，其目的是便于设定将来的价格和工资。根据这篇则例的简介，它共编辑了220章，包含了约1557个行政单位的信息。原始的版本没有保存下来，但现存有覆盖15个省945个县区的版本。大多数记录包含有每个县区的非熟练工匠和熟练工匠的日工资；一些行业有更详细的工资记录，例如熟练的锯工、木匠、石匠、油漆匠、画匠、裁缝、泥瓦匠、顶棚工人、裱糊匠和清洁工（直隶）。偶尔的额外食物津贴和其他津贴的货币价值也有所记录，因此可以计算工资的总价钱。至于没有提到有关食物的规定的，可能是没有给食物津贴，因为这些工资规定应该是包含了这些公共建设项目的整体劳动力成本[10]。

---

〔10〕《物料价值则例》的编纂者陈宏谋在则例介绍中讲到，物价和工资是在这些地区调查得来的，所引用的这些物价和工资接近于较低市场活动下的市场物价。见《物料价值则例》第一章，fol.4b，链接 http://www.uni-tuebingen.de/uni/ans/project/shp/zeli/zonglue.htm（2010年1月10日访问）。直隶、河南、山东、陕西、山西、甘肃、江苏、浙江、广东和云南的省级版本均附带相同的1769年的简介，其他版本则没有序言，如湖南、东北（盛京、吉林、黑龙江）的记录是零碎的。1791年四川和1795年热河版本是之后编辑的。并没有专门为新疆而编写的版本，但是有一些新疆的数据在甘肃、四川和热河的版本中提及。甘肃、直隶、云南、河南、山西的数据可在线查阅"乾隆时期用于公共建设的材料、工资、运输成本数据库"，链接 http://www.uni-tuebingen.de/sinologie/project/shp/databases.html。另参阅 Song 和 Moll-Murata（2002），pp.93–99。

表 5-1 1769—1795 年公共工程工人和 1813 年军械制造工人的名义工资

地区	建筑业（非熟练）/两	建筑业（熟练）/两	N 名义工资比例	军械制造（非熟练）/两	人口（百万／1787 年）
东北和西北					
黑龙江	0.100	0.191	2/6（非熟练/熟练）		
吉林	0.095	0.160	6		1.0***
盛京	0.057	0.100	13		
新疆	0.097	0.110	3		0.5
北方					
热河 *	0.066	0.120	7		
北京 *	0.077	0.141	24		
天津 / 保定 *	0.071	0.112	34		23****
直隶其他部分 *	0.054	0.081	82	0.060****	
甘肃	0.044	0.054	48		15.2
山西	0.054	0.073	85	0.040	13.2
陕西	0.044	0.050	74	0.040	8.4
山东	0.045	0.061	50		22.6
中部					
河南	0.037	0.039	106	0.040	21.0
江苏 **	0.040	0.051	63	0.040	31.4
浙江 **	0.040	0.060	63	0.040	21.7
湖南	0.039	0.050	10	0.040	16.2
湖北				0.040	
江西				0.030	

续表

地区	建筑业（非熟练）/两	建筑业（熟练）/两	N 名义工资比例	军械制造（非熟练）/两	人口（百万 / 1787 年）
贵州				0.040	
四川	0.048	0.062	47	0.040	8.6
云南	0.048	0.068	84	0.030	3.5
南方					
福建（含台湾）	0.030	0.050	9	0.040	12.0
广东	0.040	0.050	89	0.040	16.0
广西				0.040	
平均（未加权）	0.053	0.081			
平均（以 N 加权）	0.047	0.065	901/905（非熟练 / 熟练）		
平均（以人口加权）	0.044	0.060			214.5

说明：* 指直隶部分地区；** 指长江三角洲地区；*** 指整个东北地区；**** 指整个直隶。N：有数据的地区。
资料来源：工资：见附录一；人口数据见 Wang（1973），p.87。

《物料价值则例》的一个优点是其包含了中国广大地区的工资数据。对于各个省，我们计算了所有地区的工人工资标准未加权的平均数。表 5–1 展示了 21 个省的计算结果，其中直隶被分成几个片区，因为这个省的工资差异较大。1776 年这些地区的总人口大约是 2.145 亿，是中国约 2.93 亿人口总数的 73%[11]。

根据《物料价值则例》，如表 5–1 所示，东北地区（黑龙江和吉

---

[11] Wang（1973），p.87。

林）和人烟稀少的西北边境新疆的日工资是最高的，其次是京城（北京）及其附近地区。中国其他地方的日平均工资几乎相当，不过沿海的福建省是最低的，其非熟练工人的日工资仅为 0.030 两。

第二个官方的统计资料是 1813 年的《工部军器则例》，它包含了国家范围内大量的政府工资规定。《工部军器则例》包含了生产军事装备的师傅和非熟练工人的工资。所以，这些数据包括熟练工人和非熟练工人的信息[12]。这些资料再次表明，除了京畿直隶之外，1813 年大多数省份的非熟练工人日平均工资的标准约为 0.04 两，非常接近 1796 年则例的记录。

在解释这些官方数据的时候需要格外注意，《物料价值则例》所收集的县级工资数据经常显示同一个省内大量的县有相同的工资，城市化水平不同的县几乎没有区别。这造成了一个问题：这些数据究竟是反映了实际的市场情况，还是反映了政府倾向于京畿和东北的政策？[13]

政府规定的工资标准在多大程度上接近私营经济机构的工资标准？为了解决这个问题，我们将这些工资序列和来源于很多资料的、中国不同地区的 264 个分散的工资价目相对比。但这些私营部门不同工资资料中存在的问题是：缺乏详细有效的如苏州踹布工人和广州荷兰东印度公司工人那样的资料。另外，由于劳动合同、支付体系和货币单位的多样性，它们之间普遍缺少可比性。劳动合同可以持续一天、一个月，或者一年，并且要注意一个月或一年中工作日的数量，以便达到一致的日工资率。在很多情况下，除了现金支付之外还有食物津

---

〔12〕 见 You（2005），p.314，熟练工匠的工资是 0.02 两或 0.01 两，比非熟练工人的工资高。

〔13〕 一直到 19 世纪中期，清政府都禁止汉人迁移到土地肥沃、资源丰富但劳动力短缺的东北地区。

贴。可能最困难的问题是，工资报价中不同货币单位（铜币、银两）的交换价值随着时间而呈现出高度的区域性和波动性。研究中如果没有充分认识到这些问题，就可能会受到误导[14]。

目前研究民间工资可查询的最重要的官方资料是司法部门的记录，此记录概述了政府处理关于工资支付的司法案件。彭泽益通过根据 1740 至 1820 年的刑部记录所编辑的手工业史，获得了一份 188 个制造业和手工业的工资样本（彭泽益，1984，pp. 396—414）。它们包含在刑部的档案记录《清代刑部抄档》（清代刑部档案资料的抄本）中（彭泽益，1984，p.397）。这是一个广泛的数据样本，其包括了不同职业在不同的地区使用不同的支付方式（银两或者是铜币）的零散工资数据，还覆盖了不同的时间段（每天、每月或每年），并且延续了相当长的一段时期。刑部的记录同样也包含了农业工资的样本，对此，魏金玉和吴量恺在研究工作中已经有所整理了[15]。

大量不同的工资样本涵盖了 18 世纪中国多个省份的许多行业和工种。为了从这些信息中获得基本情况，我们通过对收集的所有工资（包括荷兰东印度公司和中国政府规定的工资）来估计工资函数。根据 Vogel 的银–铜比价数据，我们把所有的工资转换成以银两计算的日工资[16]。

下面是我们定义的自变量:（1）地区：东北、直隶、北方（山西、

---

〔14〕 Vogel（1987），书中涵盖了 17—19 世纪中国不同省份最大范围的市场交换率，但是这些交换率并不适用于相同地域之内的种类不一的银两和铜币的循环流通，在 Kuroda（2005）的近期研究中指出了这个问题。在研究名义和谷物工资时忽略这些复杂的货币问题的案例，参阅 Chao（1986），pp.218–220。

〔15〕 魏金玉和吴量恺（1983）。

〔16〕 Vogel（1987）。另一个问题就是如何将月工资和年工资转换成日工资；一些包括日工资和月工资或年工资的调查提出转换因数大约为 15（日 / 月）和 60（日 / 年）。然后就是用转换因数估计工资回归中的虚拟月工资和年工资。当转换因数是 13 和 90 时，虚拟变量渐趋为 0。我们采用这些转换因数估计表 5–1 中的工资回归，所以月工资和年工资的虚拟变量并未包括在内。

陕西、甘肃、山东）、长江三角洲（江苏和浙江）、中部和南方（福建、广东和广西）和广州（单独区分）；（2）行业（农业、煤矿业、炼铁业、建筑业、纺织业和其他的行业）；（3）以 1700 年作为基准年的时间趋势；（4）技术（使用虚拟变量代表使用了熟练工人；非熟练工人包括所有的农业工人，还有建筑业的非熟练工人和其他行业的辅助工人）；（5）规章（数据来自两个政府文档：1769 年的《物料价值则例》和 1813 年的《工部军器则例》，它们被定义为一个虚拟变量"规章"）。我们还有一些其他的政府规章的数据来自《苏州织造局志》（1686）和《大清会典事例》（1723 年至 1736 年）[17]。

我们的观察值一共是 327 个，相对平均地分布于不同的地区和行业。17 世纪晚期只有四个观察值，大多数的观察值集中在 18 世纪 40 年代到 19 世纪头十年之间，不过没有包括 1820 年之后的观察值。

表 5-2　18 世纪中国的工资回归——1796 年长江三角洲地区的一个非熟练建筑工人的日工资标准

	系数 / 两	T 值
常数	0.0456	4
趋势	-0.0000351	-0.348
东北	0.0902	6.73
直隶（含北京）	0.0441	4.36
北方	0.0132	1.397
中部	-0.0022	-0.026
南方	-0.000593	-0.056

---

[17]　摘自 1686 年的《苏州织造局志》的工资数据包含在彭泽益（1957）的《中国近代手工业》第一卷 pp.90–92，还有《大清会典事例》ch. 952, fos. 4b–5a, pp.16,640–641。本文研究所用完整版工资数据库链接网站 http://www.iisg.nl/hpw/data.php#china；它提供了不同数据库的概述、编者（Christine Moll-Murata, Debin Ma, and Paul van Dyke），还有链接的 Excel 文件。

	系数 / 两	T 值
广 州	0.0379	3.55
熟 练	0.0295	4.79
规 章	-0.0171	-2.21
炼铁业	0.0092	1.12
煤矿业	-0.0093	-0.83
农 业	-0.0072	-0.744
纺织业	0.0403	3.22
其 他	-0.0147	-1.93
R 方	0.408	
F（14312）	15.34*	
样本数	327	

注：* 指 1% 的水平。

表 5–2 展示了工资回归的结果。除了时间趋势，所有的地区、行业分支等自变量都是虚拟变量，用于比较的标准是 1700 年长江三角洲地区建筑工人的市场工资。这个回归方程的常数项是他们的工资，估值为 0.0456。地区情况反映了我们从《物料价值则例》的分析中得出的结果：东北和直隶的工资远高于中国的其他地方；另外，长江三角洲地区和其他鱼米之乡的工资差异是很小的；大多数的行业虚拟变量是不显著的；不过，技术溢价的虚拟变量却是显著的，其工资回归的水平为长江三角洲地区一个非熟练工人 63% 的工资。

为了对我们的工资回归有更直观的理解，我们用图 5–1 把苏州和广州的工资率和我们回归所预测的工资作对比。图 5–1 显示了预测的基准工资，设置为常数加上工资回归的时间趋势（其水平相当于长江三角洲地区的一个非熟练工人的工资），这大约为苏州和广州一半的工资水平。通过工资函数说明了当时荷兰东印度公司的工人和苏州踹布工人的工资有轻微上涨，但中国的其他普通工资却缓慢地下降。不过，这趋势的不同并不影响我们的研究目的。在图 5–1 中我们还通过工资回归中直隶的虚拟系数来预测北京的工资。

这些结果都合乎情理：欧洲的大城市和与之相对应的广州、苏州和北京，比小城镇和农村地区拥有更高的工资。这是因为大城市的生活成本比较高，还因为城市必须从农村招募人口。这个推测与 Pomeranz 描述的 18 世纪中期长江三角洲地区农业工人的雇佣收入意见一致。Pomeranz 估计，这些收入中现金部分是 2—5 两银子，另外，全年的食物津贴可能是价值为 8.4 两银子的五石大米，所以这一年的总收入是 10.4 两到 13.4 两银子。总收入除以 360 意味着每天的收入为 0.029 两到 0.037 两银子，这和我们回归结果的基线工资水平非常接近[18]。

---

〔18〕 Pomeranz（2000），pp.319–320。我们收集的样本中的农业日常合同工资为 0.045 两。日常合同工资可能会更高，因为通常在种植和收获的季节劳动力更容易得到雇佣，我们并不明确是否提供额外的食物津贴。19 世纪 30 年代，陈正谟（1935，p.9）做了一个国民水平调查，揭示了存在两种类型的日工资报酬方案，要么有食物津贴，要么没有食物津贴，后者更高点。然而，在有食物津贴的情况下，这部分达到了总工资的 33%，远远低于 18—19 世纪的农业合同年工资。Li（1998，pp.94）也同样提出，17 世纪名义工资水平可能并没有和 18—19 世纪的相距太多。他讨论了长江三角洲农业和丝绸生产的工资水平，并且估计了水稻种植的平均工资为每天 0.06 两（另外官方标准是一天 0.04 两），与浙江省湖州的一些农场相比偏低。

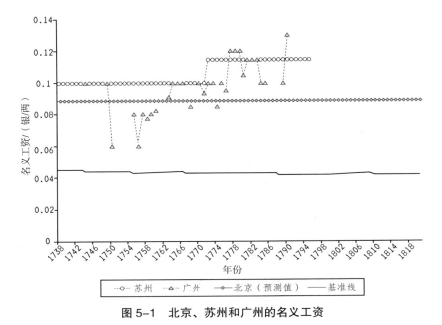

图 5-1　北京、苏州和广州的名义工资

资料来源： 参见第一节。

因为工资回归包含的一些工资数据可能包括额外的食物津贴，我们的回归试着为这些收入每年少于六两（每个月 0.5 两）的工人增加 0.024 两——大约为 18 世纪中期广州一公斤大米或者是北京一公斤小米的价值。这一种回归对于研究中系数的显著性几乎没有影响。

图 5-1 中我们的基准工资水平和《物料价值则例》《工部军器则例》这两个官方规定的数据所计算的全国范围内的平均值相匹配。这让我们相信政府用来进行成本核算所规定的工资可能已经作为市场工资的下限。这两种资料同时还显示了京畿地区有着比全国平均值更高的工资水平，这反映了政府可能存在的工资歧视。我们如果仔细解读，会发现政府规定的工资作为官方工资下限的基准比作为地区工资的指标更有用。对于后续的分析，根据回归分别为 0.0897 两和 0.0835 两的预测值，我们设定了 1700 年北京和广州的工资水平，这等于直隶和广

州各自的常数系数加上虚拟变量系数。至于苏州，1700 年是 0.09 两，非常接近踹布工人 0.0968 两的工资。全国的趋势水平用于这三个序列进行国际比较，显然，我们认为工资序列用来指示长期趋势比指示短期的波动更为可靠。

与长江下游有着最高的生活水平的观点相反，我们现在所收集的数据并没有显示出该地区的非熟练工人有着更高的名义工资。尽管我们将会在稍后讨论可能的区域工资差异的影响，这项研究接下来将集中于中国和欧洲非熟练工人平均工资收入的跨国比较。假设这三个主要城市的这些工资全部支付给非熟练工人，那么他们最能代表我们根据整体数据组所估计的上限。因此，如果其平均水平结果被证明低于我们的名义工资，那么中国实际的生活水平将会更低。

二

我们跳跃到下一个时序，20 世纪初北京、广州和上海的工资是最容易取得的资料。北京的工资序列是根据 Sidney Gamble（1890—1968）的工作确定下来的。Gamble 是一个美国社会学家，20 世纪 20 年代至 30 年代他曾在中国生活。1921 年他在北京主导了一次对工人的调查研究，结果提供了 1900—1924 年中国首都的消费价格指数，反过来，这个指数也可以用来研究那个时期的实际工资。Gamble 和他的合作者使用了北京建筑工人行会的记录，记录的是 1862—1925 年北京非熟练建筑工人的工资序列，这是我们的北京非熟练工人工资的资料来源[19]。

─────────────

〔19〕 这个序列由两部分组成。第一部分是 1870—1900 年，铜币工资（包括实物工资），Gamble（1943，p.66）。我们换算银两工资要使用铜 – 银率（彭泽益，1957，p.548）。第二个序列是 1900—1924 年的序列，编者为 Meng 和 Gamble（1926，p.100）。

Gamble 根据北京农村地区燃料杂货店的账簿进行了另一项重要的研究。这些资料记录的时间跨度从 1807 年到 1902 年，可能是 19 世纪中国唯一连续的工资序列。所记录的 19 世纪的工资是以铜钱来支付的，但由于太平天国运动时期货币贬值，到了 19 世纪中期这一序列就中断了。Gamble 提供了那个地区铜 – 银比例的重要资料，我们从中计算出 1807—1902 年银本位的工资序列，详见附录一 B。这工资率的水平看起来很低，不过单单看工资本身是很难解释清楚的，正如 Gamble 指出的，工人接受的食物津贴没有记录（Gamble，1943，p.41）。我们只用这些以银两计算的工资趋势（非水平）来填补 1850—1862 年主要由太平天国运动和它的余波所造成的空白。

广州的工资记录没有北京的全面。正如之前所说的，我们对 18 世纪广州的工资的估计主要是从荷兰东印度公司所记录和总结的工资回归中得来的。至于 20 世纪初，我们使用 1912 年至 1927 年行会规定的建筑业非熟练工人的 5 组工资简单平均的工资率[20]。而 19 世纪有着各种貌似合理的工资数据，但由于它们的不完整和分散性，所以并不包括在我们的研究分析中。

同样的，19 世纪的苏州没有可用的系统的工资序列。从 19 世纪中期起，在西方帝国主义强加的通商口岸体系下，上海成为中国新兴的主要商贸和工业城市。以 1910 年到 1934 年上海女性棉纺织工人的工资为基础，我们用 20 世纪 30 年代的一个工资调查估算出了男性非熟练工人的工资水平[21]。

---

〔20〕 Department of Peasantry and Labor（1928），"建筑业工资表"。我们的工资序列是由建筑业 5 组非熟练工人的简单平均得出的。

〔21〕 我们用到 Rawski（1989，p.301）的序列和社会事务局的生活成本指数（pp. iii–iv）。根据杨西孟（2005，p.250）的研究，在 1927—1928 年女职工的工资是男性工资的 80%。

三

    Adam Smith 认为欧洲的"劳动力货币价格"高于中国。为了验证这一点，我们必须比较中国和欧洲的工资。根据我们早期研究的欧洲建筑行业工人的日工资率[22]，我们一直小心地排除工人赚取的包括食物或者其他实物支付的无法估值或算入货币工资的工资数据。与中国的一样，我们把欧洲的以银币市场价标价的工资转换为以克为计量单位的银两工资，我们一般知道这些银币的重量和成色。

    图 5–2 和图 5–3 显示了 18 世纪至 20 世纪伦敦、阿姆斯特丹、莱比锡、米兰、北京和京都 / 东京的非熟练工人的日工资标准。图 5–2 显示了 1738 至 1870 年的序列工资，由此可见，在这个时期，Adam Smith 的看法只对了一半。实际上，伦敦的工资最高，北京的最低，但其他的工资序列表现出的情况比 Adam Smith 想的要复杂。因为 18 世纪米兰或者莱比锡以银计算的工资并没有明显高于北京、广州或者苏州[23]。其他的欧洲和中国的城市统计资料也表明了这种类似的情况是普遍的。

---

    〔22〕 van Zanden（1999）；Allen（2001）。

    〔23〕 正如在第 1 节图 5–1 中指出的，我们采用的北京、广州、苏州、上海的银两工资大致是相等的。为方便起见，我们在图 5–2 和图 5–3 中只用北京的银两工资序列。图 5–2 至图 5–6 中完整的物价和工资序列下载网址为 http://www.iisg.nl/hpw/data.php 和 http://gpih.ucdavis.edu/Datafilelist.htm。

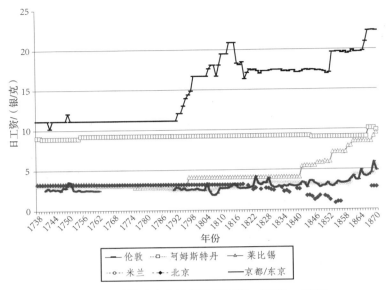

图 5-2 以银（克）计算的日工资，1738—1870

资料来源：京都 / 东京的工资，见 Bassino and Ma（2005）；其余部分见 http://www.nuffield.ox.ac.uk.。

　　在图 5-2 中，阿姆斯特丹占有独特的地位，其名义工资差不多是个常数，稳定了一个半世纪。起初阿姆斯特丹的工资和伦敦的是差不多的，安特卫普也如此。实际上，在 17 世纪和 18 世纪，低地国家（荷兰、比利时、卢森堡）和伦敦地区以它们的高工资从欧洲的其他地区脱颖而出。这些地区之所以有较高的工资可能是因为它们积极地参与洲际贸易。然而，随着 19 世纪的到来，这样的模式发生了改变，工业革命提升了英国的工资并使之高于荷兰的工资水平。事实上，在图 5-2 中莱比锡的工资的提升可以看出德国早期的工业化。

　　1870 年之后这样的发展被强化了。如图 5-3 所示，英国的工资水平持续上升。而在第一次世界大战前，德国的工资已经赶上了英国的水平，荷兰的工资也和英国缩小了差距。意大利的工资也得到增长，但相比于欧洲的工业中心，其增长是比较平缓的。欧洲之外，1890 年之前，日本的工资很大程度上保持不变，其工资保持着与意大利相当的较低水平。1890 年之后，日本的工资受到明治维新后工业化的刺激开始增长，但大体上还低于欧洲 20 世纪早期工资的增长趋势。

相反的，中国的工资在那整个时期几乎没有多大的变化。1870 年之后中国以银价计算的工资有了一些增长，但从全球的视野来看，正如图 5-3 所显示的，这样的增长微不足道。到第一次世界大战之前，中国的名义工资与欧洲一般工资水平相比就低得多了。仅从字面上看的话，Adam Smith 关于中国和欧洲工资的一般化的表达，放在第一次世界大战时期要比放在 1776 年他写这段话的时候更为精确。

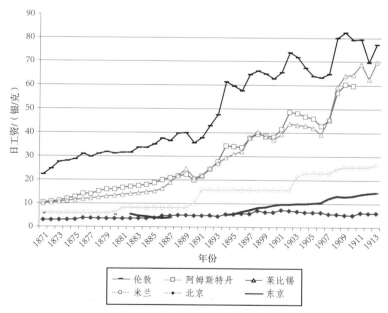

图 5-3 以银（克）计算的日工资，1871—1913

资料来源：东京的工资，见 Bassino 和 Ma（2005，pp.231–233）；其余部分见 http://www.nuffield.ox.ac.uk.。

四

Adam Smith 的第二个结论是什么呢？他说道，"中国和欧洲之间的基本生活水平的价格差异是非常大的"[24]。这个结论可以通过计算价格指数来验证。我们已经尝试了许多公式和权重组，可以确认的是我们关于相对真实工资的结论不因对何等重要的价格指数的选择的不同而发生变化。

确定指数是一个比较困难的问题，因为欧亚大陆不同的地区有着不同的饮食和生活方式。如何准确对比一个消费牛肉、面包、啤酒的英国工人和一个食用大米及鱼肉的中国工人的实际收入？

本章节的方法是以 Adam Smith 的结论作为起点，他对价格水平的结论表述为"维持生计的物价"。我们通过定义消费篮子来表达最低限度的生活消费（见表 5–3、表 5–4）。这个篮子提供了每天 1940 卡路里的热量，这主要是来自可得到的最便宜的碳水化合物：在中国上海、中国广州、日本和孟加拉国是大米；在中国北京是高粱；在米兰是玉米粥；在西北欧则是燕麦。这些饮食结构包括一些豆类和少量的肉或鱼，还有黄油或者油。它们的数量来自于 20 世纪 20 年代日本的消费调查和 20 世纪 30 年代中央农业实验所（NARB）开展的农村消费调查[25]。虽然依靠的是最便宜的碳水化合物，但这些菜篮子至少提供了符合每日建议摄入的蛋白质含量，尽管篮子之间的数量有所不同。在这方面，玉米粥（紧接着是大米）是热量最少的营养来源。另外，非食品的项目包括一些布料和燃料，这些非食品项目的数据同样也是来自两次世界大战之间日本和中国的消费调查。如果少了这个菜篮子的

---

〔24〕 Smith（1937），p.189。
〔25〕 中央农业实验所（1937）；劳动运动资料委员会（1959，p.568），基于这些调查建立的替代篮子可见我们之前的工作论文，R. C. Allen 等（2005），You，Z（2005）。

其中一项消费，这个人将难以生存。

表5-3 维持生计的中国的消费篮子

项目	苏州／广州			北京		
		营养／天			营养／天	
	每人每年的量	卡路里	蛋白质／克	每人每年的量	卡路里	蛋白质／克
大米	171kg	1677	47			
高粱				179kg	1667	55
玉米粥						
黄豆／豌豆	20kg	187	14	20kg	187	14
肉类／鱼	3kg	8	2	3kg	21	2
黄油						
油	3kg	67	0	3kg	67	0
肥皂	1.3kg			1.3kg		
棉布	3m			3m		
蜡烛	1.3kg			1.3kg		
灯油	1.3kg			1.3kg		
燃料	3M BTU			3M BTU		
合计		1939	63		1942	71

注：卡路里和蛋白质的转换，见表A2。m为米。M BTU即百万BTU（英国的热量单位）。

资料来源：详见第四部分。

表 5-4　生活收入：欧洲的菜篮子

项目	北欧			米兰		
	每人每年的量	营养／天		每人每年的量	营养／天	
		卡路里	蛋白质／克		卡路里	蛋白质／克
燕麦	155kg	1657	72			
高粱						
玉米粥				165kg	1655	43
黄豆／豌豆	20kg	187	14	20kg	187	14
肉类／鱼	5kg	34	3	5kg	34	3
黄油	3kg	60	0	3kg	60	
油						0
肥皂	1.3kg			1.3kg		
棉布	3m			3m		
蜡烛	1.3kg			1.3kg		
灯油	1.3kg			1.3kg		
燃料	3M BTU			3M BTU		
合计		1938	89		1936	60

注：m 为米。M BTU 即百万 BTU（英国的热量单位）。
资料来源：详见第四部分。

在详细说明了表 5-3、表 5-4 的消费篮子之后，我们有必要展示这些物品价格的时间序列，这样我们就可以估算出贯穿 18 世纪、19世纪和 20 世纪的菜篮子的成本。对于欧洲，我们应用的是 Allen 在

"大分流"中叙述的价格[26]。另外，我们编辑了所观测的中国城市新的数据库。对于北京，我们把 Gamble 1900—1924 年的零售价格延伸回溯到了 1738 年（Meng and Gamble，1926）。食物价格使用 Li 汇总的直隶农产品的批发价格（Li，2000）。这些推测的隐含假定是零售和批发的价格比率保持不变。另外，我们会在附录二中说明布料和燃料的相关情况。至于上海和广州，我们从 20 世纪的官方资料中得到了零售价格[27]。对于 18 世纪的苏州，我们使用了 Wang 的长江三角洲地区的大米价格数据，而广东则用了陈春声的数据[28]。不过，这些可能是批发价格而不是零售价格。但我们并没有使用零售加价，这再次有悖于我们的结论，因为如果中国的大米价格再高一点儿的话，那么其生活水平将会更低。其他的食物和燃料价格来自欧洲贸易公司给它们在广州的船只提供供给的实际成本。这些价格已经和北京的估计价格相比较，并且二者比较接近。在 18 世纪的大部分时间，给这些船只提供供给的竞争是非常激烈的[29]。

菜篮子的成本是 Adam Smith 的"维持生计的货币价格"，图 5-4 描绘了 18 世纪和 19 世纪中国和欧洲的主要城市的菜篮子历史。这结果会使亚当·斯密感到惊讶，因为这与他所说的中国的生活成本比欧洲便宜的结论相矛盾。北京和苏州"基本"篮子的银价成本处在欧洲范围的中间值。谷物的银价在这些目录的花费中占据了重要的地位，这一点在整个亚欧大陆都是相似的。图 5-4 也间接反驳了 Smith 所说的"中国的大米比欧洲任何地方的小麦都便宜"[30]。

---

〔26〕 数据在线查阅网址 http://www.nuffield.ox.ac.uk。
〔27〕 广州数据是基于 1928 年中国广东省政府农民和劳工部的统计；它涵盖了 1912 到 1927 年这段时期。上海的物价来自 Bureau of Social Affairs（1932），pp.35–44。
〔28〕 Wang（1992，pp.40–47），陈春声（1992，pp.147–149）。
〔29〕 参阅 van Dyke（2005）。
〔30〕 Smith (1937), p.189。

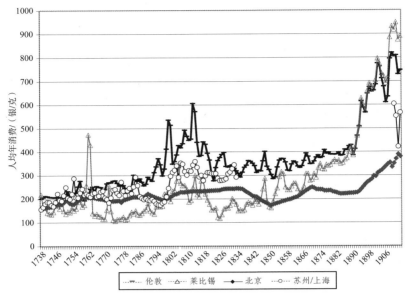

图 5-4　人均年消费篮子

资料来源：详见第四部分。

图 5-4 所反映的另一个特点值得我们关注。这个图展示了 18 世纪北京和苏州 / 上海（或者广州，图上没有显示）这两个消费价格指数之间差别极小。这两个城市代表了中国的两个农业区——北方的小粒谷物地区和南方的大米地区。然而，从 18 世纪开始，大米价格开始了长期的上涨并超过了高粱，这导致了南方的非熟练工人的菜篮子比北方的要贵。虽然这个发现的意义需要进一步研究，但这种差异对我们所进行的国际比较影响不大。总的来说，如图 5-4 所示，欧洲和中国的价格差大约是从 19 世纪中期开始真正拉开。

五

在考虑篮子对相对生活水平的成本影响之前，我们可以用其他的方式简要概括价格指数的结果。

在现代理论中，指数的问题可以这样展开。假设个人或家庭收到了一笔特定的收入，他面对着一个特定的价格，这收入和价格决定了个人所能够达到的最高效用水平（最高的无差异曲线）。现在假设价格改变了，在新的价格下，收入发生多大比例的变化才能允许个人达到最初的无差异曲线？价格指数可以回答这个问题，比较收入相对于价格指数的实际变化可以说明消费者的福利是上升了还是下降了。

在拥有足够的工资、消费者价格和消费模式的充分可用的信息之后，将这个理论应用于欧洲和亚洲真实收入的跨时变化并没有什么不可克服的困难。然而要怎样比较欧洲和亚洲的生活水平呢？这两个地区的商品，尤其是食物的消费模式是截然不同的。根据消费者福利的标准理论假设，两个地区所有的商品都是可得的，并且一个代表性的经济个体在面对亚洲的价格时，自愿选择消费大米、鱼和米酒，而在面对英国价格的时候，选择面包、牛肉和啤酒。而实际上，并非所有的商品在任何地方都是可得的，并且，人们不见得会有足够的灵活性在欧洲和亚洲模式之间自由地切换他们的消费方式来适应价格的差异。这就是为什么我们按照 Smith 的"生活成本"来处理这个问题的原因。以这些计算结果为基础，我们可以接近一个更为人所普遍接受的最终结果。在比较的过程中，相关的数据问题迅速成为焦点。我们专注于北京和伦敦的比较，这是因为北京的饮食以小粒谷类作物为基础，相对于大米，其和英国的谷物更有可比性。

我们首先来解答这个问题，从一个北京居民的角度来看，在伦敦以北京基本的生活方式生活要花多少钱？确切的问题是，典型的劳动者是买不起更多的东西的。但这其中的困难在于，我们无法估算出在伦敦的北京"菜篮子"的费用，因为高粱在伦敦是没有出售的。不过，在英国，燕麦的成本最低，是最差等的谷物，可以跟高粱相对应。如果把燕麦和高粱等价，我们发现通过比较"基本的"菜篮子成本就已经回答了这个问题。

我们也可以设想在北京以伦敦的生活方式生活要花多少钱。这种生活方式通过表 5–5 总结的西北欧"体面的"消费篮子的花费表现出来[31]。其中的饮食结构是中世纪后期的，因为它不包括地理大发现后传入欧洲的新商品，如糖和土豆。

表 5–5 中的菜篮子包含了在中国缺少的重要物品的物价。其中面包是最重要的，我们从 Allen 的"面包方程函数（bread equation）"估算出商业生产的面包的售价[32]。这是许多欧洲城市普通的面包价格、小麦价格和工资率之间的统计关系。因为我们拥有直隶（包括北京）的工资和小麦价格的时间序列，所以我们可以估算出以欧洲人的方式制作的面包的价格。同样，啤酒的价格也是未知的，我们用相当的包含了相同数量酒精的米酒来替代[33]。我们通过日本米酒的零售价格和大米的批发价格之间的关系来估算米酒的价格。用这种方法，我们替代了在北京估算欧洲篮子所缺少的价格。

欧洲和北京的菜篮子确定了帕氏（Paasche）和拉氏（Laspeyres）价格指数。最后是通过计算这两项的几何平均数来比较伦敦和北京的生活成本，这就是费歇尔（Fisher）理想价格指数。这也是"最优的"价格指数，相当于广义的里昂锡夫（Leontief）支出函数[34]。这种消费者偏好的表达方法使两种消费模式的无差异曲线与价格都相切。换句话说，我们的价格指数可以假定一个典型消费者随着从伦敦的价格结构转移到中国的价格结构，也从英国人的消费模式转移为中国人的模

---

〔31〕 Allen（2001），pp.420–421。

〔32〕 Allen,（2001），p.418。

〔33〕 182 升酒精浓度为 4.5% 的啤酒，与 41 升酒精浓度为 20% 的米酒的酒精含量相同。

〔34〕 Diewert（1976）。基于可对比的卡路里和蛋白质含量的广州和日本可替代消费篮子的使用，同样也证实了这项成果。参阅 Allen 等，"工资，价格和生活水平"。

式。这是把现代理论的指数应用到 18 世纪的现实世界——显然有讨论余地。

表 5-5　1750 年不同消费篮子的成本比较

项目	"基本的"篮子		"体面的"篮子		伦敦价格（银／克）	北京价格（银／克）
	欧洲	中国北方	欧洲	中国北方		
燕麦／高粱	155kg	179kg			0.76	0.48
面包			182kg	182kg	1.28	0.95
豆子			40kg	40kg	0.5	0.84
肉／鱼	5kg	3kg	26kg	31kg	3.19	2.04
奶酪			5.2kg		2.07	
鸡蛋			52 个	52 个	0.37	0.074
黄油	3kg		5.2kg		6.45	
啤酒／米酒			182L	49L	0.39	1.98
油／烹饪		3kg		5.2kg		4
肥皂	1.3kg	1.3kg	2.6kg	2.6kg	6.36	1.65
麻布／棉布	3m	3m	5m	5m	4.87	6.14
蜡烛	1.3kg	1.3kg	2.6kg	2.6kg	5.4	3.3
灯油	1.3kg	1.3kg	2.6kg	2.6kg	2.8	3.3
燃料	3M BTU	3M BTU	5M BTU	5M BTU	5.59	11.2
篮子总成本（银／克）	213	182.6	558.6	499.3		
欧洲／北京比率	"基本的"篮子		"体面的"篮子		几何平均	
	1.17		1.12		1.14	

注：M 即米。M BTU 即百万 BTU。

资料来源：详见第四、五部分，以及附录二。

如何将费歇尔理想价格指数和"基本的"篮子指数相比较呢？实际上，它们是非常相似的。欧洲篮子的相对成本无论在伦敦还是在北京总是接近"基本的"篮子的相对成本，在表5-5中，它们的比率分别为1.12和1.17。因此，它们的平均数也差不多。所以在这种情况下，最优的指数给了和Adam Smith的"生活成本"一样的结果。因为后者有非常多的直观解释，我们把它作为我们讨论的轴心，这样当我们从其他方面考虑指数问题时才不会被误导。

六

工资的购买力通常是用工资相对于消费者价格指数的比例来衡量的，我们的计算过程将这种方法精细化。在构建消费者价格指数的时候，我们规定的名义预算代表了生活中成本最低的消费方式（见表5-3和表5-4，不过这不包括住房成本，所以我们增加了5%，这是最低限度的房租）。预算是一个成年男子的年度预算，如果该男子必须供养一个家庭，则开支将会更高，所以将预算的成本乘以3来表示一个家庭的年度预算。这样的增加大概与一个男人、一个女人和两个小孩的热量标准大致相当[35]。在收入方面，我们估算的是一个工人全日制工作一年所能够获取的收入。考虑到假期、疾病和闲暇时间，我们假设一年全日制的工作日大概是250天。全日制的工作收入为欧洲和亚洲的比较以及界定家庭的经济策略提供了一个有用的基准。估算的全日制工作收入相对于每年的家庭预算支出的比就是一个实际工资指数。

我们的实际工资指数有一个特殊的解释，它回答一个人全日制的

---

〔35〕 准确地说，是两个分别为1—3岁和4—6岁的孩子。关于一个名义上的四口之家对食品需求的讨论，见Allen（2001，p.426）。

工作能否支撑一个家庭"基本的"消费水平这样一个具体的问题。这种类型的实际工资指数被称为"福利比率"（welfare ratios）。当福利比率等于1，一个全日制工作的非熟练工人仅仅能够支撑他的家庭维持最低的生活水平。高一点的比值意味着有一些盈余，而低于1则意味着他们不得不减少家庭人数或者更加努力地工作，因为已经没有节省开支的余地了。

图5-5和图5-6显示了1738年至1913年欧洲城市和中国城市非熟练男性工人的福利比率。其中，有一些突出的特点。首先，如图5-6所示，中国的各地区中，长江三角洲地区的经济被认为是最发达的，但其实际工资并没有明显地高于北京或者广州。第二，中国的城市与欧洲生活水平最低的城市意大利米兰持平，所以很难对中国的生活水平做出乐观的评价。第三，现存的19世纪北京的工资资料表明，当时的实际工资在持续下降，到了19世纪中叶太平天国运动时期，它已经处在一个危及生存的水平。在清政府恢复全国统治之后，生活水平才得到了缓慢的改善并持续到20世纪初。第四，图5-5和图5-6最突出的特点是，在西欧发展迅速的地区，其工人所享有的生活水平大幅度领先。伦敦工人的生活水平始终比北京或者长江三角洲地区的工人高得多。19世纪中期以后，伦敦的生活水平进入了快速上升的轨道并且拉大了对中国的领先优势。尽管18世纪阿姆斯特丹工人的生活状况也比北京工人的好，但19世纪初荷兰的经济发展是比较缓慢的[36]。然而到19世纪中叶，荷兰的增长加速，实际工资上升到一个新的高度。与此同时，德国经济的快速增长反映在莱比锡工人实际工资的增长上。到第一次世界大战前，西欧工业化中心地区工人的生活水平已经大大超越了北京和苏州工人的生活水平。中国的生活标准保持着低

---

〔36〕 van Zanden and van Riel（2004），pp.121–130，pp.188–191。

水平，和欧洲没有受到工业革命"洗礼"的地区一样。第五，福利比率大于或等于 4 的西北欧工人并没有吃 4 倍于"基本的"饮食设定的燕麦，而是吃更高质量的食物——牛肉、啤酒和面包——那是更昂贵的热量来源。另外，他们还买了很多非食品的东西。在 18 世纪，这些东西包括进口的亚洲商品和新奇的制成品，这促成了那个时代的"消费革命"。同样的，西北欧的工人负担得起表 5–5 中篮子里的物品，而亚洲工人则是不可能的，他们不得不依靠"基本的"篮子来生活。毕竟，在定居的农业区，最经济的获得卡路里的方式就是把最便宜的谷物煮成粥或者糊。在英国北部，最贫穷的人吃的是燕麦粥；而在长江三角洲地区，穷人吃的是小麦粥（Li，1998，p.207，n. 25）。

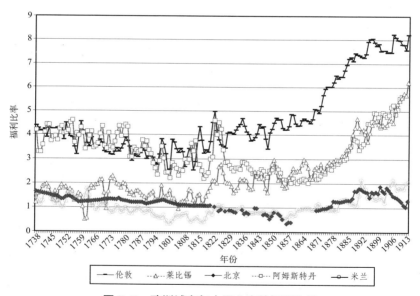

图 5–5　欧洲城市与中国北京的福利比率

资料来源：如第六部分所示。

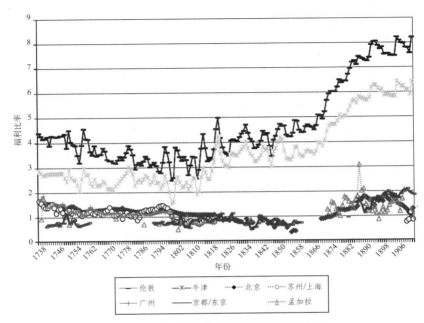

图 5–6　欧洲城市与亚洲城市的福利比率

资料来源：对于孟加拉的福利比率，见 Allen "大分流中的印度"。京都 / 东京的福利比率以 Bassino and Ma 的 "日本非熟练工人的工资" 为据。Bassino and Ma 的文章里的 "日本 B" 消费篮子大致相当于 "基本的篮子"，我们采用经过 "日本 B" 篮子的成本调整后的实际工资。

　　通过对图 5–6 中所有的亚洲福利比率的比较，我们验证了这些结论的普遍性。虽然实际经验略有差异，但这样的差异并不改变亚洲的生活水平处于欧洲范围值的低端这个基本结论。日本、印度、广州的生活水平和北京或者苏州是很相近的。伊斯坦布尔的实际工资，如 Ozmucur 和 Pamuk 所说，其水平和中国的一样低，所以它描述了 18 世纪许多没有工业化的地区的特征[37]。有证据表明，1870 年之后亚洲的生活水平得到了提高，但这样的增长并没有能够达到伦敦或阿姆斯

────────────

〔37〕　Ozmucur 和 Pamuk（2002）。

特丹在 18 世纪中期的标准，更不用说达到 20 世纪初这些城市的工人所享有的更高生活水平。

图 5-6 通过加入牛津的福利比率从而扩展了我们的比较，其中的原因是，在实际工资方面，伦敦可能是英国城镇中例外的一个。的确，牛津的实际工资总是低于伦敦，尽管它们在 18 世纪后期缩小了差距[38]。就算这样，在 18 世纪，牛津的福利比率在 2.5 和 3.0 之间，这看起来仍然要比北京繁荣。选择伦敦（作为首都和一个重要的港口）和其他的大城市是因为它们可以与北京（首都）和广州（重要港口）相比较，它们的工资等级可能处在它们所在国家或地区的顶端。另外，与我们研究的城市相比较，牛津在城市等级中排名较低。所以，把牛津算进去是作为一个稳健的检验，以保证我们的研究不会受到伦敦的相对地位影响。

另外一个更重要的问题是，中国普通的劳动收入的工资有多大的代表性？我们所了解的劳动力市场情况和地区迁移的程度似乎可以证实工资率可能反映一个特定的社会经济团体的平均收入和经济中劳动力的边际生产力。亚洲有一个充满活力的劳动力市场，尤其是短工和日工，这在近代中国（和日本）有充分的记录，虽然准确的比例还不清楚[39]。20 世纪初的中国还保持着 18 世纪和 19 世纪以来制度和经济的连续性，例如从大规模的户口调查来看，20 世纪 30 年代长江三角洲地区的无锡县（今江苏省无锡市）在旺季时有 30% 到 50% 的农户雇佣日工，而长工的市场是非常冷清的。另外，这些以雇工收入为主的家庭收入，其平均水平为全部无锡家庭的人均收入底层的 20%。显

---

〔38〕 牛津和英格兰其他城镇的福利比率，参考 Allen（2001，pp.415-416）。

〔39〕 在明清普遍存在很多关于劳动就业和合同的文献。在 Pomeranz（2000，pp.81-82）、Huang（1990，pp.58-62）、魏金玉（1983）中也可以查阅，他们详细地记录了中国劳动者地位在 18 世纪的改善。

示雇农日工的收入水平可以算为底层农家——而不是赤贫农家——收入的代表[40]。

第二，至少在靠近大城市中心的商业化地区，我们可以看到城市和农村之间劳动力市场相当高水平的融合迹象。正如前文所说的，苏州大多数流动的踹布工人来自比较贫穷的苏北农村。北京的工资序列也是这样的，Gamble 的详细研究揭示了 19 世纪城市和农村工资的紧密联系。实际上，如果 18 世纪中国的劳动力市场和地区劳动力迁移像修正主义者所说的那样灵活，那我们就更有理由相信，我们估算的非熟练工人的工资比率代表了相当一部分收入处于较低水平的人口[41]。

我们的名义工资收入可以直接与 Pomeranz 和 Li 的劳动收入数据相比较。而他们的数据实际上是用于证明相反的情况，那就是长江三角洲地区的劳动人民有着相当高的生活水平。例如，Pomeranz 估计一个男性农业劳动者全日制工作一年将会得到大约 12 两银子。但以 1745—1754 年的平均价格来算，一个家庭维持"基本的"生活成本是 22.59 两，所以说，劳动者只赚取了最低生活消费 53% 的钱。换句话说，福利比率为 0.53。他养活自己都困难，更不用说还有妻子和孩子了。根据 Li 和 Pomeranz 估算的最大值，一个女性每年纺纱和织棉的天数为 200 天，这样她每年能够赚取 14.61 两银子，比男人赚的多一点儿[42]。不过，这还是不够供养全家的花费。然而，丈夫和妻子合在

〔40〕 中国北方和长江三角洲的劳动力市场的信息，参照 Huang（1990，p.110）；无锡调查总结，参照 Kung，Lee 和 Bai 表 5–1 和 5–2。20 世纪 30 年代全国劳动力市场调查，参见陈正谟（1935）。相似的劳动力市场和工资分配，可以在日本的德川时期见到。Bassino，Ma and Saito（2005）计算出农业劳动者的工资收入的福利率大致相当于佃户，约比中等收入阶级低了 20%。

〔41〕 城市和农村工资的联系，见 Gamble（1943，p.67）。近代中国早期关于产品灵活性和市场要素以及劳动力迁移之间的讨论，见彭慕兰（2000）第二章。

〔42〕 Li（1998），pp.149，152。Pomeranz（2000，pp.318–319）提供了两种计算方式，得出了略低一些的收入。Li 的计算假设妇女生产每匹布的收入是 0.19 石粮食，Pomeranz 的假设更高些。他们没有精确使用相同的物价。我们使用的是 1745—1754 年的平均估值。

一起，将能够赚取 26.61 两银子，这比供养一个家庭的费用多了 1.18 倍。所以，只要没有意外发生，一个家庭可以靠此生存，但是这样的生活水平远远落后于伦敦和阿姆斯特丹，在 18 世纪中叶，伦敦和阿姆斯特丹的劳动者可以赚取四倍于维持"基本的"生活水平的费用。

到目前为止，我们主要关注非熟练工人工资收入的比较。然而，我们的工资回归和 Gamble 总结的北京 20 世纪的工资表明，中国熟练工人和非熟练工人的工资比例和西北欧相近。虽然还有待进一步的研究，但我们有理由相信，即使我们的比较研究扩大到所有的工薪阶层，我们关于相对生活水平的结论也许仍然有效[43]。

七

我们研究的亚洲和欧洲的工资和物价显示出的现实情况和 Adam Smith 的某些看法有所不同。不过货币工资方面倒是与他的观点一致：18 世纪，中国的货币工资确实低于西欧的发达地区，与西欧落后地区接近。但是，到 20 世纪，欧洲所有地区的工资都比中国的高。与亚当·斯密不同的观点是，我们认为 18 世纪中国和欧洲的生活成本是接近的。

工资和物价的对比所得到的结论是，中国的生活水平是比较低的。在 18 世纪，像伦敦和阿姆斯特丹这样的发达城市，比苏州、北京或广州有着更高的生活水平。我们研究的中国城市的生活水平和欧洲的落后地区、奥斯曼帝国、印度以及日本相当。到了 20 世纪，欧洲的落后地区得到了长足的进步，他们的生活水平开始高于中国。另外，

---

〔43〕 J. L. van Zanden，"技术溢价和大分流"，在会议上提出"建立一个全球性的物价和工资的历史"（乌特勒支，2004 年 8 月 19 日—21 日），链接网址 http://www.iisg.nl/hpw/papers/vanzanden.pdf（2009 年 6 月 10 日访问）。

18 世纪中国的工资似乎有所下降。不过，1913 年欧洲和中国之间大部分的差异主要是因为欧洲的发展，而不是中国的衰退。

尽管有了上述的结论，但在 18 世纪的大部分时间里，中国和日本主要城市的非熟练工人——尽管十分贫穷——和欧洲中部和南部工人的生活水平大致相同，这是我们研究中的重大发现。这一发现可以挑战和质疑那些"西方世界的兴起"的文献，它们认为从近代早期开始，西欧作为一个整体已经超越了世界的其他地区。我们的文章表明，只有英国和低地国家超过了其他地区。而这个其他地区，不仅包括亚洲，也包括欧洲的大部分地区[44]。

在这方面，Adam Smith 忽略了地区的差异，因此过于泛化欧洲和中国的比较。我们的研究结果同样也怀疑修正主义者的观点，他们认为中国的发达地区，如长江三角洲地区，在工业革命之前和英国相当，而我们了解的长江三角洲地区非熟练工人的实际工资并没有高于北京和广州。当然，我们关于中国的数据库还应该大力完善，并且我们也没有声明对这个问题给出了最终答案。然而，要使我们信服前工业化时期中国的生活水平接近于欧洲的发达地区，任何新发现的数据必须和我们现有的数据非常不同[45]。在这一方面，Adam Smith 的悲观估计相对于修正派的乐观估计看起来更接近事实的真相。当然，确立近代西北欧和中国存在的收入差距才仅仅达到我们解决大分流辩论的一半，

----

〔44〕 近代早期欧洲大陆 16 个中心城市涵盖的非熟练工人福利比率，Allen（2001）。

〔45〕 关于长江三角洲高生活水平的讨论，Pomeranz（2000）、Li（1998）、Huang（1990）的区域比较研究同样提供了充分的理由：长江三角洲整体比中国北方有更高的生产水平和收入。我们的研究成果，即中国三个主要中心城市大致有可比的名义和实际工资水平，并不排除更广义度量的长江三角洲的人均收入和生活水平仍然更高。Ma（2008）的近期研究表明，20 世纪 30 年代长江三角洲两个省份的人均收入比中国国家平均水平高出 55%。有很多理由使人相信，20 世纪 30 年代的中国地区收入差距要比 18 世纪的大得多。然而，未来的实证研究是需要建构一个中国 18—19 世纪的全面的地区工资轮廓。正如其他研究讨论的，在中国区域变化幅度内，比较中国和英国之间中心城市平均实际工资的差距。

大分流因果关系的研究仍然是未来的一个相当大的研究课题。

参考文献

中文文献

陈春声:《市场机制与社会变迁:18 世纪广东米价分析》,北京:中国人民大学出版社,1992 年。

陈正谟:《各省农工雇佣习惯及供需状况》,载《民国时期社会调查丛编》,福州:福建教育出版社,2009 年。

彭信威:《中国货币史》,上海:上海人民出版社,2007 年。

彭泽益:《中国近代手工业史资料 1840—1949》,北京:生活・读书・新知三联书店,1957 年。

全汉昇:《清代苏州的踹布业》,载《新亚学报》,1975 年第 13 期。

魏金玉:《明清时代农业中等级性雇佣劳动向非等级性雇佣劳动的过渡》,载李文治、魏金玉编《明清时代的农业资本主义萌芽问题》,北京:中国社会科学出版社,1983 年。

吴量恺:《清前期农业雇工的工资》,载《中国社会经济史研究》,1983 年第 2 期。

徐新吾编:《江南土布史》,上海:上海社会科学院出版社,1992 年。

严中平编:《中国近代经济统计资料选辑》,北京:中国社会科学出版社,2012 年。

杨西孟:《上海工人生活程度的一个研究》,载《民国时期社会调查丛编》,福州:福建教育出版社,2009 年。

日文文献

岸本美绪:《清代中国の物価と経済変動》,东京:研文出版,1997 年。

劳动运动资料委员会:《日本労动运动史料》,第 10 卷,东京:东京大学出版社,1959 年。

三井文库:《近世后期における主要物価の动态》(增补改订),东京:东京大学出版社,1989 年。

Terada, T., 寺田隆信:《蘇州踹布業の経営形態》，載《東北大学文学部研究年報》1967 年第 18 期。

英文文献

Allen, R. C., The Great Divergence in European Wages and Prices from the Middle Ages to the First World War, *Explorations in Economic History*, 38 (2001), pp. 411–447.

Allen, R. C., Agricultural Productivity and Rural Incomes in England and the Yangtze Delta: 1620—1820, *Economic History Review*, 62 (2009), pp. 525–550.

Allen, R. C., Real Wages in Europe and Asia: A First Look at the Long-term Patterns, in R. C. Allen, T. Bengtsson, and M. Dribe, ed, *Living Standards in the Past: New Perspectives on Well-Being in Asia and Europe*, Oxford: Oxford University Press, 2005, pp.111–131.

Allen, R. C., India in the Great Divergence, in T. J. Hatton, K. H. O'Rourke, and A. M. Taylor, eds., *The New Comparative Economic History: Essays in Honor of Jeffrey G. Williamson*, Cambridge, Mass.: The MIT Press, 2007, pp.9–32.

Allen, R. C., Bengtsson, T., and Dribe, M., eds., *Living standards in the Past: New Perspectives on Well-Being in Asia and Europe,* Oxford: Oxford University Press, 2005.

Bassino, J.-P. and Ma, D., Japanese Unskilled Wages in International Perspective, 1741—1913, *Research in Economic History*, 23 (2005), pp.229–248.

Bassino, J.-P., Ma, D., and Saito, O., Level of Real Wages in Historic China, Japan and Southern Europe, 1700—1920: A Review of Evidence, *Economic Research(Keizai Kenkyu)*, 4 (2005), pp.348–369.

Broadberry, S. and Gupta, B., The Early Modern Great Divergence: Wages, Prices and Economic Development in Europe and Asia, 1500—1800, *Economic History Review*, LIX (2006), pp.2–31.

Bureau of Social Affairs, City Government of Greater Shanghai, The Cost of Living Index Numbers of Laborers, Greater Shanghai, January 1926—December 1931 (1932).

Chao, K., *Man and Land in Chinese History: An Economic Analysis,* Stanford: Stanford University Press, 1986.

Department of Crop Reporting, Division of Agricultural Economics, The National

Agricultural Research Bureau (NARB), China, *Crop reports*, Vol. 5, issues 7&8 (Nanjing, 1937).

Department of Peasantry and Labor, Kwangtung Government, China, *The reports of Statistics*, Vol.3, *The Wage Indexes of Laborers in Canton, China, 1912—1927,* 1928.

Diewert, W. E., Exact and Superlative Index Numbers, *Journal of Econometrics*, 2 (1976), pp. 115–145.

Van Dyke, P.A., *The Canton Trade. Life and Enterprise on the China Coast, 1700—1845*, Hong Kong: Hong Kong University Press, 2005.

Feuerwerker, A., Handicraft and Manufactured Cotton Textiles in China, 1871—1910, *Journal of Economic History*, 30 (1970), pp. 338–378.

Gamble, S. D., Daily Wages of Unskilled Chinese Laborers, 1807—1902, *Far Eastern Quarterly*, 1(1943), pp. 41–73.

Huang, P., *The Peasant Family and Rural Development in the Yangzi Delta, 1350—1988*, Stanford: Stanford University Press, 1990.

Jörg, C. J. A., *Porcelain and the Dutch China Trade*, Hague: Springer, 1982.

Korthals Altes, W. L., Prices (non-rice), in P. Creutzeberg et al., *Changing Economy in Indonesia*, Vol. XV, Hague: Springer, 1994.

Kung, J., Lee, Y. -F., and Bai, N., Human Capital, Migration, and Vent for Surplus Rural Labor in 1930s' China: the Case of the Lower Yangzi, *Economic History Review*, forthcoming.

Kuroda, A., Copper Coins Chosen and Silver Differentiated: Another Aspect of the Silver Century in East Asia, *Acta Asiatica* (2005), pp. 65–86.

Lee, J. Z. and Wang, F., *One quarter of Humanity: Malthusian Mythology and Chinese Realities, 1700—2000*, Cambridge, Mass.: Harvard University Press, 1999.

Li, B., *Agricultural Development in Jiangnan, 1620—1850*, London: St. Martin's Press, 1998.

Li, L. M., Grain prices in Zhili province, 1736—1911: A Preliminary Study, T. G. Rawski and L. M. Li, eds., *Chinese History in Economic Perspective*, Berkeley: University of California Press, 1992.

Li, L. M., Integration and Disintegration in North China's Grain Markets, 1738—1911, *Journal of Economic History*, 60 (2000), pp. 665–699.

Ma, D., Economic Growth in the Lower Yangzi Region of China in 1911—1937: A Quantitative and Historical Perspective, *Journal of Economic History*, 68(2008), pp. 385–392.

Meng, T.-P. and Gamble, S.D., Wages, Prices, and the Standard of Living in Peking, 1900—1924, *Chinese Social and Political Science Review,* 20 (1926), pp. 1–113.

Özmucur, S. and Pamuk, S, Real Wages and Standards of Living in the Ottoman Empire, 1489—1914, *Journal of Economic History*, 62 (2002), pp. 293–321.

Parthasarathi, P., Rethinking Wages and Competitiveness in the Eighteenth Century: Britain and South India, *Past & Present*, 158 (1998), pp. 79–109.

Pomeranz, K., *The Great Divergence: China, Europe, and the Making of the Modern World Economy,* Princeton: Princeton University Press, 2000.

Rawski, T., *Economic Growth in Pre-War China,* Berkeley: University of California Press, 1989.

Santangelo, P., Urban Society in Late Imperial Suzhou, L. Cooke Johnson, ed., *Cities of Jiangnan in Late Imperial China,* New York: State University of New York Press, 1993.

Smith, A., *An Inquiry into the Nature and Causes of the Wealth of Nations*, E. Cannan, ed, New York, 1937.

Song, J. and Moll-Murata, C., Notes on Qing Dynasty Handicraft Regulations and Precedents (jiangzuo zeli), with Special Focus on Regulations on Materials, Working Time, Prices, and Wages, *Late Imperial China*, 2 (2002), pp. 87–126.

Timkovski, G., *Voyage à Péking*, Paris, 1827.

Vogel, H. U., Chinese Central Monetary Policy, 1644—1800, *Late Imperial China*, 2 (1987), pp.1–52.

Wang, Y. C., *Land Taxation in Imperial China, 1750—1911*, Cambridge, Mass.: Harvard University Press, 1973.

Wang, Y. C., Secular Trends of Rice Prices in the Yangzi Delta, 1638—1935, T. G. Rawski and L. M. Li, eds., *Chinese History in Economic Perspective,* Berkeley: University of California Press, 1992.

Wong, R. B., *China Transformed: Historical Change and the Limits of European Experience*, Ithaca: Cornell University Press, 1997.

You Zhanhong, Lun junqi zeli, A Study of Regulations and Precedents on Weapons and Military Equipment), *Chinese Handicraft Regulations of the Qing Dynasty*, edited by Christine Moll-Murata, Song Jianze, and Hans Ulrich Vogel, München: Iudicium, 2005, pp.307–324.

van Zanden, J. L., Wages and the Standards of Living in Europe, 1500—1800, *European Review of Economic History*, 3 (1999), pp.175–198.

van Zanden, J. L. and Van Riel, A., *The Strictures of Inheritance. The Dutch Economy in the Nineteenth Century*, Princeton: Princeton University Press, 2004.

附录一：1686—1902 年中国的工资资料说明

A. 踹布工人的工资

17 至 19 世纪，苏州大部分的踹布工人是从江苏北部或安徽的贫困地区迁移过来的。他们处在一个合同制下，从棉布商人那里租借资金和土地来工作。尽管政府禁止他们建立自己的行会，但他们还是经常罢工以争取更高的工资，而这些工价谈判的史料记录在石碑上。

徐新吾的日生产率数据将计件工资转换成日工资。根据徐新吾的研究，一个踹布工人约 40 分钟可以压好一匹布料（徐新吾等，1989，p.378）。在每天大概 11 个小时的工作时间内，他能够压好约 12 匹的布料。我们可以这样转换，以每天压 11 匹布料来大概对应一个 10 小时的工作日，另外，踹布工人必须上交 20% 作为租金和其他费用。从最终的工资扣除 20%，我们把每匹布 0.0113 两（1730 年）和 0.013 两（1772 年、1795 年）的计件工资分别修改为 0.0994 两和 0.1144 两。徐的研究所用的日均生产率数据虽然以 20 世纪初的上海郊区为根据，不过他也明确说道，那时的工艺与组织结构与近代早期相比变化不大（徐新吾等，1989，p.375）。

B. Gamble 的 19 世纪工资序列

Gamble 的"日工资"序列是从北京农村的一个燃料杂货店的详细账本推导出来的,这个工资序列几乎跨越了整个 19 世纪。Gamble 给出了三组平均工资序列,它们分别是五月到八月、四月到十一月、一月到十二月的平均工资序列(Gamble,1943,p.61)。他的细致研究揭示了年度工资模式的高度季节性,这和农业的收获季节是相符合的。我们选择的年均工资序列(一月到十二月)是这三组序列中最低的,因为它包括了冬季闲暇期的工资。这些以铜钱计算的工资序列列在附录表 A1 的第二列中。

原始的工资序列都是用铜钱来计算的。由于 Gamble 的主要兴趣在于建立工资指数,他在文章中提出的铜钱的名义工资指数(见表 5–6)并没有明确地给出铜 – 银兑换率[46]。此外,由于 1860 年货币的大幅贬值和该店记账单位的相应改变,Gamble 在 1860 年中断了银钱和铜钱工资指数,他把 1845 年和 1860 年各设为 100 分别作为前后两个序列的基数。这样,我们能从他的铜、银工资指数导出新的铜 – 银兑换的指数,但不是比率本身。

Gamble 所提及的实际的银 – 铜兑换比率是以每两银子等于相当数量的"吊"(成串的铜钱)来计算的,选择的年份有 1807、1827、1862、1884 年等(Gamble,1943,pp. 44, 69)。为了要达到一致的 19 世纪的铜 – 银兑换率序列,我们就是把这些基准比率和推导出来的铜 – 银兑换指数相结合。

一般来说,一"吊"包含 1000 个铜币,但个别地方又是有所不同的,要说明这一"吊"的价值是一个主要的难点。Gamble 说,在北京

---

〔46〕 Gamble(1943),p.60。

的农村，1860 年之前一吊等于 500 个铜币，而 1860 年之后只等于 100 个铜币（Gamble，1943，p.44）。换句话说，此地区 1860 年之前所流通的铜钱其价值只等于官方规定钱币的一半。这在严中平等人关于物价和兑换率的研究中已经有所证实（严中平，1955，p.428）。他们从距北京 300 公里远的河北省宁晋县大柳镇的商铺账簿中推导出 1807—1850 年的兑换比率序列。在他们的兑换率表的脚注中，作者说明了此地铜钱两吊作一吊（严中平，1955，表 31，p.38）。将他们的铜－银兑换序列和我们引用的 Gamble 的序列相对比，我们发现双方的趋势几乎是相同的。

尽管如脚注所说，严等人仍然以一吊等于 1000 个铜钱这个标准比例来推导他们的铜－银序列。第三列中我们的铜－银兑换率序列也同样是以一吊等于 1000 个铜钱的标准来推导的。为了反映该地两吊作一吊的实情，我们将表 A1 由第二列和第三列导出的第四列的银工资再除以 2。但这样得来的工资率似乎非常低。然而，正如 Gamble 所说的，工人经常可能得到额外的食物津贴[47]。如第二章所示，我们的研究仅仅使用了这个工资序列的趋势（而不是它的水平）。

表 A1　Gamble 关于 1807—1902 年北京农村铜钱和银两工资序列

年份	铜钱工资 / 文	每两银子等值的铜钱	银两工资（两）= col.1/(col.2x2)
1807	81	979	0.041
1808	83	1020	0.041
1812	81	1078	0.038
1813	80	1067	0.037

---

［47］ Gamble（1943），p.41。

年份	铜钱工资 / 文	每两银子 等值的铜钱	银两工资（两）= col.1/ (col.2x2）
1816	87	1129	0.039
1817	80	1123	0.036
1818	89	1106	0.040
1819	87	1183	0.037
1820	95	1159	0.041
1822	99	1203	0.041
1824	83	1208	0.034
1825	88	1192	0.037
1827	88	1265	0.035
1829	95	1294	0.037
1830	96	1329	0.036
1831	92	1346	0.034
1832	89	1347	0.033
1835	94	1251	0.038
1836	85	1378	0.031
1837	96	1488	0.032
1838	91	1553	0.029
1841	98	1382	0.035
1842	100	1439	0.035
1845	86	1823	0.024
1846	96	2010	0.024

年份	铜钱工资 / 文	每两银子等值的铜钱	银两工资（两）= col.1/ (col.2x2）
1847	87	2013	0.022
1848	68	2049	0.017
1849	80	2046	0.020
1850	94	1997	0.024
1852	93	2018	0.023
1853	93	2205	0.021
1854	90	2723	0.017
1856	110	4970	0.011
1857	105	3935	0.013
1858	130	4970	0.013
1860	255		
1865	265	5180	0.026
1870	287	5576	0.026
1871	333	5892	0.028
1872	355	6170	0.029
1873	382	6383	0.030
1874	388	6611	0.029
1875	389	6681	0.029
1876	370	7446	0.025
1877	368	8325	0.022

年份	铜钱工资／文	每两银子等值的铜钱	银两工资（两）= col.1/(col.2x2)
1878	348	8314	0.021
1879	375	8342	0.022
1880	410	8510	0.024
1881	401	8341	0.024
1883	387	7154	0.027
1884	356	6722	0.026
1885	395	7573	0.026
1886	402	6950	0.029
1887	395	7024	0.028
1888	361	7883	0.023
1889	421	7314	0.029
1890	393	7254	0.027
1891	390	7627	0.026
1892	372	7651	0.024
1893	410	7212	0.028
1894	443	6722	0.033
1896	448	6501	0.034

附录二：中国的物价资料说明

我们的北京物价序列始于 Meng 和 Gramble 的 1900—1924 年北京的工资和物价研究[48]。他们收集了那个时期菜篮子的大部分基本食物的详细零售价。我们抽出了以下的几个序列：小麦面粉、老米（陈的和变深色的大米）、豆粉、小米、玉米粉、猪肉、菜籽油、花生油、洋布以及煤球。在我们的研究中，"菜籽油"可作为"食用油"，"花生油"可作为"灯油"。煤球是以三分之二的煤粉和三分之一的泥土混合而成的，其价格以能量为基础进行转换，一公斤的煤球达到三分之二的煤的能量等级，其每公斤额定为 27533 BTU。

为了估计 1900—1908 年的黄豆价格，考虑到贸易加价和品质的不同，我们把每公斤黑豆的批发价格上调了 50%。这些批发价格来自 Li（1992）[49]。Li 的序列没有包括 1909 年之前的价格，1908 年的价格以 Meng 和 Gamble 的豆粉价格序列为基础进行推断[50]。

关于蜡烛的价格并没有可用的资料，我们假设一公斤蜡烛的价格和一升灯油的价格一样。根据欧洲的惯例，我们估计肥皂的价格是灯油的一半。

接下来的问题就是将这些序列延伸至前工业化时期。值得注意的是，Meng 和 Gamble 的数据在一些重要的方面是理想的：它们是消费者购买商品的实际零售价格。相比之下，很多历史上的价格序列使用的却是中间商品的批发价格，例如，Meng 和 Gamble 所记录的一个商店里的小麦面粉的价格，而其他历史学家通常是凑合着用批发市场上未加工的小麦的价格。

---

[48] Meng and Gamble（1926），pp.28, 38–39, 51, 59。
[49] Li（1992），pp.69–100。
[50] Meng and Gamble（1926），p.28。

Meng 和 Gamble 的数据相当理想，我们借此利用了 Li 对于直隶（包括北京）的批发粮食价格的研究。从她文章中的图表中，我们可以读出 1738—1908 年小麦、小米和高粱的价格，另外还有黑豆与小麦的相对价格。我们用了五年的移动平均数，因为每年的波动对我们目前的研究没有太大影响[51]。在这些序列的基础上，把小麦、面粉、小米、玉米粉、豆粉和黄豆的零售价格回推至 1738 年。我们利用 1901—1904 年这个基期的平均数把这些序列的推断结果连在一起。其中的步骤是假设消费品的零售价格和未加工产品的批发价格的比率保持不变。

其他产品的零售价格向前推至 1738 年，具体方法如下：对于肉类、食用油、灯油和蜡烛，以 1901—1904 年这段时期肉类的基准（猪肉和羊肉的平均价格）为基准，以小麦面粉的价格系列进行回推，其他的则以 1902 年的为基础。至于玉米粉，使用的是 1901—1904 年高粱价格的基准，而大米（老米，旧的或变深色的米），用的是 1901—1904 年长江三角洲地区大米价格基准[52]。

对于这些推断，有两点要说明。首先，大部分的长期农业时间序列增长的速率是相同的，所以回溯到 18 世纪的价值并不十分依靠价格序列进行推断。第二，这个推断可以通过比较我们获得的广州的荷兰东印度公司记录的 18 世纪的价格来验证。因为推断的价格接近于那个时期的已付价格，这给了我们对于这个步骤的一些信心。

棉布的价格序列基于若干资料来源。首先是通过使用 Feuerwerker 的中国进口棉布价格序列把北京洋布的零售价格回溯到 1871 年[53]。进口的布通常每匹长 40 码，宽 1 码（306 平方尺即 0.11 平方米）。Meng

---

〔51〕 L. M. Li 教授友好地向我们提供了一些她文中的相关序列。
〔52〕 Wang（1992），pp. 40–47。
〔53〕 Feuerwerker（1970），p. 344。

和 Gamble 的价格是每 100 尺〔1 尺约 0.33 米〕的价格。需要说明的是一匹布平均有 100 尺长，我们假定它 3 尺宽——这是一个通常的宽度。在这样的假定下，北京一平方英尺（约 0.093 平方米）洋布零售价格比它原产地大约贵 50%，这不是一个不合理的差价。

在他关于 18 世纪布价和纺织收入的详细讨论中，彭慕兰估计布料的价格在比较低的情况下为每匹 0.5 两银子[54]。在这个假设下，300 平方尺的布料价值为 4.59 两银子，这相当于 Meng 和 Gamble 的一匹长 100 尺、宽 3 尺的布的 18 世纪价格。根据 Pomeranz 说的，我们假定布价在整个 18 世纪保持不变[55]。

至于 1800—1870 年，我们以印度尼西亚的布价历史为向导。1815—1871 年爪哇岛一系列交付的棉布价格表明，从 1815 年到 1824 年，每平方米棉布的价格是 4.89 克银子，而 18 世纪中国的棉布价格是每平方米 5.12 克银子。当时的棉布贸易跨越亚洲，这样的一致性是可信的，所以我们并没有期望它们在价格上有很大的差异。从 19 世纪 30 年代开始，爪哇岛的棉布价格迅速下降到每平方米约 2.5 克银子，并且其一直保持这样的价格水平至 1871 年[56]。那样的低价格接近 1871 年中国进口布匹的价格——每平方米 2.36 克银子。假设中国的布价和爪哇岛当时的那些布价模式相同，从 Pomeranz 那里得来的 18 世纪的价格能够延续到 1830 年，然后就可线性地内插于 1830—1871 年。

能源的价格同样来自不同的资料。对于 1739—1769 年，我们使用 1769 年的《物料价值则例》的直隶的木炭价格数据，至于 1816 年，

---

〔54〕 Pomeranz（2000），p.319，明确指出一匹长 16 尺的布价格为 0.4 两。通过 Li（1998，pp.xvii）一匹 20 尺的布有 3.63 平方米。因此，每匹布价格为 0.5 两。

〔55〕 Pomeranz（2000），p.323。

〔56〕 关于爪哇岛的布价，见 Korthals Altes（1994）。

我们借鉴的是 Timkovski 提供的北京煤炭价格[57]。在 1900 年之前，能源的成本是以煤球的价格为基础的。这些分散的资料有一个突出的特点，那就是它给了一个稳定的能源价格。鉴于这样的稳定性，某些年代缺失的价格可以填补。

由于没有可用的中国的酒价，现在的研究使用的是日本的数据，那就是一升的米酒等于 1.3 公斤的大米[58]。我们假设中国和日本酿造米酒的工艺相似，然后把这样的比例应用到北京和广州。

表 A2. 热量和蛋白质含量

食物	单位 / 公制	每单位的卡路里	每单位的蛋白质 / 克
面包	千克	2450	100
黄豆 / 豌豆（欧洲）	升	1125	71
黄豆（亚洲）	千克	3383	213
肉类	千克	2500	200
黄油	千克	7268	7
奶酪	千克	3750	214
鸡蛋	个	79	6.25
啤酒	升	426	3
大豆	千克	4460	365
大米	千克	3620	75
小麦面粉	千克	3390	137
大麦	千克	3450	105

---

[57] Timkovski（1827），p. 200。

[58] 根据 1824—1845 年大阪米酒和糯米价格数据，三井文库（1989），表 8，pp.113–117。

续表

食物	单位 / 公制	每单位的卡路里	每单位的蛋白质 / 克
小米	千克	3780	110
荞麦	千克	3430	133
玉米粉	千克	3610	69
鲜鱼	千克	1301	192
食用油	升	8840	1
酒（20 度）	升	1340	5

资料来源：热量和蛋白质含量参照 Allen（2001），p. 421，这是针对面包、在欧洲的消费的黄豆 / 豌豆（新鲜的豆荚，单位为公升）、肉类、黄油、奶酪、鸡蛋、啤酒的。至于其他项目，我们参考美国农业部（USDA）国家营养数据库的标准。〔http://www.nal.usda.gov/fnic/foodcomp/search/〕〔2010 年 1 月 11 日访问〕。

第六章：18—20 世纪中国生活水平与人力资本的演变：来自实际工资与人体计量学的证据 *

第二次世界大战后，东亚的人均收入从一个非常低的水平发展到较高水平，巩固这种不同寻常的赶超的一个显著特点就是实物资本和人力资本的快速积累。Godo 和 Hayami（2002）基于教育平均学龄而编纂的数据显示，日本在学校教育平均年数方面对美国的追赶要早于其人均收入水平的追赶。遗憾的是，有关中国的研究仍然缺乏系统性和可比较的数据，诸如长时段的研究成果[1]。同样，尽管有大量中国漫长而动荡的 19 世纪的文献描述了从西方帝国主义的入侵和破坏性的国内叛乱中看到的社会和经济的失调，但是目前仍然极度缺乏对于福利和生活水平的长期趋势方面的系统定量研究。

在整合大量实际工资和人体计量样本的基础上，本章首次尝试对19 和 20 世纪中国生活水平和人力资本的演进勾画一个更加全面的轮

---

* 本文作者：Joerg Baten, Debin Ma, Stephen Morgan, Qing Wang

〔1〕 Godo（2006）将教育的平均年限数据扩展到受日本占领的中国台湾地区和朝鲜。至于东亚的实物资本积累，详见 Paul Krugman（1994）。有关基于传统部门高素质人力资本之上的东亚劳动密集型工业化道路的综述，详见 Sugihara（2007）。

廓。我们的数据序列证实，中国的生活水平和人力资本在经过了19世纪中叶的普遍下降后，于20世纪初得以复苏。我们的实际工资数据同时表明，在18、19两个世纪里中国的生活水平与欧洲相对落后地区的生活水平相近，但要低于西欧与北欧。因此，与最近的修正派观点（Pomeranz，2000；James Lee，1999）相反的是，我们的研究证实了传统的观点，即欧洲与中国的生活水平和人均收入差异早在工业革命前就已存在，到19世纪之后才扩大。然而，与实际工资和身高的研究成果相反，我们衡量中国能力的年龄堆积指数显示出中国的人力资本水平较高，比那些生活水平相对较低的国家更接近18、19世纪西、北欧的水平。

我们探索了当时中国低生活水平和高人力资本这种耐人寻味的结合的历史意义。最后一节即对促使这种结合出现的传统制度因素进行了初步探讨：比如科举考试、统一以汉字为基础的语言、早熟的政府官僚机构等，这些因素造就了较高水平的识字和计算能力，却未能在近代早期推动经济的持续增长进而支撑较高的生活水平。我们认为，一旦在体制与意识形态上成功转型，近代早期中国和东亚人力资本的这种大量储备就会形成重要的战略因素，以加强该地区快速的经济赶超。本文其余内容分为三个部分，分别探讨在实际工资、身高和年龄堆积三个层面上得出的结果，文末为全文的结论。

一、实际工资

在比较工业革命前夕亚洲和欧洲生活水平的辩论中，最近出现的修正派观点认为，18世纪亚洲已经达到了欧洲的生活水平。但是这种采用零散的产出、消费或人口统计数据进行间接比较的论据显然缺乏说服力。这种观点与我们对欧洲真实收入的认识形成了鲜明对比。我们知道，欧洲的学者们从 19 世纪中期以来一直在汇编官方自中世纪末期到 19 世纪统计的欧洲各城市的工资和价格（Allen，2007）。

对于比较而言，理想的衡量尺度是人均国内生产总值。尽管长期以来人们都警告说，这一指标无法涵盖对于发展中经济体和分配领域至关重要的非市场收入，但是它仍最具衡量整体经济水平和生产能力的优点。遗憾的是，在 20 世纪前中国缺乏有意义的国内生产总值序列（Fukao, K., Ma, D., Yuan, T., 2007）。由麦迪逊做出的颇具影响力的估算在很大程度上只是以 20 世纪估算为基础向前的推测。尽管其可信度较低，如果要在各个基准年间做一个粗略比较的话，麦迪逊的估算可能仍然具有指导作用，但它却无法体现基准年间的波动与变化。

最近，由 Allen、Bassino、Debin Ma、Moll-Murata 和 van Zanden 所做的研究显示了他们尝试用实际工资来填补中国 18—19 世纪人均国内生产总值数据链的空白的雄心壮志。这些研究中的实际工资数据是从清朝的官书、商业会计账册、地方志中获得的，已通过一个由一篮子消费品重构的恰当的生活成本指数折算。Allen（2007）等人的论文集中讨论广东（中国南部）、北京（中国北部）、长江下游的苏州和上海（中国东部）等地的工资历史，是由于上述城市可与欧洲和日本的大城市进行比较，而且我们也有这些城市有关工资的史料（Allen，2007）。

虽然 Allen 等人的研究是迄今数据覆盖范围和研究方法最全面的，但他们只专注于比较欧洲与中国的主要城市非技术工人的实际工资。因此，他们的研究结果的代表性和可比性仍值得质疑。[2] 除了这些在 Allen 等人的论文中广泛讨论的假定条件外，我们有理由相信，他们的发现仍比其他任何估算更贴近 18—19 世纪欧亚大陆两端的实际收入

---

〔2〕 最明显的是欧洲最大且发展最快的城市能否具有代表性的问题，详见 Allen（2007）。

的相对水平。显然,未来仍需要在这方面进行更深入的探讨。图 6–1 再现了他们对实际工资所做的一组比较,阐明了比修正主义者提出的观点更不乐观的中国或亚洲的实际工资情况。

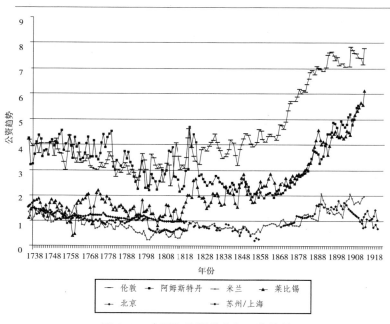

图 6–1　中国和欧洲的实际工资趋势

资料来源:Allen 等(2007)。

　　图 6–1 证实了传统观点,即早在 18 世纪,中国、荷兰和英国的主要城市中心之间的生活水平差异就已经存在。当时伦敦和阿姆斯特丹的工人的生活水平比北京或苏州的工人的生活水平更高。但出人意料的是,18 世纪大部分时期里,尽管中国主要城市的非技术劳动力可能也很贫穷,但他们却与中欧和南欧、奥斯曼帝国、印度和日本的同行

有着大致相同的生活水平。[3]

其次，自 19 世纪中叶起，西欧的工业核心城市如莱比锡的实际工资已开始超过中国。相比之下，在这一时期米兰跟中国一样仍处于较低水平。到了 20 世纪，甚至是欧洲的落后地区（以米兰为例）和日本也得到了长足的发展，这些地区的生活水平已开始慢慢超过中国，而伦敦的生活水平在众多超过北京的城市中处于领先地位。这就是我们所说的近代时期的第二次大分流。

再次，也和我们观点最相关的，就是北京的实际工资序列（图6-1）趋势。该序列由三组相连的系列构成：第一组系列为 18 世纪大量分散的平均工资信息，第二组系列为 Sidney Gamble（1943）有关1807—1903 年的研究，第三组系列是 Meng（1926）有关 1900—1925年的研究。在这些系列中，Gamble 数据系列是最重要的，它横跨了整个 19 世纪。如图 6-1 所示，19 世纪中叶的实际工资急剧下降，这一时期的太平天国起义破坏了中国南部和东部的大片耕地，从而造成了中国经济的严重混乱。

二、身高

关于身高的历史数据长期以来一直是衡量生活水平的另一重要尺度（Fogel，1994；Komlos，1994；Steckel，1995；Komlos，1998）。然而，身高不足以衡量体现生活水平的购买力，因为这一尺度用以表述福利中的"生物"构成更为贴切，诸如健康、平均寿命和营养品质。相对于国内生产总值而言，身高对于经济不平等和低收入阶层的福利

---

〔3〕 详见 Allen（2009），由于他们的论文没有发现北京、广州和苏州（或上海）这三个城市的实际工资水平之间的过大差异，因此广州的实际工资序列在图 6-1 中被省略了。

发展尤为敏感，这与非技术工人的实际工资研究关系更为密切。[4]

在国际比较中，应当格外小心由于代际遗传身高和营养习惯的不同造成的身高差异，因为这些差异至少在短期内与经济不发达并没有直接关系。例如，荷兰和北欧现在的牛奶消耗量仍然远远超过意大利南部和日本，这可能是由于过去经济的不平衡遗留下来的习惯。[5]即使在中国，也存在着北方人身高普遍高于南方人的地区差异。然而，随着营养和经济条件的迅速变化，身高的地区差异不断缩小；同时，近来中国人的身高与欧洲人和北美人的水平更为接近。[6]

本研究中，我们运用了若干19至20世纪期间样本量较大的中国移民身高的数据组合，这些移民包括从中国华南地区到美国、澳大利亚和印度尼西亚，或者是在中国现代组织机构工作的人们。我们认为，在一定的条件下，19至20世纪文献记载的身高趋势与水平很可能成为华南地区中国人的一个长期有效的营养品质指标和其他条件不变下的生活水平指标。下面我们将分别从六个不同的类别来分析有关身高的数据组。

1. 印度尼西亚的华人移民。Baten和Hira使用了人类学家Bernhard Hagen在19世纪80年代测定的大量中国至印度尼西亚的移民数据

---

〔4〕身高与收入紧密联系，较为贫困的阶层平均要矮于那些比较富裕的阶层。在一个低收入的经济体里，在其他方面不变的情况下，收入的增加会提高平均身高。如果收入分配改善，使得低收入阶层更好地获得人类生长必需的投入，其平均身高也会增加。相反，即使国内生产总值增加了，不平等恶化仍会导致平均身高下降，详见Steckel（1995）。

〔5〕乳糖不耐受症，即喝了牛奶会腹泻，由基因诱发，在一定程度上可能导致某些人身高较矮。东亚人、美洲土著和部分非洲人就患有乳糖不耐受症，详见Mace（2003）。

〔6〕20世纪早期，中国北方和南方的身高差异为6厘米，而在2000年，大致相同的社会经济群体的身高差异约为3厘米。详见Morgan（2009）。北京受过教育的年轻男性的身高也不比美国男性白人矮许多。中国北部城市出生于1978—1981年，年龄集中在19—22岁的出生人群的平均身高是173.0厘米（范围从171.2到175.8厘米），该平均身高只比20世纪80年代美国的平均身高（175.8厘米）矮2.2厘米。北京城市男性平均身高175.5厘米。详见中国教育部（2002）。中国自20世纪70年代起，每隔五年就大规模地针对7—22岁的孩子进行体检。Morgan（2000）的研究里就阐述了1979—1995年间的体检及其方法。

（Baten，2008）。大部分的数据测定完成于 1885—1886 年间，部分则可能是在 1887 年（Murray，1994）。华人的职业被描述为"主要从事农业"。所幸的是，Hagen 记录了移民的年龄，所以他们的大概出生年份是可以计算的。Hagen 总共测量了不少于 15722 名移居到印度尼西亚的男性华人，我们使用了其中 12678 名 25—50 岁的移民样本，同时也舍弃了所有超过 50 岁和低于 23 岁的移民，以消除数据组中误差的影响。我们还收集了一套较小的数据组，其对象为出生于 1830—1834 年、1845—1849 年的移居到苏里南的移民（159 例）。正如后文所述，他们与移民到印度尼西亚的人群具有相似的身高特征。

2. 美国的华人囚犯。Carson（2006）收集了 1472 名因轻微犯罪被关押在美国的移民男性华人劳工样本。

3. 澳大利亚的华人囚犯。Morgan（2009）编制了 1492 名从 19 世纪 50 年代到 20 世纪 20 年代被囚禁在澳大利亚的华人的数据。这些华人囚犯来自华南且大部分出生于 19 世纪 10 年代到 80 年代。大部分人都是在 19 世纪 50 年代的"淘金热"时期来到澳大利亚。当冲积金矿逐渐消失时，那些遗留在澳大利亚的华人大都转而务农，与 19 世纪 80 年代来到澳大利亚的中国移民不同，他们普遍社会经济地位较低。

4. 澳大利亚的华人移民。在 19 世纪的最后几十年，另一股来自华南的移民浪潮抵达澳大利亚。这些人与前面所指的华人囚犯不同，他们中有许多小商人、园艺工和商贩，他们的目的地为墨尔本和悉尼（Morgan，2006）。那些定居在澳大利亚北部，如昆士兰或北部地区，从事矿业和农业的移民，为早期淘金热时期移民的典型，他们要矮于那些居住在墨尔本或悉尼的移民。目前的数据组有 3692 名移民的身高数据。[7]

5. 美国的华人移民。在美国国家档案管理局（NARA）太平洋地区的档案中，我们从移民到美国的华人或返回中国的船员名册中找到了一组身高数据（N=360）。此外，这份档案同时保留了 1893—1957 年间坐船抵达旧金山的乘客名单的国家档案微缩胶片出版物。这些旅客名单列出了 1907—1948 年间每位乘客的身高和年龄，且大部分的移民档案也是真实的。

6. 在中国政府机构工作的雇员。最后讨论的一组数据来自政府管理的企业和机构。在 1930—1940 年，作为体检系统的一部分，这些企业和机构测量了他们雇员的身高。大部分雇员出生于 1890 到 1920 年间，其中一些年轻人则生于 19 世纪 30 年代早期（Morgan，2004）。最大一组数据来源于铁路工人，当然其中也不乏政府、金融或其他机构的员工。

调查对象的出生地区相对单一，一般都在华南地区，尤其是广东省。[8]只有政府雇员的数据（样本 6）涉及的地区较为广泛，但我们从中谨慎地抽出一个序列，即从华南来的非技术铁路工人序列。因此，我们都可以将这些数据组假定为华南地区中国人身高的近似趋势。

---

〔7〕 该数据来自澳大利亚国家档案（NAA）的 B13/0、B78/1、J2482、E752/0 等卷宗，其中包括"豁免听写测试证书"（CEDT）和一份给 1901 年后想离开或返回澳大利亚的中国移民的法定声明。这些卷宗的详细说明可在澳大利亚国家档案的在线检索 www.naa.gov.au 上获得。司马辉（Morgan）的有关论文讨论了澳大利亚移民记录的人体计量研究的用途，详见 Morgan（2006）。

〔8〕 所有接受测量的华人移民据报告都来自华南地区（通常是广东）或是中国其他地区。至于 19 世纪籍贯为广东和福建的海外华人移民的优势，见葛剑雄（1999）。

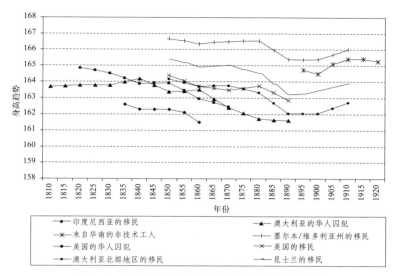

图 6-2 出生年龄群内的中国人身高样本的趋势

资料来源：见文中说明。

图 6-2 为样本描述的不同时间序列中的华人身高的趋势水平图，从中反映出两个特点：首先，最矮的华人是那些到印度尼西亚做合同工和到苏里南的华人。[9] 在澳大利亚和美国的华人囚犯的身高则是第二矮的。显然，最高的华人是移民到美国和澳大利亚的那些人。有趣的是，移民到澳大利亚北部地区的华人比移居到墨尔本和昆士兰的要矮。最后，来自华南的铁路工人身高在 19 世纪 90 年代有些微的增长，只有大约 0.5 厘米。

我们认为，从样本中观测到的差异似乎合理地反映了构成这些样本的移民的选择性偏差。那些迁到更有吸引力的地方的移民需要承担更高的费用，经济状况可能较好。这些人更多地移民到美国和澳大利

〔9〕 图中没有展示的苏里南样本证实了类似的身高水平及其自 19 世纪 40 年代起显著的下降趋势，见 Baten（2008）。

亚，他们中许多人通过抵押财产或其他的家产来资助旅程。那些澳大利亚移民中最矮的北部移民，比起到东部的海岸城市墨尔本或悉尼，他们通过新加坡到达尔文港更为便宜，并且他们大多从事矿业和偏远地区的农业而非商业活动。最后华南非技术铁路工人的身高相对较高，可能因这些政府雇员通常被看作是比普通工人拥有更高读写水平的精英工人（Morgan，2009）。

其次，除却这一异质性，我们可以清楚地辨别出在这些不同序列中间广泛存在的共同趋势。这些身高趋势似乎在19世纪30年代到40年代前都维持稳定，但在19世纪中叶，恰逢太平天国运动的影响，所有的序列均开始下降。此外，一个令人意外的发现是，在19世纪60年代到70年代，大多数的身高序列似乎出现了停滞，至多也只是温和复苏，其后至19世纪80年代甚至到90年代，再次出现实质性的持续下降。这一下降似乎在19世纪和20世纪两个世纪之交时到达谷底，到了20世纪头20年后才开始反弹恢复。这些序列的运动趋势非常一致。

我们认为，任何一个方向上的系统性选择偏差都是不大可能的，因为我们的数据包括了大量在不同的入境日期前往不同的发达或欠发达地区的华南移民，而且测量当局也不同（Morgan，2009）。我们同时复核了19世纪唯一一组非海外移民的身高序列：仍在清王朝统治下的台湾华人居民（大部分为广东省人和福建省人）。20世纪初，经当时的日本殖民当局测量，该序列男性和女性的身高趋势显示出从19世纪中叶起几乎完全一致的下降模式，且在19世纪60年代和70年代也出现了停滞，19世纪80年代到90年代再次出现持久衰退（Olds，2003）。

在图6-3中，我们将这些不同的样本序列概括为一个理论上单一而连续的序列，我们认为这个序列能够代表在1810—1920年间有足够人力资本和财力移居到澳大利亚的华南男性底层工人阶层的身高趋势。该序列将 1810—1840 年间的澳大利亚囚犯序列和与囚犯具有同样职业背景的北部地区移民估算序列衔接起来，而 1840—1850 年间直接用线性插值法填补。我们同样将这一趋势线与其他地区身高序列放在一起做国际比较，这些序列反映出在社会阶层上与华南人能做比较的其他地区成年男子的身高，且作为一个整体代表他们国家的情况（Baten，2006）。

图 6-3 清楚地表明北欧人（荷兰人）身高较高，在 19 世纪中叶后变得更高了。南欧人（意大利人）比中国人矮，其身高直到 19 世纪 60 年代前都无进展，之后他们就开始高于中国华南人。图 6-3 证实了所谓的第二次大分流，即从 19 世纪中叶开始，随着工业化进程迅速展开，荷兰人和意大利人的身高呈现向上趋势，而中国人的身高则停滞或从此开始下降。[10]

---

〔10〕 我们可将中国华南人身高数据置于所有欧洲国家身高的较大样本里。作为 Baten 研究的附录展示了对所有出生定群在 1850、1890 和 1920 年的居民超过 50 万人的欧洲国家身高的估算。在 1850 年，华南人的身高约为 164 厘米，比那些欧洲国家（斯堪的纳维亚，爱尔兰以及后来的南斯拉夫的部分地区）的高大居民要矮，他们平均身高为 168—169 厘米，但要高于那些身高较矮的欧洲国家（葡萄牙、西班牙和意大利），他们的平均身高为 160—162 厘米。总之，36 个国家里只有 7 个，或约五分之一的欧洲国家的身高比中国华南人的要矮。然而到了 1890 年，除了葡萄牙，所有的欧洲国家的身高都要高于中国华南人；到 1920 年，中国华南人的身高处于欧洲身高序列的底部。

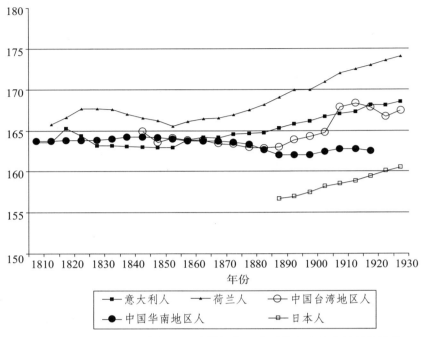

图 6-3 1810—1930 年间国际比较视角下中国华南人身高的长期趋势

资料来源：意大利人的身高序列来自于 Hearn（2003）。荷兰人的身高序列由 Drukker（1997）等人计算。中国台湾地区 1845—1900 年的身高序列来自 Olds（2003 年），中国台湾地区 1900—1930 年的身高序列来源于 Morgan（2007）。中国华南地区中国人身高序列见本章和图 6—2；日本人的身高序列来自于 Bassino（2006）、Shay（1996）。

　　可能更有意思的是，华南人的身高似乎在东亚范围内表现不佳。如数据所示，尽管日本人在历史上特别矮，但从 19 世纪晚期起，他们却以每 10 年增高 1.0 厘米的速度长高。在台湾地区的中国人（大部分人为南方籍贯）的身高，无论是趋势或水平，在 19 世纪期间几乎与华南人没有区别。但其身高自 20 世纪初开始快速增长（Olds，2003；Morgan，2007）。总之，我们研究显示中国人的身高增长在 19—20 世纪里滞后于其他许多国家和地区。

三、年龄堆积

最近，基于使用年龄堆积方法的新型研究可以通过比较和长期的视角量化人们的计算能力。这一研究项目最早是由研究近代经济史的Mokyr（1983）与研究古代经济学的Duncan-Jones（1990）合作开发的。直到最近，Crayen 和 Baten 编制了可进行全球比较的大型国际数据库。年龄堆积策略基于过去受教育程度低的人们倾向于报年龄整数的现象。例如，当问及他们的年龄时，他们多半回答说是"40岁"，而实际年龄可能是39岁或41岁。反之，受教育程度较高的人们趋于回答他们的确切年龄。年龄堆积指数（亦称为惠普尔指数［Whipples Index］）用以衡量包括23岁到62岁间人群年龄堆积的密度和程度，其计算公式如下：

$$惠普尔指数（WI）=\frac{5 \times 以0或5结尾的年龄数}{所有的年龄数} \times 100$$

因此，一个等于100的指数表示无年龄堆积，高于100的指数值表示年龄堆积的程度。广泛的研究证实了1950年后文盲和年龄堆积间的密切联系，尤其是在欠发达国家（LDCs）。例如，一个由416个地区组织并涵盖拉美和大洋洲的大约27万样本的相关系数为0.63。从"国际学生评价计划"（PISA）得来的数据显示它们和用于测试计算能力的结果具有更高的相关系数。该联系同样得到了19世纪数据的证实（Hearn，2009；Crayen，2008）。相比识字能力，年龄堆积指数更能反映计算能力，而计算能力对于有关技术、商业和手工业的活动更重要。

年龄堆积方法的吸引力在于，它可以获得像中国这类国家的年龄信息，因为在这类国家已无法找到历史上有关计算和识字的系统资料。

在呈现我们的研究结果之前，在传统中国背景下一些与使用年龄堆积方法相关的具体问题需要澄清。我们用了一个美国华人移民的特殊样本做测试，以检验识字与计算之间的联系。该样本不仅提供了年龄信息，还包括了识字水平（包括中文和英文读写能力）和职业类别。该数据组包括在美国的2425名男性华人，其中220名在美国出生。该数据选自个人公共用途微观数据集（IPUMS）中1850—1910年的数据集，是基于美国人口普查的代表性样本。我们在计算1830—1880年间出生的人的年龄堆积前排除了女性（她们的人数太少，无法做可靠分析）。

为了可比性，我们使用了美国人口普查使用的标准职业分类，为2435名23岁至72岁间的华人移民设置了9个类别，范围以1950年价格计算的年收入为标准，从年收入600美元（第一组），到1500~2000美元（第五组）再到超出2500美元（第九组）。该收入分配并非线性，有些职业中国人较多，我们须保证每一组有足够多的样本以备研究。

图6-4显示了这九个职业类别的识字率和惠普尔系数间较高的负相关性（其相关系数为-0.8）。[11] 更有趣的是，该关联似乎高于收入和识字率的相关性。高收入的第七组和第九组的识字率最高，收入最低的第一组的识字率最低，但职业类别第四组（主要是洗衣工人）和第八组（主要是矿工），或者是第二组（家政工人）都有相同的识字水平。因此，我们有理由认为，年龄堆积指数是中国人识字率和人力资

---

〔11〕 我们没有使用职业类别分类也同样能用logit回归证实其负相关关系。用logistic回归，我们对报告其年龄为0和5的人数虚拟变量做回归与识字率的虚拟变量做回归。结果显示那些报告其年龄以0或5结尾的人的识字概率要低3%，但这一结果统计意义只有10%。这个较小的边际概率（3%）并不奇怪，因我们的样本总体识字率较高，且并非所有以大约数报告其年龄的人都是文盲。

本的良好的预测方式。[12]

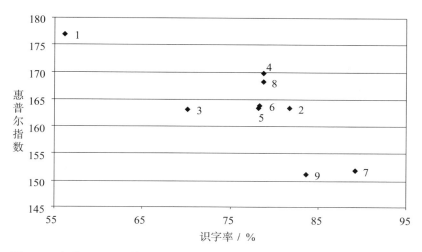

图 6-4　九种不同职业的美国华人移民的识字能力和年龄堆积（惠普尔指数）

资料来源：见文中说明。

注释：这九种职业类型（从 1 到 9）的样本型号分别是：178，153，239，268，202，415，158，627 和 195。

以下我们将描述六组不同的年龄堆积序列数据集：

1. 清朝刑部档案收录了 17 世纪末至 18 世纪中国自耕农和佃农的犯罪案例，涉及各种财产犯罪、地租纠纷、高利贷以及民变，案牍涵盖了中国大部分地区。从 23 岁至 72 岁一共有 602 个案例记录年龄，为 17 世纪末和 18 世纪初提供了若干个时点上的估值。[13]

----

　　〔12〕　我们同时检验了是否因为中国人用十二生肖计算出生年份而导致另一种不同的年龄堆积，而不是因为 5 或 0 的倍数。龙是最受中国人欢迎的吉祥的生肖动物，我们就检测了出生于龙年的美国华人移民的年龄堆积，发现这些人的年龄堆积值要远低于报告其年龄为 5 的倍数的人们。

　　〔13〕　不仅是由于年龄报告，且出于诸多原因，刑部的刑科题本是一个重要的档案来源。这些档案记录了中国所有行政区域的土地价格、地租和高利贷的信息以及其他个人和家庭资料。尤其是乾隆时期的一小部分档案已出版（《历史档案》1981 年第 1 期）。Allen 等人 2007 年的研究也使用了这些资源的工资信息。我们使用的那些材料里的年龄，仅是当时仍活着的犯人自行报告的年龄。

2. 移居至印度尼西亚的华人数据与前文使用的身高序列一致。

3. 我们收集了一组 193 名出生于 19 世纪中叶并驻防在北京的中国士兵的数据。尽管样本规模较小，但是该数据集如同其他大部分由海外移民构成的 19 世纪的数据一样特别珍贵。这一组数据来源于清朝档案，是 1902 到 1911 年间中国官员取出的中国军队（部分为满族人）的士兵名单。[14]

4. 用澳大利亚的华人移民的两组数据序列来估算年龄堆积。第一组与上文的墨尔本、布里斯班和达尔文市的华人移民的身高序列一致。第二组序列是最近编制的数据集，该数据是居住在悉尼或澳大利亚新南威尔士州的其他地方的华人移民的，其来自于悉尼办公室 NAA 的 ST84/1 序列。该序列仅用于估算年龄堆积，不同于报告身高的第一组序列。[15]

5. 先前已描述的 2435 名在美国的男性华人的数据集。

6. 我们用 1953 年全中国第一次人口普查的数据计算出生在 18 世纪初和 18 世纪 10 年代的人的惠普尔指数，用 20 世纪早期的数据补充 18—19 世纪数据序列的末端。

图 6-5 描绘了不同数据序列的惠普尔指数。[16] 来源于刑部档案的 17 世纪末和 18 世纪初的数据揭示了相当适中的年龄堆积水平，约

---

〔14〕 第一历史档案馆藏：顺天府档案，缩微胶卷第 254 号。我们非常感谢汉斯乌尔里希·沃格尔（Hans-Ulrich Vogel）帮我们找到这些宝贵的资料。

〔15〕 悉尼 ST84/1 序列仅包含 CEDT（亦作为表 21），并不包括法定声明（表 22），其中显示了有关职业、住址和其他对分析身高趋势有用的信息。

〔16〕 为计算年龄堆积，我们将所有年龄样本分为 23—32 岁、33—42 岁和 53—62 岁的三个年龄组，并在图标用里 "1850" 来表示那些大部分出生在 19 世纪 50 年代的人（尽管这有时会指那些实际出生在 1847—1856 年的人们）。这种方法在年龄堆积文献里较为常见，以保证年龄堆积以更为保守的方式来估算，而不是直接选择 20—29 岁、30—39 岁、50—59 岁等年龄组进行估算。直接选择的方法问题在于年龄堆积过高，如在少有活过 53 岁的低寿命社会里，50 岁的年龄堆积就会很高。同样地，55 岁的幸存者会多于 59 岁的幸存者。23—32 岁年龄组中，30 岁和 25 岁置于年龄分布的中点，会减少偏差。

为 110。应当指出的是，直到 18 世纪末大部分欧洲国家才达到这一低水平，然而法国和德国 18 世纪早期的水平则高许多（在 160—220 的范围内）。[17] 我们没有 1800—1820 年间的数据。但是对于 1820 年开始的序列，图 6–5 表明以出生时代而排列的所有年龄堆积序列都开始上升并在 19 世纪 40 年代达到高峰，尤其是美国移民的年龄堆积系数高达 170—190。[18] 与图 6–5 类似的年龄堆积高峰同样出现在 1840—1860 年间的北京士兵的数据之中，其堆积值为 150。但是，图 6–5 显示了自 19 世纪 60 年代起（出生年龄组［birth cohort］）几乎所有数据序列的年龄堆积都获得极大改善。[19] 到 20 世纪早期，基于 20 世纪 50 年代的全国人口普查数据，年龄堆积似乎已经大部分消失。[20]

---

〔17〕 我们还找到了 50 名在一次风暴中躲避到日本的海员构成的小数据序列。他们的惠普尔系数竟然高达 213。其样本规模太小而无必要包括于此。中国海员数据来自琉球王国评定所文书编集委员会：《琉球王国评定所之书》（1988）。但是我们有理由认为海员或海盗阶层的识字和计算水平是非常低的，他们通常是被社会抛弃的人，如被禁止参加科举考试的人，见 Wakeman（1997）。

〔18〕 美国移民样本的年龄在 30—36 岁间是相对恒定的（除了出生于 19 世纪 60 年代的中间定群，其平均年龄为 41 岁），所以我们认为，我们的研究结果并没有因为各种年龄样本之间的差异而出现偏差。

〔19〕 尽管数据不充足，我们仍计算出了 1870—1880 年美国出生的中国人的年龄堆积值。有趣的是，这些人的年龄堆积并未低于那些土生土长的中国人，反而要高许多，出生于 19 世纪 70 年代的年龄堆积值为 167，出生于 19 世纪 80 年代的是 136。

〔20〕 我们同时计算了 20 世纪早期铁路工人和其他近代机构工人的数据序列的惠普尔指数，并确认了没有年龄堆积。这种情况并不令人惊奇，因为中国铁路工人的平均识字水平约为 70%，而职员的水平为 100%。更重要的是，因为这些数据同时记录了出生日期和年份，所以计算年龄堆积指数特别麻烦。

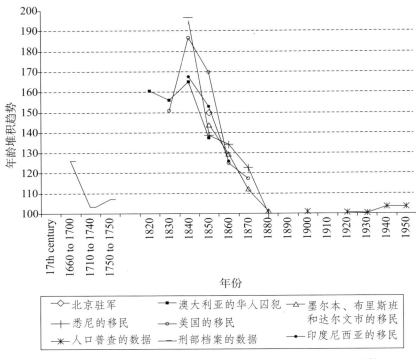

图 6-5　根据出生年龄队列排序的各种华人样本的年龄堆积趋势

资料来源：见文中说明。

图 6-6 将各种测量中国年龄堆积的方法整合为一个国际上通用的全国性序列，并置于国际比较之下。如图所示，19 世纪 20 年代中国年龄堆积值由上文计算的序列取一个平均值为 160，至 19 世纪中叶的危机时期其年龄堆积值高达 170，随后逐步下降直至接近系数 100，在 1890 年的出生队列中成年人已充分具备计算能力。除了 19 世纪中叶的激增外，我们发现中国成年人的计算能力水平与其他国家相比显得异常瞩目，其水平与 19 世纪的西欧和东欧并列最高水平（Crayen，2008）。实际上，我们可以将中国的年龄堆积序列作为整个东亚各国通用的序列。目前可以找到的有关日本年龄堆积的数据最早来源于 1879

年（该年数据发表于1882年，来源地区现为山梨县），没有显示出任何19世纪早期出生队列的年龄堆积。日本占领当局采录的1905年的台湾列表也没有此类现象。图6–6显示，当英国和法国早在19世纪早期达到较佳数值时，波兰、俄国（欧洲部分）和爱尔兰与中国相比要差许多，人均收入似乎与中国的水平相当的印度和土耳其在年龄堆积值上也远不如中国。

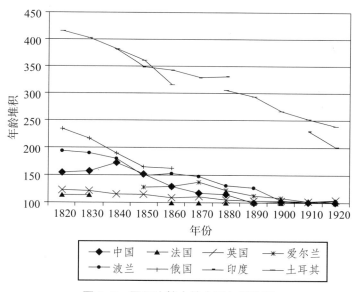

图6-6　国际比较中的中国年龄堆积

资料来源：中国的数据来自本文报告数据的平均值。其他国家的数据来源于Crayen（2008）。

注释：印度的数据仅来自该国19世纪末人口普查的C地区（年龄堆积可能会高于其他地区）。波兰指的是俄国、哈布斯堡王朝和普鲁士波兰的加权平均。俄国反映的是今日俄罗斯省份的数据。爱尔兰的数据并未包括北爱尔兰。土耳其数值反映的是19世纪80年代后整个国家，19世纪80年代前卡尔斯省的情况（Crayen和Baten 2008年的研究称其为广泛代表土耳其的平均值）。

至今学界所呈现的历史证据都是描述性的、间接的和分散的，本文则提供了人体计量、年龄堆积和实际工资的系列证据，使得我们可以将 18 到 20 世纪中国的福利和人力资本的定量描述拼合起来。我们的研究成果证实和修正了传统的史学观点并展现了新的历史视野。

首先，我们的定量研究证实了 19 世纪中叶期间生活水平和人力资本的大规模持续下降，该时期恰好是一个由鸦片战争和太平天国运动引起政治和经济危机的时代。太平军首先于 1850 年在华南的广西省发动起义，其后向北扩展至华东及其他地区。直至 1864 年太平军战败，整个起义及清政府对其的镇压导致了长江下游的江苏和浙江人口的减半和全国 3000 万人的死亡。至于广东省和广州市，与太平天国运动相联系的捻军起义导致了 19 世纪 50 年代中期大规模的生命和财产损失（Spence，1999；Wakeman，1997）。我们的数据显示了 19 世纪中叶危机对 19 世纪 40 年代出生的人群产生了严重危害。可能由于营养不良、社会秩序与传统学校系统的崩溃，在 1850—1860 年的成长时期，他们对计算和识字技能的学习受到了严重影响。此类情况对于中国而言并非特殊，因为在 19 世纪 40 年代爱尔兰遭受饥荒时年龄堆积也呈激增趋势，而西班牙也出现了规模稍小的此类情况（Manze，2008）。

其次，我们研究的三组数据序列所代表的不同类型展现了新的历史视野。三组序列中，实际工资和年龄堆积系数从 19 世纪 60 年代起反弹，但身高趋势却似乎在整个 19 世纪下半叶持续下降。头两个序列的迅速恢复似乎证实了传统史学强调的所谓 1862—1874 年间"同治中兴"的相对成功。"同治中兴"旨在恢复太平天国运动后中国的和平和正常，其标志就是通过战时大量卖官鬻爵的方式重新恢复传统官僚机构以增加收入，以及恢复战争期间暂停的有千年历史的科举考试制度（Wrigh，1962）。这些政策可能重新激励人力资本积累，并促成了年龄堆积指数的重大改进。

多少令人惊讶的发现是，1880—1890 年间身高的持续下降似乎与太平天国运动后期的年龄堆积（以及实际工资序列）的迅速恢复形成鲜明对比。也许下降趋势在华南地区（包括台湾）可能更加明显，因为广州在鸦片战争后失去其重要商业港口地位，而让位于上海或其他条约口岸。我们认为，我们的经验研究应受到日后学术研究的认真对待，该研究可能呈现出一幅 19 世纪下半叶中国生活水平的更为悲观的景象。[21] 实际上，除了高调尝试对军事和其他有限的工业部门实施现代化，清朝对待所谓的 19 世纪后期的自强运动的总体看法和政策仍然是保守的。尤其是与同时期的日本明治维新相比时更是如此。清朝统治者不仅抗拒任何本质的制度改革，同样阻碍如铁路等的现代基础设施的建设。如葛剑雄等人最近强调大部分兴建于 20 世纪之后的现代公共基础设施本来可以有效避免 19 世纪后半期的灾难和饥荒带来的大规模人力和物力流失。[22] 在这种背景下，在王朝即将坍塌、国家分裂的20 世纪初，中国人的身高开始恢复也并非太突然。最近的研究已经显示，尽管政局动乱，20 世纪头三十年地区性的工业化和现代化仍取得了突飞猛进的成就。[23]

---

〔21〕 20 世纪头三十年身高趋势的地区差异见 Morgan（2004）。

〔22〕 葛剑雄（1999）等人的研究指出近代医疗设施和公共基础设施对抗灾害和缓解饥荒的重要性。发生在 1870—1890 年间的战争和灾害见曹树基（2001），其中讨论了中国南部和西北部长期的穆斯林叛乱，以及 19 世纪 70 年代末，干旱导致的中国南方五省的饥荒夺去了千万人的性命。最后，跨国因素也在起作用，由于受到牛瘟的肆虐，我们观察到亚洲和非洲部分地区在 19 世纪 80 年代至 90 年代的身高出现相似下降。牛瘟导致中国中原地区和蒙古草原的蹄类动物染上地方性动物病。19 世纪 60 年代到 70 年代，在香港和上海首次发现牛瘟，并通过进口牲畜的禽流效应传播到日本，尽管有人怀疑日本早已爆发牛瘟。一名外国医疗传教士认为，比起洪水和干旱，牛瘟对中国农业的影响更加严重。牛瘟不仅夺去帮忙耕地和抽水的公牛和水牛，还导致粮食歉收。详见 Spinage（2003）；MacPherson（1987）；Kishi（1976）。

〔23〕 详见 Rawski（1989），Ma（2008）。

四、结论：走向生活水平与人力资本相结合的叙述

通过将新的时间序列数据放在国际背景下，本文揭示了传统中国生活水平较低而人力资本较高的有趣结合。尽管我们有关较低生活水平的研究结果是对新近修正主义的一个反证，但较高的人力资本的论点似乎与其他历史研究相吻合。例如，Ronald P. Dore 在 1965 年所做的里程碑式的研究就重新对德川幕府时期（1603—1868 年）的日本教育作了非常乐观的估计。他根据 1868 年的入学注册数据估算出了日本人的识字率：男性为 43%，女性为 19%。这一识字率若按近代早期的标准来看已属相当高的水平了（Hayami，2004）。其他研究也指出，当时书籍印刷业和租书市场生机勃发，各行各业、每家每户都流行簿记和会计实务，农书广泛受用（Hayami，2004；Smith，1988）。

在 Rawski 1979 年的研究中，对日本的重新估计在许多方面呼应了中国的情况。根据若干公认而不完全的证据，Rawski 估计中国男性的基本识字水平为 30%—45%，女性为 2%—10%。根据她的研究，明清时期，中国人得到了更多受教育和上学的机会。更重要的是，教育已不仅仅是参加久负盛名的科举考试的精英才子的特权，它也向社会广泛扩展，以满足商业、地方行政，甚至是农业生产发展的需求。[24] 与日本相比，Rawski 认为，"如果像日本这样一个分层且固化的社会，都经历了城镇居民和农民对读、写、算这些基本能力的大量需求（在德川幕府时期），像中国这样一个相对开放的、教育在社会地位向上流动中起关键作用的社会，即使不是更为强烈，也会对识字产生类似日本的有效需求"。[25] 在其他研究中，Rawski 和李伯重都

---

〔24〕 详见 Rawski（1979）；Li（2004），pp.1–14。
〔25〕 详见 Rawski（1979），p.5。

详述了个体印刷业和商业印刷业的蓬勃发展，以满足由中国文字同质性形成的广大读者的需求。[26] 图书出版已高度专业化，包括从学术性的百科全书、史书和哲理性的文集到道德说教剧本、言情小说、佛经以及各行各业的启蒙读本。此外，各城镇"都张贴出许多规章、商店招牌、广告以及其他读来可供获利和娱乐的材料"（Naquin，1987，pp.58–59）。由于纸张成本相对较低和活字印刷，出版业获得了极大发展（Johnson，1985，pp.3–33）。譬如长江流域的商业印刷，不仅为文化精英服务，也为商人、艺术家和其他非精英读者服务。[27]

除了识字能力，学者们同时展示了有关计算能力的直接历史证据。李伯重特别指出在晚明和清朝算术课本得以普及，算盘得以传播，以及各种特殊数字的簿记和会计手段被广泛采用。[28] 目前，一系列新研究开始使用长期受忽视的现存账簿，这些账簿以复杂而传统的会计技巧一丝不苟地记录了各项交易和结算业务。[29] 农历在日常生活中的重要角色以及实际上所体现出的命理与数字的神秘主义，无论其声称的预言多么不可靠，还是易于将中式思维导向探索科学的数字框架里（Ronan，1978）。

事实上，高人力资本和低生活水平的结合并非只是一个历史现象。借鉴标准化国际测验的结果，Hanushek 和 Woessman（2008，pp.607–668）指出，今日中国学生的平均测验成绩，与那些人均收入高于中国好几倍的经合组织国家（OECD）的学生成绩相比，仍是名列前茅。我们研究需进一步探索导致这种相对高水平的人力资本积累

---

〔26〕 详见 Johnson（1985），pp.3–33。李伯重（2004），pp.1–14。

〔27〕 近年来涌现了大量关于中国书籍、出版和阅读的中英文文献，但已经超出了本文的讨论范围。最近的英文研究包括 Brokaw（2007），Brokaw, C.J., Chow, K.W.（2005）。

〔28〕 详见李伯重（2004），pp.1–14。

〔29〕 详见郭道扬（1982）；《中国会计史稿》第二卷；Gardella（1992），pp.317–339；Jun（2006），pp.53–87。

的历史根源，尤其是要弄清楚高水平人力资本与中国长期存在的传统制度之间的联系，诸如与相对开放的科举制度、统一的文字和早熟的官僚体系之间的联系。在这种特有的制度框架下，一个独立的小自耕农民阶级的出现使每家每户变成一个自给自足的生产和销售单位，同时又为了税收与市场和国家展开直接交流。需要指出的是，这些中国的传统制度特征大多是为控制和规范农业社会的帝国而设计的。但这些制度却无意识地为近代早期的中国和东亚储备了大量的人力资本。一旦制度和意识形态转型成功，这些储备就可能促进近代经济的快速赶超。事实上，在 19、20 世纪里，东亚各国之所以出现经济追赶的滞后与不同的步调，很可能是各国在转变制度和意识形态方面把握的时机不同所造成的。中国和东亚人力资本和制度之间错综复杂的关系是对 Glaeser（2004，pp.271–303）等人最近阐述的理论和经验观点的证实。最后，作为一个全新的提示，如果只关注比较各国之间的人均收入，我们可能会忽略导致欧亚大陆两端近代早期"分流"和最近"合流"的最为重要和本质的因素。

参考文献

中文文献

曹树基：《中国人口史》，上海：复旦大学出版社，2001 年。

葛剑雄、侯杨方、张根福：《人口与中国的现代化》，上海：学林出版社，1999 年。

郭道扬：《中国会计史稿》，北京：中国财经出版社，1982 年。

李伯重：《八股之外：明清江南的教育及其对经济的影响》，载《清史研究》2004 年第 1 期。

中国教育部编：《2000 年中国学生体质与健康调研报告》，北京：高等教育出版社，2002 年。

英文文献

A'Hearn, B., Anthropometric Evidence on Living Standards in Northern Italy, 1730—1860, *Journal of Economic History,* 63(2003), pp.351–381.

A'Hearn, B., Baten, J., Crayen, D., Quantifying Quantitative Literacy: Age-Heaping and the History of Human Capital, *Journal of Economic History* 69 (2003), pp.783–808.

Allen, R.C., The Great Divergence in European Wages and Prices from the Middle Ages to the First World War, *Explorations in Economic History* 38(2001), pp.411–447.

Allen, R.C., Bassino, J.-P., Ma, D., Moll-Murata, C., van Zanden, J.L., Wages, Prices and Living Standards in China, Japan and Europe, Global Prices and Income Project, Available from: http://gpih.ucdavis.edu/Papers.htm.

Allen, R.C., Bassino, J.-P., Ma, D., Moll-Murata, C., van Zanden, J.L., Wages, Prices, and Living Standards in China, 1738—1925: in Comparison with Europe, Japan and India, LSE Economic History Department Working Paper No.123/09, Available from: http: //www.lse.ac.uk/collections/economicHistory/pdf/WP123.pdf.

Bachi, R., The Tendency to Round off Age Returns: Measurement and Correction, Bulletin of the International Statistical Institute, 33(1951), pp.195–221.

Bassino, J.-P., Ma, D., Wages and Living Standards of Japanese Unskilled labourers in 1720—1913: An International Comparison, *Research in Economic History* 23.

Bassino, J.-P., Inequality in Japan(1892—1941), Physical Stature, Income and Health, *Economics and Human Biology,* 4(2006), pp. 62–88.

Baten, J., Global Height Trends in Industrial and Developing Countries, 1810—1984: An Overview, Working Paper, Tuebingen, 2006.

Baten, J., Hira, S., Anthropometric Trends in Southern China, 1830—1864, *Australian Economic History Review,* 48(2008), pp.209–226.

Bliss, E., Rinderpest and its Prevention, *China Medical Journal*, 36(1922), pp.153–170.

Brokaw, C.J., *Commerce in Culture: The Sibao Book Trade in the Qing and Republican Periods*, Cambridge: Harvard University Asian Centre, 2007.

Brokaw, C.J., Chow, K.-W. eds., *Printing and Book Culture in Late Imperial China,* Berkeley: University of California Press, 2005.

Chia, L., *Printing for Profit: The Commercial Publishers of Jianyang, Fujian (11th—17th Centuries),* Cambridge: Harvard University Asian Centre, 2002.

Crayen, D., Baten, J., New Evidence and New Methods to Measure Human Capital Inequality Before and During the Industrial Revolution: France and the U.S. in the 17th to 19th Centuries, *Economic History Review,* doi: 10.1111/j. 1468-0289.2009.00499. x, forthcoming.

Crayen, D., Baten, J., Global Trends in Numeracy 1820—1949 and its Implications for Long-Run Growth, *Explorations in Economic History,* forthcoming.

Dore, R.P., *Education in Tokugawa Japan,* London: Routledge & Kegan Paul, 1965.

Drukker, J.W., Tassenaar, V., Paradoxes of Modernization and Material Well-Being in the Netherlands During the 19th Century, Steckel, R.H., Floud, R. eds., *Health and Welfare during Industrialization,* Chicago: University of Chicago Press, 1997.

Duncan-Jones, R., *Structure and Scale in the Roman Economy,* Cambridge: Cambridge University Press, 1990.

Fogel, R.W., Economic Growth, Population Theory, and Physiology: the Bearing of Long-Term Processes on the Making of Economic Policy, *American Economic Review,* 84 (1994), pp.369–394.

Fukao, K., Ma, D., Yuan, T., Real GDP in Pre-War East Asia: A 1934—1936 Benchmark Purchasing Power Parity Comparison with the U.S., *Review of Income and Wealth,* 53(2007), pp.503–537.

Gamble, S.D., Daily Wages of Unskilled Chinese Labourers, 1807—1902, *The Far Eastern Quarterly,* 3(1943), pp.41–73.

Gardella, R., Squaring Accounts: Commercial Bookkeeping Methods and Capitalist Rationalism in Late Qing and Republican China, *The Journal of Asian Studies,* 51(1992), pp.317–339.

Glaeser, E.R., La Porta, F., Lopez-de-Silanes, Shleifer, A., Do Institutions Cause Growth, *Journal of Economic Growth* 9(2004), pp.271–303.

Godo, Y., Hayami, Y., Catching up in Education in the Economic Catch-up of Japan with the United States, 1890—1990, *Economic Development and Cultural Change,* 50(2002), pp.961–978.

Godo, Y., The Role of Education in the Economic Catch-up, Unpublished paper, 2006.

Hanushek, E., Woessmann, L., The role of cognitive skill in economic development, *Journal of Economic Literature,* 46(2008), pp.607–668.

Hayami, A., Kito, H., Demography and Living Standards, In: Hayami, A., Saito, O., Toby, R.P. eds., Emergence of Economic Society in Japan, 1600—1859, *The Economic History of Japan: 1600—1990,* Vol. 1. Oxford: Oxford University Press, 2004.

Jun, S.H., Lewis, J.B., Accounting Techniques in Korea:18th century Archival Samples from a Non-profit Association in the Sinitic World, *Accounting Historians Journals,* 33(2006), pp.53–87.

Kishi, H., 1976, A Historical Study of the Outbreaks of Rinderpest during the Yedo Era in Japan, *Yamaguchi Journal of Veterinary Medicine* 3(1967), pp.33–40.

Komlos, J. eds, *Stature, Living Standards and Economic Development: Essays in Anthropometric History,* Chicago: University of Chicago Press, 1994.

Komlos, J., Baten, J. eds, *Studies on the Biological Standard of Living in Comparative Perspective,* Franz Steiner Verlag, Stuttgart, 1998.

Komlos, J., Cuff, T. eds, *Classics in Anthropometric History–A Selected Anthology,* Scripta Mercaturae Verlag, St. Katharinen, 1998.

Krugman, P., 1994, The Myth of Asia's Miracle, *Foreign Affairs,* 73(1994), pp.62–79.

Lee, J., Wang, F., *One Quarter of Humanity: Malthusian Mythology and Chinese Realities, 1700—2000,* Cambridge: Harvard University Press, 1999.

Ma, D., Growth, Institutions and Knowledge: a Review and Reflection on the Historiography of 18th—20th Century China, *Australian Economic History Review* 44 (2004), pp.259–277.

Ma, D., Economic Growth in the Lower Yangzi Region of China in 1911—1937: a Quantitative and Historical Perspective, *The Journal of Economic History,* 68 (2008), pp.385–392.

Mace, R. et al, Testing Evolutionary Hypotheses about Human Biological Adaption

Using Cross-cultural Comparison, *Comparative Biochemistry and Physiology,* Part A 136, pp.85–94, 2003.

MacPherson, K.L., A *Wilderness of Marshes: The Origins of Public Health in Shanghai, 1843—1893*, Hong Kong: Oxford University Press, 1987,

Manzel, K., Subsistence Crises, Education and Economic Development: the Impact of Subsistence Crises on Human Capital Formation, Tuebingen: Working Paper University, 2008.

McDermott, J.P., *A Social History of the Chinese Book: Books and Literati Culture in Late Imperial China*, Hong Kong: Hong Kong University Press, 2006.

Meng, T.P., Gamble, S.D., Wages, Prices, and the Standard of Living in Peking, 1900—1924, *The Chinese Social and Political Science Review*, 20(1926), pp.1–113.

Mokyr, J., *Why Ireland Starved: A Quantitative and Analytical History of the Irish Economy*, London: Allen & Unwin, pp. 1800—1850, 1983.

Morgan, S.L., Richer and Taller – Stature and the Standard of Living in China, 1979—1995, *The China Journal,* 44(2000), pp.1–39.

Morgan, S.L., Economic Growth and the Biological Standard of Living in China, 1880—1930, *Economics and Human Biology,* 2(2004), 197–218.

Morgan, S.L., The Biological Standard of Living in South China During the 19th Century: Estimates Using Data from Australian Immigration and Prison Records, Asia-Pacific Economic and Business History Conference, 16–18, Feb, 2006, Brisbane: Queensland University of Technology, Available from:

http://www.uow.edu.au/commerce/econ/ehsanz/pdfs/Morgan1.pdf.

Morgan, S.L., Australian Immigration archives as sources for business and economic history, *Australian Economic History Review,* 46(2006), pp.268–282.

Morgan, S.L., Stature and Economic Growth in China During the 19th Century, *Explorations in Economic History,* 46(2009), pp.53–69.

Murray, J.E., Stature and Body-mass Index Among Mid-19th Century South Chinese Immigrants, *Annals of Human Biology,* 21(1994), pp.617–620.

Naquin, S., Rawski, E.S., *Chinese Society in the Eighteenth Century,* New Haven: Yale University Press, 1987.

Olds, K., The Biological Standard of Living in Taiwan under Japanese Occupation,

Economic and Human Biology 1(2003), pp.187–206.

Pomeranz, K., *The Great Divergence,* Princeton, Princeton University Press, 2000.

Rawski, E.S., *Education and Popular Literacy,* Ann Arbor: The University of Michigan Press, 1979.

Rawski, E.S., Economy and social foundation of late imperial culture, Johnson, D., Nathan, A.J., Rawski, E.S.eds, *Popular Culture in Late Imperial China,* Berkeley: University of California Press, 1985.

Rawski, T.G., *Economic Growth in Pre War China,* Berkeley: University of California Press, 1989.

Ronan, C.A., Needham, J., *The Shorter Science and Civilisation in China: An Abridgement of Joseph Needham's Original Text,* Vol.1, Cambridge: Cambridge University Press, 1978.

Ruggles, S., Sobek, M., Alexander, T., et al., Integrated Public Use Microdata Series: Version 3.0（Machine-readable database）, Minneapolis: Minnesota Population Center, 2004.

Ryūkyū ōkoku hyōjōsho monjo henshū iinkai ed., Ryūkyū ōkoku hyōjōsho monjo （Documents of the Ryūkyūan State Council）, Naha: Minami nishi insatsu, 1988.

Shay, T., The Level of Living in Japan, 1885—1938: New Evidence, Komlos, J.ed, Stature, *Living Standards, and Economic Development: Essays in Anthropometric History,* Chicago: The University of Chicago Press, 1994.

Smith, T.C., *Native Sources of Japanese Industrialization, 1750—1920,* Berkeley: University of California Press, 1988.

Spence, J.D., *The Search for Modern China*, New York: W.W. Norton, 1999,.

Spinage, C.A., *Cattle Plague: A History,* New York/ Dordrecht: Kluwer Academic,. 2003,

Steckel, R.H., Stature and the Standard of Living, *Journal of Economic Literature* XXXIII 1903, 1940.

Steckel, R.H., Height and Human Development: Recent Developments and New Directions, *Explorations in Economic History* 46(2009), pp.1–23.

Sugihara, K., The second noel Butlin Lecture: Labour-intensive Industrialisation in Global History, *Australian Economic History Review* 47(2007), pp.121–154.

Wakeman, F.E., *Strangers at the Gate：Social Disorder in South China, 1839—1861*, Berkeley: University of California Press, 1997.

Wright, M.C., *The Last Stand of Chinese Conservatism: The T'ung-Chih Restoration, 1862—1874*, Stanford: Stanford University Press, 1962.

第三篇

现代化：江南地区的案例研究

第七章：1911—1937 年江南地区经济增长：
一个数量与历史的分析[1]

中国的经济增长并非最近的现象。譬如，Thomas Rawski 就认为民国时期（20 世纪的前 30 年）中国人均 GDP 的增长速度已大体同当时的日本相当。事实上，经济增长作为一个主题贯穿着中国经济史的全过程。李约瑟之谜就是在问，为什么尽管直到 14 世纪中国都在科学、技术和经济方面领先世界，科技革命和工业革命却并没有发生在中国。最近，以 Pomeranz 的《大分流》为代表的新一轮修正主义思潮拓展了这一主题，认为 18 世纪江南地区（中国历史上最发达的地区）人民生活水平可与西北欧相媲美。是江南缺乏煤炭和欧洲地理大发现获得了从天而降的自然资源这类偶然因素才把天平推离了中国。[2]

---

〔1〕 感谢 Bart van Ark，Loren Brandt，Jean-Pascal Bassino，黄汉民，Paul Kandasamy，Carien Van Mourik，Momoko Kawakami，Elisabeth Koll，Angus Maddison，Ramon Meyers，Konosuke Odaka，Sonja Opper，Pomeranz，斋藤修，Peter Wardley，Jeffrey Williamson 和袁为鹏。感谢参与第三届箱根年会（东京，2003 年 12 月）的同仁，感谢来自伦敦政治经济学院、格拉斯哥大学、康奈尔大学、Pompeu Fabreu 大学、全球经济史网（伊斯坦布尔）、经济史讨论会（加州大学，2002 年 10 月）、国际经济史会议（赫尔辛基）和 Historical Society（教堂山，北卡罗来纳州）的同仁的建议。特别感谢 Rawski 先生慨然寄给我未曾公开发表的手稿"长江下游地区的经济，1850—1980"，以及 Reiko Hayashi 和 Felipe Fernandes 在地图方面给我的帮助。文责自负。
〔2〕 见 Rawski（1989）和 Mark Elvin（1973）；对这一主题的文献综述见 Ma（2004）。

本文关注中国 20 世纪早期不成比例地聚集于江南地区的工业化，该地区主要位于江苏和浙江这两个行政区（简称"江浙"）。本文采用新的地区层面的量化证据回顾了关于民国时期（1911—1936 年）经济增长的争议。本文按照刘大中、叶孔嘉建立的中国 GDP 的产出法框架，提供了 20 世纪 30 年代江浙地区详细的分部门重构的 GDP 的估计值。结果显示，20 世纪 30 年代江浙地区人均 GDP 大约高出全国平均水平 55%，要比日据朝鲜、"满洲"（中国东北地区）人均 GDP 水平高出 16%—29%，仅次于日本本土和中国台湾地区。根据 20 世纪 30 年代江浙地区 GDP 计算结果倒溯至 20 世纪 10 年代，本文揭示出在这 20 年间，该地区经历了显著的结构变迁和人均收入的增长，其速度并不亚于日本及其占领区，而经济结构已明显地区别于传统的农业经济。

这一地区经济增长的一个惊人特点是，它起飞于国家分裂和国内冲突的时代。本文说明，工业化没有在 19 世纪后半叶发生，却在 20 世纪早期突飞猛进，证明了现代中国思想观念和制度变迁的重要性。特别是在 1910—1920 年中国军阀混战时期，上海从一个条约通商口岸转变为一个欧洲式的由西方商业经营治理的自治城市，为中外商业活动提供了有效的公共安全和私有产权保护。尽管江南地区具有优越的历史初始条件（正如 Pomeranz 等人所说），但 20 世纪初期的现代经济增长却并非源自于传统的制度之内，而是从传统制度之外生长起来的。在资源禀赋之外，本文将制度变迁视作长期经济变迁的最终决定性因素。

将中国最发达的地区同日本和英国来进行比较，这并不意味着作者忽视不同经济地区的民族国家之间在政治结构上的差别。恰恰相反，我认为，东亚和西欧是两个在组织原则上存在根本差异的政治单位，前者是一个中央集权的、垂直的等级制帝国，而后者则是由一些民族国家所组成的平行架构，这一根本性的差异对于我们理解现代工业革命在东亚传播的滞后乃至于中国和欧洲在现代早期的分流尤为重要。

余下的内容介绍了中国的宏观区域，并以 GDP 为框架，提供了近三百年来江南地区的经济变迁情况及不同时期的比较。重点是提出了我对 20 世纪 10 年代至 30 年代江浙地区 GDP 的首次估算结果。

一、江南经济增长：区域计量数据

（一）江南：历史地位

江南地区是施坚雅（Skinner）定义的十个经济宏观区域之一。包含了浙江省 10 个县中的 8 个和江苏省 12 个县中的 10 个，加上上海市。江南宏观经济区是一个文化、经济和地理上相对一体化的区域，在经济发展水平、商业化水平、文化和方言上与江浙两省的外围区县区分开来。

根据数据的性质，我的量化分析总体基于江浙两省的行政区划，在某些必要的地方特指的是更小的"江南宏观区"，而"江南"则始终是一个普通的地区名词。[3] 江南地区面积 210741 平方公里，分别相当于英国和日本版图面积的 86% 和 56%。20 世纪 30 年代人口超过六千万，江南是一个重要的经济区域，尽管它只是中国的一小部分。

在近年来修正主义关于 18 世纪中国的文献中，江南占据了中心地位。尽管对这些文献的充分评述超过了本文的范畴，我仍然要提供一个具有区域宏观经济架构的视角。[4] 在缺乏 18 世纪中期中国的任何国家或地区层面 GDP 数据的情况下，我利用税收收入记录对江南和中

〔3〕 根据施氏的定义，所谓的长江下游核心区仅仅包括苏州、松江、江宁、常州、太仓这些位于江苏省的县市以及上海市，还有浙江省的杭州、嘉兴、湖州。这一较小而最为发达和商业化的区域大体相当于大家通常所说的江南地区，参见 Skinner（1985，p.273）。经常在彭慕兰和李伯重的讨论中可见，见 Li（1998）第一章。
〔4〕 关于这类修正派学者的总结见 Ma（2004）。

国其他地区的人均收入差距做了大概的估算。我的结论基于王业键对清代税收的研究，表明江浙省份1753年贡献的人均税收是全国平均的1.44倍。[5]

根据麦迪逊（Maddison）的"猜测估计"，公元1700年，英国、西欧和欧洲（含东欧但不包括俄罗斯和土耳其）人均收入分别相当于中国的2倍、1.7倍和1.45倍。[6]如果正如我根据税收记录所推算的一样，江浙地区的人均收入是中国平均的1.44倍，那么这就意味着江南地区的平均生活水平分别相当于英国、西欧与欧洲整体平均水平的72%和85%和100%。这略高于麦迪逊所估计的19世纪早期日本的水平。[7]显然，无论是基于税收、地区收入差异的估计还是麦迪逊的估计都是十分可疑的。但是这些推测实验说明一个区域的视角将显著地改变我们原有的关于江浙地区近代早期相对落后的观点。[8]

---

〔5〕 税收数据来源于Wang（1973，p.70），采用了王氏总值，人口数量源自第103页（表5.1）中1787年人口数。为了用人均税收估计人均收入，需要一个很强的假设，就是收入和税收成比例，税收体系是有效、清廉的，或者至少不同地区的腐败程度接近。关于王氏对于1753年相对有效率的税收体系的论述，见第四、五章。另外，1.44这个数字几乎和表7–3所示20世纪10年代的1.43相等。

〔6〕 麦迪逊对中国、东欧、西欧、英国人均国民收入所给出的数值分别为600、566、1024和1250（按1990年国际美元计算），参见Maddison（2000，p.264，表B-21）。关于欧洲人均收入，也可参见Maddison（1998，p.25）。

〔7〕 对于日本，麦迪逊给出的人均收入分别在1820和1870年比中国高出12%和40%，见麦迪逊（2001，p.264）。这是低于江南在18世纪中期和中国平均水平44%的差距的。

〔8〕 关于日本修正学派，见速水融（2003）以及Hanley和Yamamura（1997）。缺乏区域视角通常指的是日本相对于其亚洲邻居的例外主义，见Nakamura James和Matao Miyamoto（1982），他们将德川幕府时期人口增长的停滞视为前现代社会重要的人口结构变化，与17—18世纪中国人口爆炸形成对比。的确，1600—1850年间人口的数据表明中国人口增长率为0.37个百分点，而日本为0.21个百分点。但是江南的年人口增长仅为0.14个百分点，比日本还低。日本和中国的人口数据，见Maddison（2001，p.40）。江南省份数据来自曹树基（2001，卷4，p.452；卷5，p.703）。

（二）以上海为核心的工业化：一个地区性的视角

在传统时代，上海不过是长江下游的一个市镇，位于苏州城市辐射区的外围。19 世纪中叶，作为指定的条约口岸而对外开放后，到 20 世纪 30 年代，上海创造了中国制造业产出的 41%（如果排除日本控制的东北地区的话就占到了 48%）；整个 20 世纪 10 年代和 30 年代，上海一地的纱锭数占全国总数的 50%—60%；20 世纪 20 年代上海的发电量占全国总发电量的 50%，几乎相当于当时英国主要工业城市如曼彻斯特和格拉斯哥的两倍。20 世纪 30 年代，上海吸收了外国在华直接投资（FDI）的 34%，其中制造业的外国直接投资 67% 集中在上海，并且占有全国金融资产总额的 47.8%。中国一半的对外贸易和五分之一的海运量要通过上海港发出，上海是 20 世纪早期集中国的商业、金融和工业中心为一体的城市。[9] 上海人口从 19 世纪 90 年代的 50 万人，增长到 1910—1920 年间的 100 万人以上，到 20 世纪 30 年代达到了 350 万人，成为世界第七大城市（Murphey，1953，p. 12）。这些惊人的数据让一些学者将中国 20 世纪早期的增长称为"以上海为核心的工业化"。以上海为核心的工业化开始于 19 世纪 90 年代中期开始的中国现代工业扩张的第一阶段。杜恂诚展示了 1914—1925 年中国居民名义年工业投资是 1840—1911 年的 11 倍。[10] 中国现代银行部门的资本在 19 世纪 90 年代中期之前还微不足道，1897—1936 年则以每年 10.2% 的速度增长。C. F. Remer 展示了 1902—1931 年间外国投资分别在上海、东北和中国其他地区以每年 8.3%、5% 和 4.3% 的速度增长。铁路公里数从 1894 年的 364 公里到 1937 年的超过 21000 公里。

〔9〕 见附录；熊月之（1999，卷 1，p.19）；Remer（1933，p.97）；张仲礼（1990，pp.312–313）。
〔10〕 计算结果来自程麟逊（2003，p.41）。如果将 19 世纪 90 年代而非 1911 年作为分界点，工业扩张和停滞的对比将更加明显。

John Chang 构造的全国工业产出指数展现了 1912—1936 年 10% 的年真实增长率，在那时这样的增长率是非常惊人的。[11]

John Chang 的工业产出指数覆盖了雇用人数在 7 人以上的现代"工厂"的产出，包括 15 种产品，其中 10 种是矿产和金属产品。总体来说，这 15 种产品覆盖了 40%—50% 的现代工厂总产出。[12] Chang 指数的增长速度可能偏高，因为它过度倾向于高速发展的采矿部门，其中部分是在 1931 年之后日本占领下的东北地区开展起来的。[13] 最近，久保亨通过更新棉布产出序列、增加重要的轻工业产品例如丝绸和面粉修正了 Chang 的数据。Kubo 的指数如表 1 所示，覆盖了 72% 的产品，将 1912—1936 年真实增长率调整到 8.4%。[14]

我们将这些全国性指数与徐新吾、黄汉民建立的上海现代工业总产出序列相比较，基准是基于 1936 年价格的 1895 年、1911 年、1925 年和 1936 年数据。上海的指数可见表 7–1，覆盖了包括纺织业（棉、丝绸和羊毛）、面粉业、火柴业、香烟业、造纸业、制药业、机器维修业等九个部门以及其他部门的估计。在缺乏采矿业的情况下，上海现代工业真实年均增长率为 9.6%，比 Kubo 指数中全国平均的 8.4% 要高。由于全国平均包含了高速增长的上海和东北地区，上海增长率和

---

〔11〕 见程麟逊（2003，p.71）；Remer（1933，p.73）；严中平等（1955，p.180）；以及 Chang（1969，pp.60–61）。

〔12〕 见 Chang（1969，p.36），以及 Kubo（1999，p.11）。

〔13〕 Chang 自己也注明了这种偏差。为了纠正这一偏差，Chang 分别展示了东北和中国其他地区的工业产出序列，其 1926—1936 年间的真实增长率分别是 14% 和 6.4%（Chang，1969，p.103）。在关于东北地区经济的另一个研究中，赵冈认为相同时期的工业真实增长速度为 8.8%（Chang，1969，p.84）。由于赵的现代工业部门覆盖范围更大（因此采矿业份额更小），它统计的东北增长速度更慢（8.8% vs 14%），说明 Chang 的指标的确由于偏向高速增长的采矿业而偏高了。

〔14〕 Kubo（1999）的新指数也印证了罗斯基对于该时期现代工业粗略的点估计。Rawski 对 1912—1936 年工业产出的点估计（以 1933 年价格为准）覆盖了 73% 的部门产出，其真实增长率为 8.1%。见 Rawski（1989，pp.353–359）。

中国其他地方的增长率的差距可能比表 7-1 所示的更大。[15]

表 7-1　中日现代工业产出年真实增长率（百分比）

时间	Chang 指数 （中国）	Kubo 指数 （中国）	上海（中国）	日本
1880—1894				10
1895—1911			9.4	5.7
1912—1924	12.6	10	12	8.6
1925—1936	7.4	5.4	6.5	9.5
1912—1936	10.2	8.4	9.6	8.3

数据来源：Chang 指数来自 Chang（1969，p.60，表 14）。Kubo 指数来自 Kubo
（1999）一文。上海序列来自徐新吾、黄汉民（1998，p.342）。Chang 和 Kubo 的
指数以 1933 年的价格为基准，徐新吾、黄汉民的上海指数以 1936 年价格为基
准。日本工厂制造业序列来自 Ohkawa（1957，pp.79–80）。价格指数来自 Ohkawa
（1967，pp.192–193）。

　　如以雇佣超过 5 个人的现代工厂的产量来度量，上海的现代工业
增长率超过日本。表 7-1 说明 1895—1911 年和 1912—1936 年上海的
增长率都超过了日本，只有日本占领下的朝鲜地区 1912—1936 年的
增长率可以与之媲美。[16]

　　以上海为基础的工业化外溢到中国其他地区，但受到最直接影响
的是其临近的内地，也就是江南地区。对江南地区来说，上海吸收了
大量劳动力，也成了资本和企业家精神的来源。上海的资本支持了知

---

　　〔15〕　假设上海和东北在 1930 年代占据了中国现代工业的 60%，1911—1936 年的增长率为
9.6%，而中国整体增长率为 8.4%，那么可以简单估算中国排除上海和东北之后的年增长速度为 6.6%。
　　〔16〕　见 Ohkawa（1957，p.78）。要注意到由于日本工业腾飞远早于 1895 年，日本 20 世纪
的工业增长基数比上海的基数更大。关于这一时期中国台湾和朝鲜的工业增长，见沟口敏行和梅
村又次（1988，p.273，276）。

名的士大夫企业家张謇，将江苏的南通变成了一个工业城市。在上海发迹的无锡工业大亨用资本将无锡小镇变成了 20 世纪 30 年代中国的第五大工业城市，被称为"小上海"。[17]20 世纪 30 年代之后，上海的工业生产从劳动密集型消费品转变为资本密集型部门，低附加值的部门逐步迁移到其他地区，特别是江苏南部。1933 年江苏的工业产出占到了中国（除东北地区以外）的 13%，紧跟在上海和东北地区之后。[18]

以上海为基础的工业化也影响了农业部门。工业需求通过新的种子和技术直接刺激了主要工业经济作物的改良，例如棉花和蚕茧；加速了商业化肥料和动力农机的推广，例如水泵和磨面机。[19]

（三）区域性的产出计算

统计经济活动最综合的方法是国民收入核算框架。巫宝三等人和 Liu、Yeh 提供了 20 世纪 30 年代第一组质量较高的中国 GDP 数据。[20] 我利用了他们的国民层面的 GDP 框架计算江浙地区各部门的净增值（NVA）。我首先估计了江浙地区各部门经济的总产值（GVO）同全国总产值的比率大小，然后再用这个比率乘上全国各部门的净增值即可获得。[21]这一方法可用数学公式表达如下：

---

〔17〕 关于上海投资者在南通企业中的金融活动，见 Elisabeth Koll（2003，p.63）。关于无锡的上海资本，见虞小波（2001，pp.241–248）。关于上海工业化对长江下游城市化的影响，见马俊亚（2003）。

〔18〕 见附录现代工厂部分。

〔19〕 见马俊亚（2003，pp.67–79）。

〔20〕 巫宝三（1947）；Liu 和 Yeh（1965）。1880 年代、1910 年代和 1946 年有其他的 GDP 估计数据，它们严重依赖从 1933 年基准估计向前后的推算。对于 1880 年代、1910 年代和 1946 年的 GDP 数据，分别见张仲礼（2001）附录，Yeh（1977）以及巫宝三（1947）。

〔21〕 该公式假设中国和江浙的 GVO 比例等于 NVD 比例，这能导致江浙的总体 NVA 估计偏高，因为江浙的 NVD 和产出比比整个中国的要低。然而这种偏差并不显著。我们以日本和中国 1930 年的农业产出为例，NVD 和产出的比约为 0.84 和 0.9。见 Ohkawa 和 Shinohara（1973，p.290）；以及 Liu 和 Yeh（1965，p.40）。将中国 0.9 的比例应用到这两个国家，仅仅导致日本的农业 NVD 偏高 0.7%。

$$\text{江浙 } NVA_i = \frac{\sum_{R=1}^{n} GVO_R^i}{GVO_{CHINA}^i} \times NVA_{CHINA}^i$$

其中 i 表示 13 个部门中的第 i 个经济部门，R 指代江浙地区的某个省份和城市，这里指江苏省、浙江省和上海市。江浙地区的国内生产净值（NDP）就是这所有 13 个部门净增产值的总和。由于 Liu 和 Yeh 对中国的 GDP 估计在理论框架、价格和数量信息上更加一致，我使用了他们的全国 GDP 数据和 13 个部门的 NVA。如附录所示，我的贡献是主要依据巫宝三著作及附录中其他可获取的地区性的数据，计算了江浙地区占中国的 GVO 比率。[22]

表 7-2　1933 年中国和江浙省份各部门国内净生产值

部门	净增值		江浙省份所占份额 /%
	中国/百万元	江浙省份 / 百万元	
农业	18.76	2.81	15
现代工业	0.64	0.37	58
手工业	2.04	0.71	20
矿业	0.21	0	忽略
公用事业	0.13	0.059	45
建筑业	0.34	0.1	30
现代交通、通信业	0.43	0.09	21
传统交通运输业	1.2	0.29	24
贸易	2.71	0.76	28

---

〔22〕 Liu 和 Yeh（1965）、巫宝三（1947）等人都通过在必要的地方增加东北来计算整个中国的数据。在使用其他数据的时候，我试用了类似的调整来确保地理上的一致性。例如，对于农业和现代工业部门，我增加了东北的数据。

部门	净增值		江浙省份所占份额 /%
	中国 / 百万元	江浙省份 / 百万元	
政府管理	0.82	0.1	12
金融业	0.21	0.14	67
私人服务业	0.34	0.082	24
房租	1.03	0.25	24
国内净产值	28.86	5.75	20
人均 NNP（元）	57.36	94	164
人口（百万）	503.1	60.4	12
土地面积（万平方公里）	966	21	2
耕地面积（百万市亩）	1543	143	9.3

资料来源：关于江南的计算根据表附–1。江苏、浙江、上海的人口分别是 3490 万人，2200 万人和 350 万人，参见 Liu 和 Yeh（1965，pp.178–179）；Murphey（1953，p. 22）。中国、江苏、浙江的耕地面积分别是 153400 万，9200 万，5100 万 1 市亩约 666.7 平方米，见 Liu 和 Yeh（1965，p.129）。土地面积来自 Maddison（1998，p.181）。

    表 7–2 展示了我对于 20 世纪 30 年代江浙 NDP 的估计，细分了 13 个部门。有关资料来源和计算方法在附录中做了说明。对于所有 13 个部门来说，农业产值的产品覆盖率约为 67%，手工业产品覆盖率为 39%，现代工业的产品覆盖率为 100%。通常有关服务业的数据存在问题较多，除了三个服务业部门（占国内净产值的比重不到 9%）由于数据不足，我不得不比较大胆地进行估计之外，其他所有部门的计算结果均有某些形式的地区性资料作为支撑。

    表 7–2 显示，1933 年江浙省份只占中国总人口的 12%，但它对全国农业产值的贡献为 15%，手工业为 20%，现代工业为 57%，金融

业为 65%，现代公共服务业为 45%。江浙各省份在全国国内净产值中一共占有 19% 的份额，其国民人均净产值相当于全国平均水平的 1.55 倍。现代工业的生产在江浙地区的影响较大，其在该地总净增产值中所占比例为 7%，远高于全国 2% 的平均水平。江浙各省份现代工业产值在包括传统手工业在内的制造业总产值中，所占比率为 47%，而全国的这一比率只有 24%。这一比率可能使得江浙地区的经济发展水平同 20 世纪初或者 20 世纪 10 年代的日本大体相当。[23]

Rawski 尚未发表的手稿提供了他所定义的"江南核心区"在 20 世纪 30 年代的 GDP 估计。他的人均收入估计仅比全国平均高出了 37%，比我的 55% 要低。他的"江南核心区"包含中国 7.8% 的人口，而江浙地区包含了 12% 的人口。由于 Rawski 的手稿没有展示地理定义和数据来源的细节，很难确定差异的来源。我的粗略估计是地理覆盖范围可能存在差异，并且他可能低估了农业与手工业部门的增长和结构变化（Rawski，1989，p.68）。

Rawski 1989 年的著作《战前中国的经济增长》（*Economic Growth in Prewar China*）给中国民国时期的经济增长提供了一个最为综合的再评估，对全国人均收入增长率进行了新的估计，约为 1.1%~1.2%，与同时期的日本 1.4% 的增长率差距不大。考虑到之前的人均 GDP 增长率仅为年均 0.33%，这是一个极为乐观的评估。[24] 由于没有中国 1914—1918 年的 GDP 基准数据，Rawski 与 Yeh 一样，使用了分部门真实增长率的序列来估计 1914—1918 年和 1931—1936 年的真实 GDP 增长率。

由于高速增长的现代部门在整个 GDP 中的比例较小，Rawski 将

---

〔23〕1885 年和 1900 年日本工业生产分别只占到其净国民生产总值的 4% 和 6%。1895 年日本现代工厂在制造业产出中所占的比例为 41.2%。由于日本对于现代工厂的定义（指雇工 5 人以上的企业）要比中国的定义（雇工 30 人以上的企业）宽泛，日本的数值应下调。见 Ohkawa and Rosovsky（1973，pp.15，80—82）。

〔24〕见 Rawski（1989，p.330）；Yeh（1977，p.120）。

1914—1918 年和 1931—1936 年中国人均 GDP 增长率从 Yeh 的 0.33%
上调到 1.1%~1.2%，主要是基于对占到 GDP 附加值 60% 的农业部门
的再估计。由于缺乏 1914—1918 年农业产出的可靠数据，Rawski 使
用了一些零散的农业实际工资增长率的序列推算出 1910—1940 年人
均农业产出序列。他的人均农业产出年 1.4%~1.7% 的增长率的推算，
使得 20 世纪 30 年代中国的人均收入估计比 Liu 和 Yeh 的估计提升了
16%。没有他的农业产出的上调，Rawski 对于人均收入的修正仅仅比
Liu 和 Yeh 的高出了 6%，1910—1940 年年人均 GDP 增长率将下降到
0.5%，与 Yeh 的 0.33% 差别不大。[25]

　　在这里，我可以展示，即使不用罗斯基式的这种过于"大胆"的
农业产出重估，也能够证明一个地区性的经济增长。由于江浙地区在
这一时期没有分部门的增长率数据，我使用了 Rawski 估计的分部门的
中国的增长率（除去农业部门），但只用了 Yeh 0.8% 的农业部门增长
率。也就是说，我即使假设江浙和整个中国的分部门增长率相等，江
浙总体增长率会比整个中国更高，因为高增长率的部门在江浙的 GDP
有更高的权重。由于实际情况是江浙在分部门的增长率水平上可能比
整个中国增长得更快，所以我以下的对江浙 1910—1930 年间 GDP 增
长率的估计应是个下限。

　　表 7–3 展示了江浙两省国内生产净值（NDP）的年人均增长率为
1%，差不多是整个中国增长率的两倍，几乎等同于日本及其占领地这
一时期的增长率。因此，即便缺少了 Rawski 对农业产出增长率的上
调，江浙（而非整个中国）的人均增长率依然可以与它的东亚邻居相
媲美。如果我们使用了 Rawski 修正的农业增长率 1.55%，而不是 Yeh
的 0.8%，在其他条件不变的情况下中国 1911—1918 年和 1931—1936
年的整体人均 GDP 增长率就超过了 1%，江浙就达到了 1.4%，是这一

---

〔25〕　见 Rawski（1989，pp.280–337）。

时期整个东亚增长速度最快的地区。[26]无论是哪种情况，地区增长的基本情况是无可争议的。

如果我们将江浙地区与排除江浙和东北的中国其他地区增长率进行比较，那么地区增长的情况就更为明显。中国整体 1910—1940 年的人均增长率为 0.53%，假设江浙和东北加起来的年人均增长率为 1%，占到中国 GDP 份额的 25%，那么中国其他地区（排除江浙和东北）的 GDP 年人均增长率仅为 0.37%。这仅为民国时期江浙增长率的三分之一，这一发现印证了 Rawski 的观察"东北和江南的地区增长可能比全国平均增长更快，因而确保了其他地区增长得更慢，甚至是负增长"。（Rawski，1989，p.271）

表 7-3　1914—1918 年至 1931—1936 年东亚人均 NDP 及其构成

		整个中国 /元	中国江浙省份 /元	中国江南地区 /元	日本 /元	中国台湾地区 /元	朝鲜 /元	中国东北地区 /元
1914—1918 年	农业	71	57	52	29	48	66	
	工业	8	15	17	20	29	7	
	服务业	21	28	31	51	23	24	
	人均 NDP	52.44	80	90	161	102	64	
	与中国的比率 /%	100	153	172	305	195	122	

---

〔26〕 需要注意的是日本及其占领地的人口增长率比江浙和整个中国更高，尽管人均差别不大，总体的产出增长仍然有差距，见表 7-3。

续表

		整个中国/元	中国江浙省份/元	中国江南地区/元	日本/元	中国台湾地区/元	朝鲜/元	中国东北地区/元
1931—1936 年	农业	65	49	43	19	44	53	36
	工业	10	19	22	28	27	13	20
	服务业	25	32	35	53	29	34	44
	人均NDP	57.36	94	107	203	132	77	69
	与中国的比率/%	100%	164	187	354	230	134	120
1914—1918 年和1931—1936 年间人均 NDP 年增长率		0.57	0.94	1.1	1.4	1.5	1.1	
1931—1936 年人口数/百万人		503.1	60.4	45.33	67.2	5.1	21.2	38.7

资料来源及注释:

1.1914—1918 年和 1931—1936 日本、中国台湾、朝鲜的平均 NDP（以 1934—1936 年不变价格为基准）和人口的计算分别源自沟口敏行和梅村又次（1988，pp.228—229，232–233，236–237）。

2."工业"包括现代工业、手工业、矿业，"服务业"包括除农业、工业之外的其他行业。

3. 将 1931—1936 年中国经济统计数值向前追溯至 1914—1918 年所使用的 13 个部类的增长率来自于 Rawski（1989，p.274）。这十三个部类分别为农业、现代工业、矿业、公用事业、手工业、建筑业、现代交通通信业、贸易、金融、政府管理、私人服务业。房租的增长率分别是 0.8%，8.1%，8.1%，8.1%，1.4%，4.6%，3%，1.9%，2.5%，5%，3.4%，0.9% 和 0.8%。1914—1918 年中国、江南省份的人口分别为 4.4 亿人和 5360 万人。中国 4.4 亿人口的数据来自 Yeh（1977，p.104）。江苏和浙江的人口分别为 3370 万人和 1920 万人，来自 Perkins（1969，p.212）。加上上海的 1200 万人，江浙总人口 6490 万人（Murphey，1953，p.23）。

4. 江南地区的人均收入计算方法：YLY=（YJZ-YC×PEX）/PLY，其中 YLY，YJZ 和 YC 代表江南、江浙和中国的人均收入。PLY 和 PEX 代表江南和在江南之外的江浙两省四个县的人口比例。1910 年县层面的数据来自曹树基（2000，pp.691-692），说明江南地区的人口占到了江浙两省的 74%。同样的 74% 的比例用于计算 1931—1936 年江南区域的人口。

5.1934 年东北地区的数据源自 Eckstein（2000），Chao（1977），Chang（1969，pp.254-255）。这些人均收入的估计与最近山本有造（2000，p.116）的估计一致。

6. 中国的元与日元的汇率按 1933—1936 年平均水平即 1 元 = 1.1 日元（Hsiao，1974，p.192）计算。

　　表 7-3 证实了基于 1930 年汇率的中国江浙人均绝对收入比朝鲜和中国东北更高，仅排在 20 世纪 30 年代的日本和中国台湾之后（Rawski，1989，p.271）。它展示了江浙 1914—1918 年和 1931—1936 年的经济结构，其特征是工业和服务业的比例比中国的农业地区要高得多。由于它的人口与日本相当，超过中国台湾地区 10 倍，很显然，江南地区已成长为整个东亚（也许是亚洲）第二大工业区。

　　显然，任何一种经济增长数据同实际生活福利的因果关联都还有赖于今后学术界对消费与收入分配进一步深入研究。现有的基于 20 世纪 20—30 年代家庭收入和消费调查的研究似乎表明，上海的家庭收入和消费水平比江南以外地区的城市中心更高。一些其他的农村家庭调查似乎说明江浙地区同样比中国其他地区生活水平更高。但是，控制抽样方法的差异和地区价格影响之后，这些证据只能为我的基于产出的研究提供一个正面但微弱的支持吧。[27]

---

　　〔27〕 关于中国、日本、朝鲜和中国台湾地区相对于美国 20 世纪 30 年代基于 PPP 的人均收入转换，见 Fukao，Ma 和 Yuan（2007）。

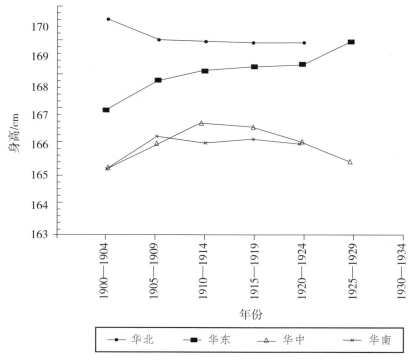

图 7-1　1900—1934 年各地区成人平均身高趋势估计

数据来源：来自 Morgan（2004），图 6。关于地区分类，见该文表 3。

　　但最近 Stephen Morgan 的研究似乎更加明确支持江南地区生活水平可能增长更快这一论断。Stephen Morgan 通过对数以千计的铁路职工的身高记录进行统计分析，得出结论：从 19 世纪末至 20 世纪 20 年代后半期，中国男性平均身高每 10 年上升 0.25 厘米，而江浙省份每 10 年升高 0.7 厘米。这一每 10 年身高上升 0.7 厘米的记录只比日本在 1892—1937 年间每 10 年上升 0.91 厘米的记录略低一点。实际上，Morgan 关于中国各地区铁路熟练工人身高的数字（见图 7-2）显示，从 1900—1929 年间，除了江南地区（在表中归为"华东"）的成人身高持续上升以外，华北地区、华中地区、华南地区的铁路职工的平均身高要么停滞，要么上下波动。这些证据使他得出结论，即认为这段时期中国经济增长是一种空间差异明显、不平衡的经济增长，这一发现很好地支持了本研究。[28]

（三）制度变迁与经济变革

自 19 世纪的后半叶，清政府面对西方帝国主义挑战时是怯懦和保守的。类似于同治中兴和自强运动的改革，都致力于保持现状，只是进行一些细枝末节的调整（Wright，1962；Fairbank 1978，chaps.10-11）。但是，帝国和官僚的麻木不觉，被 1894—1895 年中日甲午战争中的军事失败击得粉碎——日本长期以来被认为是中国谦卑的学生。1895 年，中日甲午战争后，强加给中国的《马关条约》给予外国人在条约港建立工厂的权力，并取消了对外直接投资的限制，这不经意间使得近代中国企业合法化。

晚清的宪制改革（1904—1911），本身是模仿日本激进的明治维新，后者标志着思想方面的重大突破和制度方面根本性变革的开始。然而，中国的这一改革从来没有得到类似于明治政府那样强有力的政府支持。清政府政治衰弱、财政濒于崩溃，并最终在 1911 年覆灭。中国的军阀袁世凯的政治命运短暂：1916 年他的去世，标志着军阀混战时期的开端。这场战争虽然没有全面摧毁国民经济，但也导致了大规模的破坏。按照 James Sheridan 的观点，军阀通常采取恐怖统治并进行剥削："（他们）对于金钱是贪求无厌的，军阀向人民强加了一系列惊人的税收。他们大量发行不断迅速贬值的货币……在很多地区，有

---

〔28〕 参见 Morgan（2004）图 6 及结论。Morgan 对区域的划分大致同施坚雅一致。感谢 Stephen Morgan 提供的身高数据。关于日本身高数据，参见 Shay Ted（1994）。Morgan 和 Liu（2007）展示了日本占领时期中国台湾人身高每 10 年 1.12 厘米的增长速度。然而，根据金丸由一（1993），尽管在日本占领时期朝鲜的人均 GDP 增长了，但朝鲜人的身高增长仍是不确定的。

组织的犯罪实际上还不如那些不受控制的成群结队的士兵，后者只是在乡村中劫掠农民。"（1983，p.318）。威胁、软禁、绑架银行家成为军阀进行勒索的普遍方式（杜恂诚，2000，pp.2275–2276）。

确实，军阀并不都采取暴力和破坏，下面的例子即可说明这一点。1926 年，山东军阀将中国银行济南分行的经理软禁起来。当银行同意向山东政府借款 50 万元的时候，对济南分行经理的人身威胁就解除了。后来，天津分行的经理评价说："早知道，我们该坚持久一些，也许要求的借款总额就会稍微降低一些。"（Sheehan 2003，p.101）中国军阀的政治逻辑产生了 Mancur Olson 对于坐寇与流寇的经典区分（1993，p.568）。这一政治不稳定的时期是如何实现经济增长的？本节认为这一拼图中缺少的板块是外来或者西方资本主义的因素。19 世纪和 20 世纪，西方资本主义并没有对中国全面殖民，而是通过贸易权益、租借地、条约港口以及附带的治外法权或势力范围体现出来。20世纪早期，当中央集权衰落时，在中国丧失主权的情况下，西方的条约港迅速发展。最值得注意的条约港城市上海、天津和武汉，它们都位于中国主要经济区中具有重要战略价值的位置上。这些条约港成为 20 世纪前 30 年中经济发展的关键。大规模的投资、近代银行业和工业不成比例地集中在那些相对稳定的"小块地方"。

显而易见，这些特权和治外法权是政治不平等和社会歧视的显现，但是基于两点原因，在这政治混乱和国家分裂的时代，他们的扩张却转变为一种变相的正面因素。首先，这些"特权"的一部分与经济发展必要条件相吻合，即维持了和平和公共秩序，确保了产权和合约的履行，免于官方的勒索或随意的税收，以及存在透明的法律和可预见的判例。其次，如同后文所揭示的，通常正式或非正式的，中国人的商业活动和居住者可以利用条约港口的"特权"。

（四）上海的公共租界

本章集中讨论在西方商业实力控制下最重要且是中国最大的条约港——上海公共租界（International Settlement）的制度演变。在长江下游地区，上海是苏州城外围的一座市镇。在 19 世纪中期开埠成为一座指定的条约港之后，上海成长并发展成为一座设有三个行政机构的城市——公共租界、法租界（French Concession）和中国区的政府机构。公共租界是由英租界和美租界合并而成的，开始只是作为西方移居国外者居住的相对隔绝的社区。但是随着此后太平天国时期难民的大量涌入，租界当局受到地产商的压力，在 1854 年开始接受中国居民。

公共租界依据自己的法律运行：于 1854 年签订并于 1866 年修订通过《上海土地章程》。它建立了工部局，其成员由纳税的西方和日本居民组成的纳税人联合选举产生。作为治外法权的一部分，租界当局的权力来自于独立的领事法庭，对于无代表的外国人或华人，权力则来自于国际会审公廨。这一制度架构使得租界当局的统治建立在有限权力和法治的基础之上。

工部局征收土地和财产税以及商业执照费，运行自己的监狱和警察，必要的时候从志愿军那里获取支持。同清朝地方政府所统治的华界相比，租界商业主导的工部局在提供公共或半公共产品方面要更有效率得多。这些公共或半公共产品包括维护和改善港口设施、公共道路和运输、照明、水电供应及现代通信系统。

公共租界政治制度的变化过程，是一个典型的殖民地朝向西方式自治城市发展的过程，当时租界建立了一个由拥有超过价值 50 两土地的外国人构成的选民（主要是英国人）选出的、9 名成员组成市政委员会（工部局）。这一委员会大约有 20 名选民，只占到外国人口的 10%。公共租界市政机构的雇员担任各个主要机构的领导人——卫生、公共设施、金融，以及消防、上海市警察等。市政委员会有着自己的"基本法"——《土地章程》（Land Legislation）。作为自治法权的一部分，外国人的裁判权被授予外国人的领事法院，而没有代表的外国人或者中国人则是在会审公廨接受裁判。中国的居民只有在得到国外租界当局的同意后才能被抓捕。在上海的公共租界中，中国人之间的民事和刑事案件交由一个会审公廨审理，虽然不符合条约，但这一法庭通常由外国的陪审人员主导（Fairbank，1983，p.132）。租界有着自己的志愿武装和警察以及一个监狱系统，但是通常不能拘捕，除非受到相应法院的授权。工部局有权在这些法院提起诉讼或被起诉，这一法庭被称为领事法院（Court of Consuls）。这一制度性的结构使得租界基于一个有限权力和法治基础之上。[29]

这一治理结构使人想起中世纪欧洲的政治传统，这种政治传统结合了习惯于自治的、通常从较大的领主那里得到授权的商业精英或寡头控制的城市社团。在公共租界的早期阶段，其中的西方商业精英一直争取和保持自治。这是与中国绝大多数其他条约港，甚至与同在上海的法租界相区别的一个制度特色。法租界由巴黎任命的法国领事官员进行行政统治。[30]

对于中国政治传统而言，虽然租界制度是外来物，但在上海的中国商人精英很快认识到它的重要性。得益于晚清宪制改革之下的自治运动，中国的士绅和商人在1904年成立了上海市议会（上海城厢内外总工程局），并且直接仿照公共租界的市政委员会在华界采用了一种Mark Elvin 所称的"绅士民主"（gentry democracy）。上海市议会在立

---

〔29〕 参见 Pott（1928:14）。孙慧（2003:215–28）揭示的档案材料显示出市政委员会通常在诉讼中失败，其中包括有中国当事人参与的案件。

〔30〕 最近的一项对西欧城邦传统的研究，参见 Epstein（2000）。关于公共租界与法租界间政治系统的差异，参见 Bergère（2005: chap. 5）。

法与各个执行部门之间进行分权，执行公开辩论和多数票的原则，标准化的税收制度取代了包税制，维护并改进公共设施，建立了商人的军队组织和一个由通过选举产生的法官构成的法庭，并且公布了各种法律规定和道德准则，让人想起李光耀（Le Kuan Yew）的现代新加坡。市议会非常清廉（Elvin，1996，chaps5—6）。1913年，袁世凯重新开始推行的中央集权政策强行结束了这种中国地方自治的短暂历史。而此时，受到国际条约，当然更为重要的是西方炮舰的支持，西方人的上海（公共租界和法租界）存留了下来，并且在清朝衰落的时期兴旺发展。截止到1911年，公共租界和法租界扩展到33平方公里（大约8154英亩），这是其他23座中国条约港公共租界面积总和的1.5倍（费成康，1992）。1911年辛亥革命爆发，清朝在上海的地方官员潜逃（据说携带公款）之后，公共租界获得了上海会审公廨的控制权，并自行指定自己的职员。到那时为止，西方化的上海已经有些成为实际上的"城邦"，对其居民，无论是西方人还是中国人都有着全面的管辖权，这是区别于中国其他外国租界的一项特点。

（五）上海的黄金时代（1911—1927）

1911年之后，上海的会审公廨作为一种意义深远的制度和程序变革，成为租界行政管理不可缺少的法律方面的辅助，为1911—1927年间前所未有的发展奠定了基础。尽管贴着一个中国土地上由外国人管理的法庭的不良标签，但会审公廨在1913—1926年间平均每年仲裁32000件中国当事人提出的控诉，这通常超过了法庭的审判能力。会审公廨在所谓上海法庭中处理的民事案件数量最多，同时中国人的控诉在综述中所占份额持续增长。1908年，审理的纯粹中国人案件的开庭数量大约是外国人案件的1/4，但是到1925年这一比例颠倒了过来（Lee，1993，pp.1348–1349）。

会审公廨之所以成功地竞争取代了上海其他建立于 20 世纪早期的法庭，主要归因于几点优势：会审公廨的判决或者裁定是可信并可实施的，并且背后有一支装备精良、训练有素的市政警察力量。与中国不鼓励正式法律诉讼的传统不同，法庭为提出法律诉讼的原告服务，并且处理来源于各色中国人的种类丰富的民事、商业或者其他类型的诉讼（Lee，1993，p.1350）。法庭坚定地起诉任何试图向租界非法收税由此侵犯私人物权的行为。[31] 如 Thomas Stephens 所说，当时中国因为革命、动乱、内战陷入一片混乱之中，而上海则是"一个和平的、井然有序的绿洲"（Stephens，1992，pp.104–106）。

在上海崛起成为金融中心的过程中，会审公廨的角色可以很好地由 1916 年戏剧性的银行停兑令这一偶然事件来阐释。20 世纪 10 年代，北京成为另外一座重要的金融中心，是因为城市中存在规模较大的国家背景的银行，如中国银行和交通银行。然而，在 1916 年，北京的民国政府为了解决财政收入问题而求助于印钞机，命令暂停将纸币兑换为银圆的业务，这一行动导致了整个中国金融业的恐慌。由于有会审公廨的支持，中国银行上海分行成功地拒绝了这一命令。1916 年这一年，也是上海成为中国唯一的金融中心的一个转折点。上海的银行家后来在国有银行私有化过程中扮演了领导角色，并带动了中国现代银行业的崛起，之后几乎所有重要的银行都位于大的条约港的外国租界。1925 年，中国银行资本实力的份额是 41%，高于曾经占据主导地位的外国银行的 37%。[32]

会审公廨的影响远远超过法院，其判决通常在报纸和其他媒体上

〔31〕 上海的税收系统与公共租界会审公廨对非法中国税收所进行的屡次审判的比较，参见 Feetham（1931，pp.103–107）。

〔32〕 关于停兑事件和上海银行公会在中国近代国家银行私有化中扮演的角色，以及资本实力的份额，参见 Cheng（2003，pp.54–62，162–168，241）。关于近代银行对中国货币化的贡献，参见 Rawski（1989，pp.155–179）。

广为宣传。[33] 在这一法制改革的时代，上海培育了中国规模最大的职业法律组织和数量最多的律师和法律学者（Lee，1993，pp.1409–1410；Kirby，1995，pp.48–50）。Stephens（1992）在对 1911—1927 年上海会审公廨的研究中，十分强调法制文化的转型。他将中国传统法制的特征定义为"纪律性的"，意思是优先考虑的是维护社会秩序和群体的团结，而非抽象的和至高无上的法律原则。他认为，会审公廨显然求助于这种"纪律性的"法制传统，但却为用预先制定的和已知的标准来解决争端的理想作出了努力。而这种使用西方法学体系的裁决式框架的工作，带来了之前中国法制传统中所缺乏的法律的确定性和可计算性。[34]

法制使租界受益。在那里开始采纳了现代产权——尤其是透明度和安全性——成为近代地产业兴起的基础，后者又进一步刺激了近代银行业的发展。[35] 赵津（1994:145）的著作展示，公共租界中每亩土地的价格在 1865—1930 年增长了 20 倍，在 1911—1930 年间翻了 3 倍。更为重要的是，到 1930 年，公共租界平均每亩土地的价格是整个华界的 26 倍之多，是华界中地价最高区域南市区的 3 倍。南市区毗邻租界区的金融中心。[36] 在商业企业的地理分布上也可以发现相似的模式。Marie-Claire Bergère 选择的数据展示，超过 70% 的合同密集型的

---

〔33〕 法规的效果，可以通过 1917 年进行的尽管简单但鲜活的观察予以证实：居住在公共租界中的中国人总数达到了 80 万。尽管他们不言而喻缺乏知识并且教育水平很低，但是在英国习俗的影响下，他们遵从法律的习惯比中国内地人要强……在内地，官员恫吓人民，而人民不敢寻求法律的保护，然而租界的居民都知道如果未经许可就进行拘捕属于绑架，而无论绑架者是官员还是普通民众，都要受到惩罚。（引自 Xu 2001，p.41）

〔34〕 关于中国传统的法律系统，参见 Stephens（1992，pp.107–108）。最近对中国法制传统的总结，参见 Ma（2006）。

〔35〕 对于西方私人产权系统对长江下游地区影响的细致分析，参见马学强（2002，第 3 章）。外国租界的土地登记证（道契）扮演着一种最为保险的贷款抵押物的角色（赵津，1994，第 1 章）。

〔36〕 总体而言，租界中每亩土地的价格比法租界高大约 28%（赵津 1994，pp.153，156）。关于外国租界的土地登记证（道契），参见马学强（2002，第 3 章）、赵津（1994，第 1 章）以及 Feetham（1931，pp.317–348）。

行业，例如银行、保险、贸易以及其他服务公司都位于公共租界，同时不超过 20%——最为传统的钱庄和当铺——位于华界。在机械工程制造业的资本密集型的部门中，84% 的企业位于租界区。相反，那些劳动密集型部门的工厂，例如纺织业和食品加工业，仅有大约 60% 修建在租界，同时中国区只有超过 30%（Bergère，1989a，pp.108–109，table 3.3）。上海的聚集经济采用了一种独特的制度划界：公共租界区中每平方公里的工业和商业实体超过中国区的 10 倍（樊卫国，2002，pp.21–22）。高涨的土地价格为有效的行政管理所需的资金提供了一种不断扩张的税收基础，并且造就了世界一流的基础设施，使得租界在 20 世纪 20 年代成为中国羡慕的对象。[37]

也正是西方化的上海，诞生了新一代的中国企业家。他们往往有着良好的教育背景，但和传统商人或早期官商不同，其获得财富的途径不再是通过官僚体制的照顾和寻租。虽然上海的商人阶层主要由江浙企业家控制，但也包括来自全国各地的商人。徐新吾和黄汉民的数据显示从 20 世纪 10 年代至 30 年代，上海 9 个主要现代工业中中国所有者的份额一直要高于外国所有者的份额。在这种意义上，西方化的上海，从一个殖民地的视角来看，远比日本占领者在中国台湾地区、朝鲜或者东北地区产生出了更为旺盛的本土企业家。实际上，日本的企业家自身在高度竞争和多国化的上海兴旺发展[38]（徐新吾和黄汉民，1998，pp.341），由此诞生了传奇色彩的上海高度自由化的资本主义风格，这种风格的特点是贸易、资本和银行业的完全自由，同时伴随着

---

〔37〕 1926 年，江苏省的军阀孙传芳评价道：无论何时我前往一座条约港口，我感觉到一种莫大的羞辱，不仅仅因为一座条约港活生生地提醒着我们丧失的主权，而且因为无论何时我穿过租界区前往中国的领土，我们都感到我们正在进入一个不同的世界——前者是在天上，后者是在地下，中国领土上的所有——道路、建筑或者公共卫生——都无法与租界相比。这是我们国家最大的耻辱，按照我的观点，甚至比丧失主权更为屈辱。（引自 Feetham 1931，p.242）

〔38〕 关于中国台湾地区和朝鲜工业中日本资本的份额，尤其是在大型企业中的份额，参见沟口敏行和梅村又次（1988，p.7）。

小政府大社会的架构，这一模型与受到称赞的"二战"后日本和韩国以国家为主导的工业化形成截然不同的对比。公租界的历史重要性被费唐（Feetham）雄辩地捕捉到了，他建议回顾20世纪30年代租界的法律地位："从一艘正在向河流上游行驶的远洋轮船的甲板上看，沿着堤岸（上海的金融聚集区）坐落着大量银行、办公室和仓库，这被初来乍到者视为上海财富和企业的证明，并相信在这里商人和市民有更好的发展前景。但是它们更为深刻的经济意义是：它们是私人财产权神圣性的第一个标志，说明在这里财产权得到承认和保护，并且让人对此产生信心。"[39]

同时，租界的政治力量超越了租界的边界。在军阀混战时期，上海西方式的政治结构使得中国的商人阶层获得了权力，它们能够违抗政治中心的命令并得到军阀政府的让步。江南成为中国最不受战火波及的地区——至少在1924年之前避免了大规模的战事——部分是由于上海总商会的政治灵活性，这一组织的大部分成员是江浙本地人，坚决维持本地区的和平和秩序。上海的资本家也与1927年在南京（江苏省）定都的国民党政权建立了错综复杂的同盟关系。上海，尤其是其中的华人金融阶层，帮助塑造了一个新的国民党政权，这个国家的综合经济政策包括重获关税自主权、中国公共财政和货币体系的现代化。[40]

（六）城市和帝国

在西方化上海的繁荣之下存在着一系列基本矛盾。公共租界虽然施行代议制，但却不存在民主。被所谓的"大班寡头"（taipan

---

〔39〕 Richard Feetham（1931），第1卷，pp.317。

〔40〕 关于上海资产阶级在军阀时期的角色，见冯筱才（2004，pp.136–139）。关于上海资产阶级和国民党政府的政治联盟，以及国民党政府下的各种财政敲诈和国家胁迫，见 Coble（1980）；白吉尔（2005），pp.181–182；以及 Kirby（1995，pp.51）。关于国民党政府税收政策的正面评价，见 Kubo（1999）。

oligarchy）所控制，市议会投票权局限在少数财产达到要求的西方精英商人手中。市议会在捍卫法律的同时，也捍卫西方特权。在 1925 年，中国人占到了总人口的 96%，为最大的纳税群体，却没有代表权。[41]这是不幸的，按照 Parks Coble Jr.（2003）的观点，在中国企业家和条约港口之间发展出了一种相互依存的关系，由此这些企业家——特别是由于他们的财富和教育水平，对社会歧视可能比普通的中国居民感受得更加强烈。

公共租界和法租界所支持的言论和出版自由为中国那些直言不讳的知识分子和具有创造力的艺术家，以及激进的持不同政见者和暴力革命的倡导者提供了庇护。[42]但三个独立的司法管辖区，坐落在一个边界相互开放的密集空间里（在某些受到外来军事威胁的时候，在上海周边树立了密集的栅栏，不过一般持续时间都不长），随着城市的不断发展，变得越来越难以控制。上海诞生了臭名昭著的"青帮"（Green Gang），他们渗透进法租界、中国的军政府以及后来的民国政府。随着民族主义运动、日本帝国主义入侵以及各种内外力量的影响，上海日益政治化，出现了大量的工人罢工以及时不时的暴力反抗。[43]

更重要的是，上海公共租界的存在给中国造成了一个更大的困境：在一个大一统的清朝的心脏区插入了一个独立的政治实体，而清朝的稳定又是长期以来建立在消除其他权力结构的基础之上的。所以上海公共租界崛起于清朝衰微之际，但这似乎到 20 世纪 20 年代末也步入尽头。1928 年，国民党的激进左翼革命者用暴力接管了汉口的英租

---

〔41〕 Feetham（1931:138）给出的数据是，中国人交纳的税收占到了税收总额的 5%。然而，夏晋麟（1992，p.127）认为大量登记在西方人名下的租界中的财产实际上属于中国人。他估计中国人交纳的税收至少占到了税收总额的 60%，而且很可能更多。

〔42〕 20 世纪 20 年代晚期上海发展成为中国新的文化中心，对此可以参见 Bergère（1981，pp.12—13）。

〔43〕 关于劳工斗争和学生运动，可以参见 Wakeman 和 Yeh（1992）。关于青帮，参见 Martin（1996）。

界，与之相伴的是打砸抢，显然，面对正在崛起的民族主义者，西方军事力量所能达到的范围是有限的。随着南京国民政府1927年定都南京（江苏省），上海公共租界在蒋介石领导的偏向右翼的国民党统治时期幸存了下来。但一些西方特权被迫放弃：会审公廨转变为中国新的体制，并实现了中国人长期追求的目标，即中国代表被接受进入市议会；甚至所谓"公共"公园在1928年也向中国居民开放。[44]

上海的资本家对于南京国民政府的成立喜忧参半。不像其他时期的中国政府，南京国民政府的掠夺之手先伸向赋税，然后是国家控制（Coble，1980；Bergère，1989a: epilogue）。而对于南京国民政府而言，法律，正如Kirby（1995，p.51）指出的，也是国家控制的一种工具。

但不可否认的是，南京国民政府给长江下游地区带来了普遍的和平和稳定，这使得上海的工业化范围外溢。但仅仅十年之后，1937年日本的全面侵华结束了南京国民政府在长江下游的统治。具有讽刺意味的是，日本帝国主义于1941年正式结束了延续一个世纪的上海租界。（费成康，1992，p.415）。尽管如此，上海的资本主义，一直保存到1949年。而上海传奇式的不夜城的灯光——资本主义自由精神的标志——也随着中国对外大门的关闭而熄灭。1949年之后，上海，与其他中国城市相似，成为一个高度中央集权政府管辖下的一个行政区——尽管是非常重要的一个行政区。与此同时，中国的资本主义也开始大逃亡。上海的资本家大量迁居到香港。在那里，他们的资金、工业技术、眼界使香港在战后的工业化发展中比亚洲其他国家早起步10~15年（Wong，1988，p.2）。同时在台湾，来自长江下游地区的精英构成了经济规划师和技术人员中的绝大部分（Liu，1987，p.49）。

1978年后，当中国重新开放之后，上海和江南地区又重新崛起

---

〔44〕 关于上海的"公共"公园和其他市政服务的问题，参见Feetham（1931，pp.138–146）。

了。尽管中国改革开放时期的经济增长处于一个完全不同的制度环境下，旧上海的历史影响还是在现代中国的改革中再次出现了：外国直接投资的增加，"经济特区"的政策实验，甚至香港的"一国两制"理念。[45]

表 7-4　中国与东亚地区相对人均收入的演变（中国 =100）

年份	江浙省份	日本	中国台湾地区	韩国	中国东北地区
1916	143	305	195	122	
1933	153	354	230	134	120
1952	158	436	198	140	192
1978	161	1285	571	415	149
1999	200	633	483	397	127
2005	206	401	347	313	114

资料来源：1952—1999 年关于中国、日本、中国台湾地区和韩国的 GDP 数据来自于格罗宁根发展中心网站（Groningen Growth Center website，http://www.ggdc.net/homeggdc.html）。1999 年区域人均收入的差距系从相关的《中国统计年鉴》中的数据计算所得，中国 1952 年和 1978 年的数据来自中国国家统计局出版的《新中国五十年》。

表 7-4 在一个可比较的东亚框架内将我的 20 世纪 10—30 年代地区人均 GDP 与二战后的数据联系起来了（通常要警惕跨国比较的风险）。注意 1952 年人均收入的相对排名基本上与 20 世纪 30 年代的相对排名对应（除了中国东北）。[46] 尽管江浙和中国整体的差距一直保持到 1978 年，经过了三十年的孤立和计划经济之后，中国在人均 GDP 上的排名已经远远落后于东亚的其他市场经济体。四十年的开放和改革让中国特别是江浙地区迅速追赶上了它的东亚邻居。同时，随

---

〔45〕　关于 20 世纪 70 年代后期上海的复兴，见白吉尔（2005，第 14 章）。
〔46〕　关于上海和东北在 1949 年之前工业部门的遗产，见 Rawski（1989）。

着上海的复兴和中国地区发展不平衡的增加，江浙和中国其他地区的经济差距到 1999 年和 2005 年超过了 2 倍，创历史新高。

二、结　论

通过对战前中国的 GDP 分地区的估算及增长动态的重构，本文构建了一个围绕江南地区的增长案例，对 20 世纪前三十年中国经济增长的程度及其性质提出了新的解释。本文将这种增长建构在更为宏观的历史背景之下，强调了政治和制度变革是决定 19 世纪晚期到 20 世纪早期中国和东亚工业化的时间和模式的最为重要的因素。特别是本文强调了一个新的实体的重要性，上海的公共租界在一个国家分裂、内战频仍的时期提供了公共秩序。"城邦式"的政治架构塑造了一个自由资本主义的上海，它与战后日韩两国的政府主导型工业化有很大的不同。

20 世纪中国工业化的曲折路径使人怀疑它的传统制度能否实现现代经济增长。尽管还需要进一步的研究，本文将关注点聚焦到某个独立国家和一个国家之中的某个经济区域进行的比较研究中存在着方法论问题。在中央集权的政治框架下，像中国江南这样的经济地区比起英国或日本这样的独立国家，面临着更为严峻的制度变革的限制。如前文所示，在 19 世纪后半叶上海一开始是作为贸易口岸崛起的，后来成为工业大都市，这很大程度上是由政治变革的大背景所决定的。在中央集权的体制下，自下而上的变革通常缺乏政治空间，常常只能在边缘存在。现代东亚的制度变革来自于中央集权之外的政治结构也就不令人惊讶了：1868 年之后明治政府统治下的日本的崛起，以及 20 世纪之后上海的发展。

东亚工业革命扩散的经验也为工业革命起源的争论带来了启发。彭慕兰所提到的 18 世纪江南煤炭的匮乏，并没有成为上海工业化的主要限制。正如 Rhodes Murphey 所注意到的，上海的工业化以西方标准来说是与众不同的，特别是当地缺乏制造业的最重要原料，尤其是煤炭。当19 世纪中期上海作为条约口岸开放时，煤炭来自遥远的英国，19 世纪晚期则来自日本，到了 20 世纪随着铁路的兴建则来自中国北方。[47]

类似地，上海经常被提到的优越地理位置——位于亚洲东部海岸和江南腹地的中心——看起来更多地是地理政治变革的内生结果，正如一位租界的中国人所观察到的：

> 其实，这块地方被选为租界之地，恰恰说明西方人是有眼光的，这是一种世界性的眼光。这块地方在黄浦江军舰火力的射程之内，能得到（西方）舰队的有效保护。从封闭的眼光看，这不过是一片拒敌于城门之外的别无其他价值的泥滩。而用开放的视角来看，这里恰恰是通向中国最富足地区的登陆地和走向世界的出发点。[48]

附录：1933 年中国和江浙省份国内生产净值分部门统计

A. 农业

江浙省份农业份额的计算分两个步骤：第一步是运用中央农业实验所（NARB）出版的《农情报告》中的省级数据（1931—1937 年的平均值）来计算江南各项农产品之实际产量，计算结果见表附 –1 的 A 到 E 列。第二步是按照 1933 年的单位物价水平得出全国农业总产值，

---

〔47〕 见 Murphey（1953，pp.184–195）。关于长江下游煤炭资源匮乏的讨论，见彭慕兰（2000，pp.64–65）。

〔48〕 黄浦江是穿越上海的主要河流来自杨湘钧（2006，p.24）。关于上海和长江下游优越地理位置的讨论，见 Murphey（1953，pp.2–6）及 Rawski（1989，pp.5–6）。

然后乘以江浙地区所占比例，算出 C 列中江浙总产值。最终江浙地区在农业增加值中所占的比例为 H 列中的 0.148（2093.93/14110.77），即江浙总产值与中国总产值之比。

要注意江浙在总产量中的比例是基于 1931—1937 年的平均值，但江浙在 1933 年的总产值比例是基于 Liu 和 Yeh 的价格和产出数据，见 Liu，Ta-chung，Yeh，Kung-chia（1965，p.40）。由于中国农业总产值总和为 141.1077 亿元（第 F 列），本研究中的产品覆盖了中国农业总产值的 67%。

表附 -1　中央农业实验所报告之 1931—1937 年间中国农业总产量

农作物	江苏省（千市担）	浙江省（千市担）	江浙省份（千市担）	中国（千市担）	江浙省份在中国农业总产量中所占比重	中国总产值（百万元）	江浙农业产值（百万元）	江浙农业产值所占比重
	A	B	C＝A+B	D	E＝C/D	F	G=E×F	H=G/F
水稻	132000	98000	230000	1553200	0.148	5436.2	805	
小麦	59802	10579	70381	447410	0.157	2403	378.01	
大麦	27787	6953	34740	159126	0.218	576.08	125.77	
稷	3194	501	3695	136090	0.027	916.92	24.90	
玉米	12926	1637	14563	126278	0.115	539.11	62.17	
高粱	10887	239	11126	141309	0.079	703.64	55.40	
大豆	22651	3382	26033	123395	0.211	921.57	194.43	
蚕豆	6751	5290	12041	60402	0.199	211.05	42.07	
花生	6418	521	6939	53460	0.130	348.4	45.22	
甜薯	37923	14974	52897	342471	0.154	611	94.37	
油菜籽	3456	4006	7462	49238	0.152	247.8	37.55	
芝麻	1864	143	2007	16780	0.120	154.4	18.47	
棉花	3697	548	4245	16316	0.260	596.6	155.22	

续表

农作物	江苏省（千市担）	浙江省（千市担）	江浙省份（千市担）	中国（千市担）	江浙省份在中国农业总产量中所占比重	中国总产值（百万元）	江浙农业产值（百万元）	江浙农业产值所占比重
	A	B	C = A+B	D	E = C/D	F	G=E×F	H=G/F
烟草	158	386	544	12460	0.044	340	14.84	
蚕茧	420	1200	1620	4200	0.386	105	40.50	
茶	1.55	508.97	511	4278	0.120	105	15.55	
						14110.77	2109.47	0.148

注释：水稻产量来自 Liu，Ta-chung，Yeh，Kung-chia（1965，p.290）；茶叶来自巫宝三（1947，卷二，p.11）。蚕茧产量来自于 Perkins（1969，p.286），其余源自日本东亚研究所编《中国农业基础统计资料2》中对中央农业实验所各期《农情报告》进行总结而得到的 1931—1937 年间的平均产量（单位：千市担）。注意最初的粮食报告仅仅覆盖了 22 个省份，《中国农业基础统计资料2》增加了东北地区的农业产量，也就是这里所用的中国整体产量。尽管用于计算地区 GVO 比例的国家农业研究局的农情报告低估了中国农业总产出，并被帕金斯、刘大中和叶孔嘉修正了，但由于本人只是运用这一省级的数据来计算江南的份额大小，这一低估对本研究影响不大。F 列中国总产值是 1933 年农产品价格和产出的乘积。价格和产出数据来自 Liu 和 Yeh（1965，pp.136，300）。蚕茧价格来自 Perkins（1969，p.288）。

B. 现代制造业

在刘大钧（D.K.Lieu）的领导之下，1933 年的调查对于现代制造业产出的统计最为完备（但是统计不包括东北［黑龙江，长春，吉林］地区的中国领土）。从表 2 中，我得出了江浙在中国制造业生产中所占的比例为 0.663。然后我又依据刘大中和叶孔嘉的估算计算出了日本占领东北在全国制造业产出中的比例为 0.166。根据这两个数值，我得出了江浙地区占全中国（包括东北地区）制造业产出的比重为 0.569。

牧野文夫、久保亨（1998）的最新估计将当时东北占中国工业产出的比重提高到 0.266（第 41 页表 13）。使用他们的估计给我的结果带来的影响可以忽略（江浙在现代制造业中的比重为 0.549 而非 0.569）。由于他们的修正只是初步结果，我还是使用刘大中和叶孔嘉的数据。

C. 手工业

为了计算江浙在手工业增加产值中所占的份额，我运用巫宝三著作《中国国民所得》卷二中各省手工业总产值的数据算出了江浙 12 种产品的份额。

表附 –2　中国现代制造业总产值

单位：千元

	刘大钧调查之工业总产出（见卷三）
1. 上海	750,869
2. 南京	22,938
3. 江苏	202,081
4. 浙江	70,179
5. 江浙（=1+2+3+4）	1,046,067
6. 中国（不含东北）	1,577,590
7. 江浙在中国（不含东北）的比重（= 5/6）	0.663
	Liu 和 Yeh 对工业总产出的估计
8. 东北总计	376,700
9. 中国（不含东北）总计	2,268,800
10. 东北相当于中国（不含东北）的比重（=8/9）	0.166

续表

	刘大钧调查之工业总产出（见卷三）
11. 江浙在全中国（含东北）的比重 =5/ [6×（1+0.166）]	0.569
上海所占比重 =1/ [6×（1+0.166）]	0.408

资料来源： 刘大钧的调查报告第三卷有关工业总产出的情况由牧野文夫、久保亨（1999）做了总结，见29页表2。牧野文夫、久保亨在表中还根据刘大中的调查报告卷二列出了各省的工业产出数值。依据卷二的资料算出来的江南占全国（含东北地区）工业总产值的比重略高，为0.596。我选择了卷三的数据是因为其所统计的工厂的覆盖面要大于卷二。Liu 和 Yeh 对于工业总产值的估计见其著作（p.428，表 F-1）。

　　不幸的是，关于其他一些最重要的手工产品，比如米、面、棉、丝制品或油，我们是没有可靠的省级数据的。我是基于一系列交叉检验的多种数据来源计算的大致比例。特别是由于大多数手工产品是高度地方化的农闲产品，我用了农业原材料的占比作为手工业产出的近似比例。在表附–3中，A 到 E 列表明了江浙在这 19 类产品中的比重。然后我将江浙的比例乘以中国的净增加值（NVD）就能得出 G 列的江浙净增加值。F 列的中国净增加值来自巫宝三（1947，卷 1，pp.65–66）。江浙在中国手工业增加值中的最终比例是 0.21。这与 1936 年的政府调查的比例非常接近，江浙在农业副产品中所占的比例为 0.22（汪敬虞，2004，p.101）。

　　注意中国的手工业净增加值为 13.40078 亿元（巫宝三，1947，p.6），此处包含的 19 种产品（总增加值为 7.96823 亿元）大约占到中国手工业增加值的 60%。

表附 -3　江浙 20 世纪 30 年代手工业净增加值在全国所占比重

手工业	总产值				江浙占比	中国净增加值 / 千元	江浙净增加值 / 千元
	江苏 / 千元	浙江 / 千元	上海 / 千元	中国 / 千元			
	A	B	C	D	E	F	G
1. 麻纺织业	189			8295			
2. 机械修理业	655	205	6718	11782	0.64	3574	2299
3. 金属品制造业	68	98	1470	3417	0.48	342	163.7
4. 电器用具业	30	197	1394	3007	0.54	1013	546
5. 陶瓷业	1200	438		25063	0.07	15153	990
6. 石灰业	2808	528		16936	0.20	5215	1027
7. 采煤业	323	332	1400	3059	0.67	1224	822
8. 砂石业	247			1000	0.25	500	123.5
9. 火柴业				6253	0	1378	0
10. 油漆、染料业	1500	229		4346	0.40	1759	699.8
11. 白糖业（1000 石）		269		6374	0.04	10313	435.2
12. 造纸业	119	20581		55800	0.37	27063	10039.5
13. 食用油业					0.13	103231	13420.03
14. 棉纺业					0.26	12858	3343
15. 棉织业					0.26	154346	40130
16. 缫丝业					0.23	6419	1476.4
17. 丝织业					0.35	30169	10559
18. 面粉业					0.16	226680	36269
19. 碾米业					0.23	192434	42336
合计						796823	163719
江浙手工业占比							0.21

资料来源:

1. 麻纺织业：巫宝三（1947），第二卷，pp.113–114。

2. 机械修理业：同上，第 37–40 页。

3. 金属品制造业：同上，第 36 页。

4. 电器用具业：同上，第二卷，第 47 页。

5. 陶瓷业：同上，第二卷，第 60 页。

6. 石灰业：同上，第 61–63 页。

7 和 8：采煤、砂石业：同上，第 64–65 页。

9. 火柴业：同上，第 74 页。

10. 油漆和染料业：同上，第 82 页。

11. 白糖业：同上，第 138–139 页。

12. 造纸业：同上，第 152–155 页。

13. 食用油业：同上，第 145 页。提供了 7 种食用油制品的全国估计数，但是没有省级数据。由于传统的制油行业高度地方化，我使用了农业原材料的比例来估计江浙地区在全国食用油产出中的比重。两个最重要的品类是大豆油和花生油。江浙在大豆油中的比重占到 0.14。Perkins（1969）提供了大豆、油菜、芝麻、花生和棉籽的种植面积省级统计数据（pp.258–261）。江浙的种植面积占比为 0.11、0.13、0.11、0.09 和 0.21。我给出的江浙油类占比为 0.12。

14. 棉纺业：手工棉纺业没有省级数据。但是可以假设地方棉花种植和手工棉纺业的地理联系十分紧密。因此我使用了 0.26，即江浙棉花产出的占比来近似手工棉纺业的比例。

15. 棉织业：没有手工织布业的省级数据。我是用了江浙棉花产量占全国的比重来近似地计算手工织布产出的比例，有两个独立的交叉检验：

（1）徐新吾（1989），p.215，表明 1860 年江浙手工织布业占到全国的 27%。

（2）严中平（1955），pp.241–251，提供了中国个别省份的手工织布业的地区分布调查。研究中各省在织布业中的相对重要性，与 Perkins 数据中 1931—1937 年各省棉花种植面积的排名是相互匹配的，河北省产出最高，接下来是山东和江苏。这就进一步证实了地方棉花种植和织布业的关系。这两个交叉印证并不完美，但是它们为我选择的 0.26 这个比例提供了一定的支持。

16. 缫丝业：利用巫宝三、日本学者上原重美（1947，第二卷，pp.102–103）的数据，江苏、浙江和中国地区 1927 年（除了东北）生丝产量（机器和手工）分别为 36405，106230 和 300788 石。第 102 页展示了 1933 年中国整体（包括东北）和东北的生丝产量和浙江、东北的生丝价格。基于此我计算出江浙地区在中国生丝总产值中的比重为 18%。进而计算出江浙在中国生丝产出中的比重等于 0.4 [（36405 + 106230）/（300788 × 1.18）]。为了计算江浙在手工缫丝业中的比重，我使用了（巫宝三，1947，p.102）机器缫丝占生丝总产出 41% 的数据，江浙的机器缫丝产出占到中国的 65%（同上，p.101，表 5），进而计算出江浙手工缫丝占中国的比重为 0.23 [（0.40 − 0.41 × 0.65）/（1 − 0.41）]。

17. 丝业：江南地区是丝织业的传统产区。巫宝三等人（1947，p.104）指出了江浙机器丝织业产量占到全国的 70% 以上。显然，江浙手工丝织业产品占比可能不会那么高，但是也会比手工缫丝业的 0.23 要高。我选择 0.35 作为江浙地区的最终占比。

18. 面粉业：我使用江浙小麦产出的比重 0.16 作为面粉业的比重。

19. 碾米业：巫宝三等人（1947，p.126）展示了江浙现代工厂碾米业所占比重为 0.28，然而江浙的大米产量仅占全国的 0.16。由于江浙地区长期从其他地区进口大米，可能会增加碾米业的比重，我将碾米业比重定为 0.22。

表附 –4 中国本土金融业（钱庄、票号和当铺）总资产

	本土银行业（钱庄、票号）总资产 /元	当铺总资产 / 元
江苏	25603000	13393749
浙江	8567400	19364758
中国总计	121836207	63898586
江浙比重	0.28	0.51

资料来源：关于本土银行业，见巫宝三（1947，卷二，p.275）；当铺见巫宝三（1947，卷二，p.276）。

D. 服务业

I. 金融业：

关于金融业，一种估计认为 1936 年上海总的金融资产，包括存款、可兑换证券及银行、钱庄、信托公司利润存留大约占全国的 47.8%（张仲礼，1990，p.313）。Rawski 估计 1935 年上海的本土银行（钱庄）所吸收的存款相当于全国钱庄存款总量的 30%（第 390 页）。巫氏也提供了一些各省钱庄和当铺的数据，如表附 –4。这里不太清楚巫氏有关钱庄、当铺的资料中是否已包括上海。在我的估算中，采用 48% 作为上海在全国金融业中的比重，另外加上江苏省和浙江省在全国的比重 17%，得到 0.65 作为江浙地区在全国金融业中的比重。见表附 –4。

II. 公用事业：

江浙在公用事业中所占的比重 0.57 是根据水、电、汽油的消费总值的及其中国总消费值的权重的平均数而计算出来的，具体计算步骤见表附 –5。

III. 现代交通与通信业

表附 –6 根据 Liu 和 Yeh（1965，p.590）提供的中国通信、交通七个部门的总产值整理而成。如何分别算出江浙在全国这七个部门中所占的份额详见表后注释。我用这些部门所占的份额分别乘以各自在全国现代交通与通信业总产值的权重，即得到江浙地区在全国交通、通信业中所占的比例为 21%。

IV. 商业

巫氏的计算（1947，卷二，pp.247–258）基于全国所有零售店、饭店、流动商贩的总数。在巫氏数据的基础之上，我计算出江浙每千人拥有的商店（和饭馆）数量大约是中国平均水平的 2.7 倍。用 2.7 乘以 0.12（江浙人口份额），得出江浙商店所占比重为 32%。

关于流动商贩，并无好的全国性调查统计资料。巫氏的计算主要依据江苏省的数据（巫宝三，1947，卷一，pp.107–108）。我只是假定江浙所占的份额与其人口份额相同，为 0.12。根据二者在商业贸易增加值中所占的权重进行平均，我得出江浙在商业贸易产值中最终所占的份额为 28%，商店与流动商贩在商业增加产值中的权重分别为 0.79、0.21（巫宝三，1947，卷一，pp.106–107）。

表附 –5　公用事业总产值

	自来水供给		电力/千元	汽油/千元
	华资所有/千元	外资所有/千元	电力/千元	汽油/千元
上海	2154	8324		2568
江苏	798			
浙江	155			
中国	18740	11847	214377	27697
江浙地区在各部门中的比重	0.374		0.50	0.093
江浙总体比重	0.45			

资料来源： 自来水供给的总产值来自巫宝三（1947，卷二，pp.68–70），汽油来自巫宝三（1947，卷二，pp.65–68）。巫著中没有关于电力的分省的数据，我采用了他的电力总产值（第 2 卷第 70 页），并根据《申报年鉴》（第 569 页）算出江浙两省电力占全国的比重为 0.46。由于《申报》统计的数字没有包括工厂自发电，我将这一数字四舍五入至 0.5。

V. 政府管理

巫宝三（1947）附录 6 列出了各县、各省、中央政府及外国租界的行政管理经费。表附 –7 所示江浙的政府管理费用（不包括中央政府）大体相当于全国总费用的 11%。因民国首都在南京市，我将江浙的份额调高到 12%。中央政府的花费为 484525780 元，其中大约四分之三用于军事开支（卷一，p.294）。

VI. 建筑业

关于建筑业，巫宝三将之定义为建造、修缮居民和工商业房屋、厂房，渠道与河流的修浚，铁路、公路、港口、码头等交通基础设施的建设等（1947，卷一，p.77）。不幸的是，巫氏著作中没有这方面的省级数据资料。全国性的数据也是根据石头、水泥、石灰、砖瓦、钢铁、木材等建筑材料的使用量而得来的。考虑到江浙在全国现代工业与手工业生产中所占的比重分别为57%和21%，而工业、手工业产品与建筑业所用材料高度相关，我赋予了江浙建筑业所增产值一个相当保守的份额：30%。

表附–6　现代交通与通信业总产值（单位：百万元）

	铁路运输	航运业	公路汽车运输	电车运输	航空业	电信业	邮政	总计
中国总产值/元	369	137	95	13	4	44	46	708
江浙所占份额	0.12	0.25	0.46	0.57	0	0.3	0.33	0.21

注释：

1. 关于铁路，巫宝三（1947，卷二，p.189，表3）提供了所有铁路的总收入，江浙在全国铁路收入中的比重约为14%，但其中一些铁路通过的里程超出了江浙的版图，因此，我将这一比重调低至12%，以使之与其人口份额相适应。

2. 关于航运，我使用了江浙民船（舢板）数量作为其总产值的代理值，江浙民船数量占全国的22%（巫宝三，1947，卷二，p.181）。关于轮船运输，我使用了位于江浙的轮运公司的总收入数据。有两个主要的航运公司（民生公司和招商局）一直在整个长江流域营运，其中在江浙占有很大份额。如果将它们计入江浙，将使江浙所占份额达到55%，如果不将它们计入江浙，那么江浙所占份额只有28%，我取中间值40%作为江浙份额（巫宝三，1947，卷二，pp.176–177）。依据轮船与舢板在航运业中的权重进行平均，得出江浙在全国航运中所占份额为0.25（据巫宝三，1947，卷二，p.185，民船所占权重为0.86，轮船0.14）。

3. 关于卡车、出租、公交，我运用江浙的汽车数量作为代理来计算江浙的份额大小。所得结果为46%（巫宝三，1947，卷二，p.202）。

关于江浙的城市电车运输，只在上海一地运营，上海城市电车的净收入相当于全国总收入的约57%（巫宝三，1947，卷二，p.202）。

4. 关于航空业，由于产值极小，我假定江浙的份额为0。

5. 关于现代通信业，我算出了江浙在两个最大的部门——电话和有线电报业的净增产值中所占的份额。这两大部门要占整个现代通信业净收入的70%以上（巫宝三，1947，卷二，p.241）。电话方面，江浙占全国总收入的36%，（巫宝三，

1947，卷二，表 10，p.235）。在有线电报方面，江浙所占比重为 24%（巫宝三，1947，卷二，表 8，p.232）。加权平均值为 30%（电话与电报所占的权重分别为 0.39 和 0.61）。巫氏有关电话、电报的省级数据中没有包括东北地区，我用巫宝三（1947）表 18（卷二，第 241 页）算出东北地区所占份额为 28%，并将巫氏电话、电报的数据乘以 1.28 得到全国总产值。

经计算，江浙在全国邮政服务业净收入中所占的份额为 33%（巫宝三，1947，表二，p.245）。

表附 -7　江浙省份的行政费用

单位：元

	县政府	省政府	外国租界	总计
江苏	23484538	11908006		
浙江	10748913	11080321		
杭州	846816	773510		
南京		2426175		
上海		7735110	28623516	
江浙	35080267	33149612	28623516	68229879
中国	210344878	407708136	47796200	618053014
江浙所占份额				0.11

资料来源： 县政府、省政府与外国租界数据分别来自巫宝三（1947，pp.287，292，295）。

VII. 旧式交通、私人服务业、住房租金

没有这三个部门的地区性的数据。我采用 0.24 这个数值，这一数值大致相当于江浙在商业贸易与现代交通通信业中所占的比重的平均值，也是全国人均值的两倍。

参考文献

中文文献

[法] 白吉尔，王菊、赵念国译：《上海史：走向现代之路》，上海：上海社会科学院出版社，2005 年。

曹树基：《中国人口史》，上海：复旦大学出版社，2001 年。

杜恂诚：《民族资本主义与旧中国政府：1840—1937》，上海：上海社会科学院出版社，1991 年。

中国近代纺织史编辑委员会：《中国近代纺织史》，北京：中国纺织出版社，1997 年。

冯筱才：《在商言商：政治变局中的江浙商人》，上海：上海社会科学院出版社，2004 年。

马俊亚：《混合与发展：江南地区传统社会经济的现代演变（1900—1950)》，北京：社会科学文献出版社，2003 年。

巫宝三：《中国国民所得》，北京：中华书局，1947 年。

彭泽益：《中国近代手工业史资料》，北京：生活·读书·新知三联书店，1957 年。

《申报年鉴》(三)，上海：申报年鉴出版社，1935 年。

国家统计局：《新中国五十年》，北京：中国统计出版社，1999 年。

国家统计局：《中国统计年鉴》，北京：中国统计出版社，1990，1999 年。

汪敬虞：《近代中国资本主义的总体考察和个案辨析》，北京：中国社会科学出版社，2004 年。

熊月之主编：《上海通史》(八卷本)，上海：上海人民出版社，1999 年。

徐新吾、黄汉民：《上海近代工业史》，上海：上海社会科学院出版社，1998 年。

徐新吾主编：《江南土布史》，上海：上海社会科学院出版社，1992 年。

严中平等：《中国近代经济史统计资料选辑》，北京：科学出版社，1955 年。

杨湘钧：《帝国之鞭与寡头之链：上海会审公廨权力关系变迁研究》，北京：北京大学出版社，2006 年。

虞小波：《比较与审视："南通模式"与"无锡模式"研究》，合肥：安徽教育出版社，2001 年。

张仲礼主编:《近代上海城市研究》，上海：上海人民出版社，1990.

日文文献

东亚研究所（编）:《中国农业基礎統計资料》，1943 年。

沟口敏行，梅村又次（编）:《旧日本殖民地経済統計》，东京：东洋经济新闻社，1988 年。

久保亨:《战期間中国“自立への摸索”》，东京：东京大学出版社，1999 年。

金丸由一：中国民族工業の黄金時期と電力产業，《アジア研究》，1993 年。

铃木智夫:《洋务运动の研究》，东京：汲古书院，1992 年。

牧野文夫、久保亨:《中国工業生产额の推計：1933 年》，Discussion Paper No. D99-4，一桥大学经济研究所，1998 年。

速水融:《近世日本の経済社会》，千叶县：千叶县大学出版社，2003 年。

石井宽治:《日本の产業革命》，东京：朝日新闻出版社，1998 年。

山本有造:《日本殖民地经济史》，名古屋：名古屋大学出版社，2000 年。

英文文献

Billingsley, Phil. *Bandits in Republican China,* Stanford: Stanford University Press, 1988.

Bergere, Marie-Claire *The Golden Age of the Chinese Bourgeoisie,* New York: Cambridge University Press, 1989.

Chang, John, *Industrial Development in Pre-Communist China,* Chicago: Aldine Publishing Co. 1969.

Chao, Kang, The Sources of Economic Growth in Manchuria: 1920—1941, *Modern Chinese Economic History*, edited by Hou, Chi-ming and Yu, Tzong-shian, Taipei: The Institute of Economics, Academia Sinica, 1977.

Chao，Kang, *The Development of Cotton Textile Production in China,* Cambridge: Harvard University Press, 1977.

Chao，Kang, *The Economic Development of Manchuria: The Rise of a Frontier Economy,* Ann Arbor: Center for Chinese Studies, University of Michigan, 1982.

Eckstein, Alexander, Chao, Kang, Chang, John, The Economic

Development of Manchuria: The Rise of a Frontier Economy, *Journal of Economic History*, Vol. XXXIV, No.1, March 1974.

Elman, Benjamin, *On Their Own Terms: Science in China, 1550—1900*. Cambridge: Harvard University Press, 2005.

Elvin, Mark, *The Pattern of the Chinese Past*, Standford: Stanford University Press, 1973.

Feetham, Richard, *Report of the Hon. Richard Feetham, C.M.G. to the Shanghai Municipal Council*. Shanghai: North-China Daily News and Herald, Ltd. 1931.

Fukao, K., D. Ma and T. Yuan, *Real GDP in Pre-War East Asia: a 1934—1936 Bench mark Purchasing Power Parity Comparison with the U.S. Review of Income and Wealth*, Series 53,3（Sep.2007）, pp.503–537.

Furuta, Kazuko, Kobe Seen as Part of the Shanghai Trading Network: The Role of Chinese Merchants in the Re-export of Cotton Manufactures to Japan., *Japan, China, and the Growth of the Asian International Economy 1850—1949*, edited by K. Sugihara, Oxford: Oxford University Press, 2005.

Hanley, S.B., and K. Yamamura, *Economic and Demographic Change in Preindustrial Japan, 1600—1868*. Princeton: Princeton University Press, 1977.

Hou, Chi-Ming, *Foreign Investment and Economic Development in China, 1840—1937*, Cambridge: Harvard University Press, 1965.

Hou, Chi-ming and Yu, Tzong-shian eds., *Modern Chinese Economic History*, Taipei: The Institute of Economics, Academia Sinica, 1977.

Hsiao, Liang-lin, *China's Foreign Trade Statistics: 1864—1949*, Cambridge: Harvard University Press, 1974.

Kimura, Mitsuhiko Standards of Living in Colonial Korea: Did the Masses Become Worse Off or Better Off under Japanese Rule, *Journal of Economic History*, Vol. 53, No. 3（Sept. 1993）, pp. 629–652.

Koll, Elisabeth. *From Cotton Mill to Business Empire, the Emergence of Regional Enterprises in Modern China*, Cambridge: Harvard University Press, 2004.

Li, Bozhong, *Agricultural Development in Jiangnan, 1620—1850*, New York: St. Martin's Press, 1998.

Liu, Ta-chung, *China's National Income 1931—1936, An Exploratory Study*,

Washington, D.C. The Brookings Institution.

Liu，Ta-chung, Yeh, Kung-chia, *The Economy of the Chinese Mainland: National Income and Economic Development: 1933—1959.* Princeton: Princeton University Press, 1965.

Ma，Debin. Growth, Institutions and Knowledge: A Review and Reflection on the Historiography of 18th—20th Century China, *Australian Economic History Review,* 44 (Nov.2004)．

Ma，Debin. Between Cottage and Factory: The Evolution of Chinese and Japanese Silk- Reeling Industries in the Latter Half of 19th Century, *Journal of The Asia Pacific Economy,* 10（May. 2005)．

Ma，Debin. Shanghai-Based Industrialization in the Early 20th Century: A Quantitative and Institutional Analysis, Global Economic History Network Working Paper No. 18, 2006.

Maddison, Angus, *The World Economy: A Millennial Perspective,* Paris: Development Center of the OECD, 2001.

Maddison，Angus，*Chinese Economic Performance in the Long Run*, Paris: Development Center of the OECD, 1998.

Morgan，Stephen, Economic Growth and the Biological Standard of Living in China, 1880—1930, *Economic and Human Biology,* Vol.2, No.2（2004)．

Murphey，Rhoads，*Shanghai: Key to Modern China,* Harvard University Press，1953.

Myers, Ramon H. *The Chinese Economy Past and Present*, Belmont, CA: Wadsworth, Inc., 1980.

Nakamura，James and Miyamoto，Matao，Social Structure and Population Change: A Comparative Study of Tokugawa Japan and Ching China, *Economic Development and Cultural Change,* Vol. 30, No. 2, Jan. 1982.

Ohkawa，Kazushi. *The Growth Rate of the Japanese Economy since 1878*, Tokyo: Ki-nokuniya Bookstore Co.，1957.

Ohkawa，Kazushi and Rosovsky，*Henry Japanese Economic Growth Trend Acceleration in the Twentieth Century,* Stanford: Stanford University Press, 1973.

Ohkawa，Kazushi, Tsutomu Noda, Nobukiyo Takamatsu，et al. *Estimates of*

Long-Term Economic Statistics of Japan, Vol. 8, Prices. Tokyo: Toyo Keizai Shinbun-sha, 1967.

Perkins, Dwight. *Agricultural Development in China 1368—1968,* Edinburgh: Edinburgh University Press, 1969.

Pomeranz, Kenneth, *The Great Divergence, Europe, China, and the Making of the Modern World Economy*, Princeton: Princeton University Press, 2000.

Rawski, Thomas G., *Economic Growth in Prewar China*, California: University of California Press. 1989.

Rawski, Thomas G., China's Industrial Performance, 1949—1957, *Quantitative Measures of China's Economic Output,* edited by Alexander Eckstein, Ann Arbor: The University of Michigan Prese, 1980.

Rawski, Thomas G. *Economy of the Lower Yangtze Region: 1850—1980*, unpublished manuscript, 1985.

Remer, C. F. *Foreign Investments in China,* New York: The Macmillan Co., 1933.

Reynolds, Douglas R. *China 1898—1912: The Xinzheng Revolution and Japan*, Cambridge: Harvard University Press, 1993.

Shay, Ted. The Level of Living in Japan, 1885—1938, John Komlos ed. *Stature, Living Standards, and Economic Development: Essays in Anthropometric History,* Chicago: The University of Chicago Press. 1994.

Skinner, G. William, Presidential Address: The Structure of Chinese History *Journal of Asian Studies,* Vol. 44, No. 2（Feb.1985）.

Smith, Thomas C, *Political Change and Industrial Development in Japan: Government Enterprise: 1868—1880*, Stanford: Stanford University Press, 1955.

Sugihara, Kaoru ed. *Japan, China, and the Growth of the Asian International Economy, 1850—1949,* Oxford: Oxford University Press, 2005.

Wang, Yeh-chien, *Land Taxation in Imperial China, 1750—1911,* Cambridge: Harvard University Press, 1973.

Yeh, K.C, China's National Income, 1931—1936, *Modern Chinese Economic History*, edited by Hou, Chi-ming and Yu, Tzong-shian, Taipei: The Institute of Economics, Academia Sinica, 1977.

第四篇

中日现代化比较：以近代蚕丝业为例

第八章：为何日本现代化比中国先行一步：来自 1850—1937 年养蚕业的教训[1]

虽然日本与中国地域相邻、文化相近，但在后来相当长时期内的经济发展水平却有着天壤之别。这种差距的起源是相对近期的。直到 19 世纪和 20 世纪初，日本与中国在生丝出口这样的低附加值、劳动密集型产品的国际市场上，狭路相逢。1850 年至 1930 年之间，生丝作为这两个国家的主要出口产品，占日本总出口的 20%—40% 及中国总出口的 20%—30%[2]。

用于丝绸制造的生丝是由一束束长的连续的吐丝织成。其生产始于蚕业，包括种植桑树、收获桑叶喂养蚕虫、蚕虫吐丝自纺蚕茧。历史上，蚕茧都是在乡村作坊由手工缫成生丝。但到 19 世纪后期，机械化的传播逐步将缫丝过程转变为现代工厂作业。

〔1〕 感谢 Robert Gallman, Paul Rhode, Miles Fletcher, Takeshi Abe, Loren Brandt, Yoshihisa Godo, Yujiro Hayami, Ryou Kam-bayashi, Paul Kandasamy, Christopher Isett, Akinobu Kuroda, 清川雪彦, Angus Maddison, Ramon Meyers, Konosuke Odaka, Keijiro Otsuka, Jan Pieter Smits, Osamu Saito, Bart van Ark, and Claudio Zanier 等学者的评论和建议，以及一桥大学、东京大学、格罗宁根大学、华盛顿大学和多伦多大学研讨会中的学者。也感谢 D. Gale Johnson 和杂志的审稿人。感谢日本科学促进会、圣路易斯的密苏里大学和国际发展高级基金会的研究资助。文责自负。

〔2〕 Lillian Li（1982），p.77；Ippei Yamazawa 和 Yuzo Yamamoto（1979），14:5。从全球来看，中国、日本、意大利三国的出口总量持续占据全世界生丝贸易的四分之三以上。

中日之间的生丝出口形成了鲜明的对比。1873 年中国生丝出口是日本的三倍；但是 1905 年，日本生丝出口超过了中国；1930 年，日本生丝出口是中国的三倍，并夺得全球市场 80% 的支配性份额[3]。这个反差令人困惑，因为直到 16 及 17 世纪时，中国生丝还一直占领着日本市场，即使到了 19 世纪中叶，中国的生丝仍然享有比日本更有利的声誉。本文通过聚焦蚕茧这一占生丝附加值 60% 至 80% 的部分，呈现这一强烈反差的对比分析。至于缫丝部分则留待日后研究[4]。本文还采用地域分析法，对日本与中国江南（中国最发达地区）进行对比。两者在面积、人口及气候方面都具有可比性，并都具有密集型农业、高密度人口及小规模耕种的水稻经济特征。双方的初始条件、要素禀赋比率、农作物选择及地理环境都较为类似，这为我们提供了一个难得的近似自然实验的个案研究[5]。

我认为，日本在出口生丝方面的成功很大程度是由于其养蚕部门发展了适当的传统工艺与现代科学相结合的技术和体系，克服了资源限制。这也与速水佑次郎提出的解释同一时期日本农业全面成功的诱导性创新假设不谋而合[6]。因此，缺乏日本式创新正是江南蚕业萎靡不振的原因。

---

[3] Giovanni Federico（1997），第三章，p.36，表 3.4；p.200，表 AIII。

[4] 除了 Lillian Li（1982）第 192 至 217 页中所论述的"中日两国丝绸海域、贸易、技术与企业"及清川雪彦（1975）第 240–255 页中论述的"战前中国蚕丝经济观察"，可见参考文献中大部分研究的焦点不是中国就是日本。Federico 的著作则涵盖全球生丝工业。

[5] 处于中国中东部的江南地区包括江苏、浙江、安徽三省。20 世纪开始的十年内日本生丝田的平均面积是 0.5 英亩（一英亩约 4047 平方米）左右，到了 20 世纪 20 年代是 0.7 英亩。江南 20 世纪 30 年代早期的生丝田平均面积则略少于 0.5 英亩。日本的数据见 Shozaburo Fujino, Shiro Fujino 和 Akira Ono（1979）11 卷第 151 页。江南的数据见东亚研究所（1944）pp.26–28。我在本研究中特意没有包括另一个面向出口的重要蚕丝生产地区——中国南部的广东省。广东处于亚热带地区，可培养一年内孵化五或六次的蚕虫。不过广东的生丝质量较差，而且将其技术传播到温带地区的可能性受到限制。

[6] Yujiro Hayami 与 Vernon Ruttan（1985）。

为什么大致类似的条件在一地引发创新但另一地却不行呢？我认为，理解这个差异的关键在于，19 世纪后期日本通过明治维新建立起来了重要的物质与社会基础设施，但清朝官僚保守派在江南开展的洋务运动却忽视了对其的发展。本文进一步表明，一旦模仿明治改革的 1903—1911 年晚清宪制改革创造了一系列必要基础条件后，日本的成功也反过来对江南地区的蚕茧业产生深远的影响，并在 20 世纪 30 年代带动了中国生机勃勃的技术与制度变革。

本文运用了众多独立的信息资料，包括 19 世纪 90 年代至 20 世纪 30 年代之间日本专家所著的关于中国蚕丝行业数量惊人的调查报告，来构建各种技术和生产力指数，其中包括价格对偶（price dual）的全要素生产力（TFP）指数。并在这些定量分析的基础上，对两地蚕茧生产、分销制度和技术进步等方面进行详细分析叙述。

本文其余部分分为三节和结语。第一节介绍了产出、投入、价格、部分和全要素生产力的估算的比较数据。第二节包含三部分，对技术、商业化及增长核算结果概要分别进行对比性描述。第三节描述了 20 世纪 30 年代江南迎头赶上的情况。

一、产量、价格与生产力

19 世纪 90 年代至 20 世纪 30 年代日本的蚕茧年产量（用于国内消费与出口）翻了五番，达到了三十万吨。可惜江南地区没有这么好的对应数据。Robert Eng 所收集的法国与日本学者的江南蚕茧产量估算数据，给出了一个七万至十万吨的范围，即江南在 1875 年至 1930 年之间的增长基本停滞不前。虽然数据不甚准确，但两地区蚕茧产量大致能反映出生丝出口的情况，也就是说，1930 年前后，日本生产的蚕茧产量比江南多三至四倍[7]。

各种农户与土地生产力数据似乎同样证实 1890 年至 1929 年间两者表现存在差异。20 世纪 20 年代末江南每家农户的蚕茧年产量为 50 至 65 公斤，与日本 1900 年的产量大致相当，但仅为日本同期产量的三分之一。1897 年与 1932 年江南每英亩蚕茧产量分别约为 150 公斤与 142 公斤，与日本 1910 年左右的产量相等，仅为其 20 世纪 20 年代产量的 70%。如果将江南在 20 世纪 10 与 20 年代蚕茧质量恶化的情况考虑在内的话，与日本相比，江南的实际蚕茧生产力可能还要低得多[8]。

这些部分生产力要素的平均指数有很多不足。对江南来说，大多数估算数据是根据分散的个案观察得出的。对日本来说，如将会在下文显示的那样，由于要素集约化的因素，日本蚕业在 1900 至 1920 年土地与劳动生产力的提高被高估了。这给基于原（primal）投入—产量法的全要素生产力的构建造成了问题。

在这种情况下，基于成本（或价格）的全要素生产力方法更为可行，因为投入与产出价格的时间序列数据相对来说是前后一致和真实可靠的。柯布－道格拉斯生产函数的生产与成本全要素生产力的双重对应的成立，需要满足规模报酬恒定及长期完全竞争市场的假定，成本方面全要素生产力的公式为 $A_t^d = \prod_i^4 w_{it}^{a_i} / AC_t$，$w_{it}$ 与 a_i 分别为 t 时刻第 i 种投入的价格与权重，AC_t 为平均生产成本，$\sum a_i = 1$。由于农村蚕业个体规模小且分散，对全球市场生丝和蚕茧价格没有影响，可以满足上述两个假设。

为了计算出两个全要素生产力，我用蚕茧价格作为平均生产成

---

〔7〕 日本蚕茧产量数据可见 Fujino（1979）。江南的数据可见 Y. Robert Eng（1986），表 2.7，p.35。

〔8〕 日本的数据源于 Fujino and Onc（1979），pp.306-307。江南的数据基于以下来源：东亚研究所，pp.27-28；上原重美（1929），pp.132-133；乐嗣炳（1935），pp.169-170；陈慈玉（1989），pp.68-69。

本，1903 年至 1928 年期间的劳动力、土地与蚕茧投入（肥料、蚕种种子等）和资本（蚕室、工具）四种投入价格序列。它们的汇总数据见附录。

图 8–1 显示的是日本与江南转换成日元的年均蚕茧（及生丝）价格。江南的蚕茧价格来自无锡，该地区是最重要的蚕茧市场中心。可以看出无锡蚕茧价格直至 20 世纪 10 年代中期还是与日本蚕茧价格大致平行的，自此之后就一直低于日本的价格。

20 世纪 10 年代中期之后突然出现持续的蚕茧价格下降现象反映了江南蚕茧质量的系统性恶化，这可以从丝产出比的上升看出，即生产某单位生丝所需的蚕茧数量。上原重美（当时中国生丝业最权威的日本专家）出示的数据表明，生产 100 公斤生丝所需的干蚕茧量从 1915 年的 500 公斤上升至 1925 年的 600 公斤，即丝茧生产率跌幅超过 20%[9]。

为了准确计算江南的全要素生产力变化，有必要根据质量变化调整蚕茧价格。由质量引起变化的无锡蚕茧价格（由蚕茧价格乘以标准化的丝茧生产率得出）如图 8–1 的无锡（q）所示。根据蚕茧质量（A_t^q）进行调整的两个价格全要素生产力可表示为 $A_t^q = \prod_i w_{it}^{a_i} / S_t P_t$，其中 S_t 和 P_t 分别为丝茧生产率与蚕茧市场价格。江南的 S_t 与 P_t 乘积等同于"无锡（q）"。两地的计算结果如表 8–1 所示。日本全要素生产力的增长在这三十年间一直在加速。江南在 1900—1920 年显示出前景光明的增长，但在 20 世纪 20 年代丝产出比开始下降之后前景就变得不如人意了。总的来说，20 世纪前 30 年间江南 0.52% 的全要素生产力增长率仅是

---

〔9〕 上原的著作共上千页，基于五年内 18 个省的游历，百科全书式地记录了中国蚕丝经济。上原著作中蚕丝产量数据的详情见数据附录。

日本 2.05% 增长率的四分之一[10]。

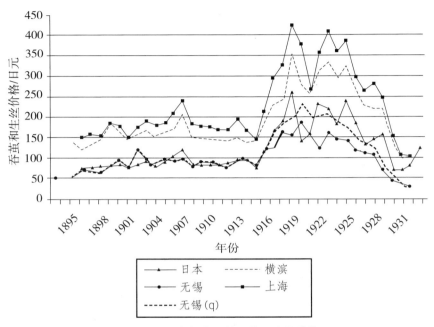

图 8-1　日本与中国的蚕茧和生丝价格

数据来源： 见数据附录。1896—1917 年的上海序列来自陈慈玉（1989），p.62。
1917—1932 年的序列来自徐新吾（1990），pp.692，698。横滨的序列来自 Shozaburo
Fujino, Shiro Fujino 和 Akira Ono（1979），11：pp.296–297。汇率来自萧亮林（1974），
pp.190–193。

注释： "日本"与"无锡"的曲线代表每 100 公斤的蚕茧价格。无锡（q）代表的
是质量调整后的价格曲线。"横滨"与"上海"曲线为日本和江南地区每 10 公斤
的生丝出口价格。

---

〔10〕　Federico 仅用土地与劳动力作为投入要素做了一个 1890 至 1929 年日本生丝的主要投
入—产出 TFP 计算。他估算的结果是年均 TFP 增长率为 2.6%（仅就春种而言），这样的结果忽
略了其他投入要素，如比土地与劳动力增长更快的化肥与器械，这是一种过高的估算（Federico，
p.85）。这为我基于更全面考虑投入要素的双价格 TFP 估算方式计算的 2.05% 的数据提供了进一步
的支撑。

表 8-1　日本和中国江南质量调整后的全要素生产力

日本		中国江南	
1903—1909 年	105	1904—1909 年	68
1910—1919 年	119（1.3%）	1910—1919 年	86（2.35%）
1920—1928 年	157（3.2%）	1920—1928 年	79（-0.9%）
1903—1928 年 年均增长率	2.05%	1904—1928 年 年均增长率	0.52%

数据来源：中国丝产量和投入产出价格数据，见数据附录。日本丝产量数据来自 Shozaburo Fujino, Shiro Fujino 和 Akira Ono（1979），卷 11，表 49 第 4 列。日本劳动力、土地、资本和投入（主要是肥料）的比例分别为 0.5、0.12、0.2、0.18，江南是 0.5、0.17、0.15、0.18。日本的要素比例信息来自日本蚕业协会中央委员会（1924 年和 1925 年）报告 1，第 11 页；报告 2，第 19 页。江南的数据使用了上原重美（1929），pp.83—84，160；以及陈慈玉（1989），pp.60—70。

注释：括号里的数字是与前期相比的增长率。在江南的全要素生产力上，我用 1904 年作为起始年，因为 1901 至 1903 年上海缫丝工厂突然暴增，导致蚕茧市场经历了一个非同寻常的投机时期。如果我用 1901 或 1903 年作为起始年，1901 年至 1928 年的年全要素生产力增长率将会分别为 1.5% 与 1.1%。为了测试我的全要素生产力计算的稳健性，我通过权重替代做了敏感测试。将中国部分的权重放入日本的数据中，得到日本在 1903 年至 1928 年的年平均增长率为 2.1%。将日本部分的权重放入中国的数据中，得到江南在 1904 年至 1928 年的年平均增长率为 0.67%。这两个比率与表中的比率并无显著性差异。

二、进步之因：技术与商业化

通过明治维新掌握权力的国家领导人在新的天皇"宪章宣誓"中宣称，"应向全世界学习知识"，并随之开始一个以西方为模板打造现代国家的改革计划（Marius B. Jansen，2000）。与日本在西方帝国主义的挑战面前毅然决然地走出国门形成反差，同期的清政府在被太平天国运动拖至崩溃边缘之际，却决意重建传统的统治意识形态。

清朝官僚确实意识到西方军事技术的优越性，并在所谓的洋务运动中试图通过一系列政府资助或控制的西式工业企业对中国军队进行现代化改造。而对于民间进行现代化改造的积极性，洋务运动的态度要么是漠不关心，要么是敌对仇视，并对提供现代公共产品兴致缺乏。在大多数情况下，该运动甚至反对私人积极修建诸如铁路和内陆蒸汽船等公共基础设施。

与之相反，明治政府在 19 世纪 80 年代卖掉其为数不多的政府企业，发出了一个强有力的信号：私营经济是日本产业的支柱。政府将精力集中在建立至关重要的社会与物质基础设施上，如法律体系、公共教育、研究与技术推广、现代货币与银行体系、现代交通与现代通信。

1894 年北洋水师令人震惊地被日本击败，这很快给洋务运动敲响了丧钟，并随之引发了一系列质疑传统体制基础的思想觉醒运动。1903 至 1911 年的清政府宪制改革，本身就是受明治维新启发并仿照后者的，这次改革也意识到民营经济以及政府在公共物品供给方面的重要性。但随着清政府在 1911 年的轰然垮台，中国陷入一片混乱局面，这样的改革也就无疾而终了。[11]

接下来的三部分将告诉我们，在 19 世纪末 20 世纪初，这些重要变化导致中国和日本的生产和商业尽管在技术和制度上起点相仿，却走上了分岔的道路。这两条不同的道路也直接影响两国的生产力与竞争力。

---

〔11〕 同治中兴的详情请见 Mary Wright（1962）。洋务运动的详情见 John K. Fairbank（1978）。清末新政的详情见 John K. Fairbank 与 Kwang-ching Liu（1980）。日本相关详情见 Thomas Smith（1955）。

（一）技术

日本在国际丝市场上是后来者。日本国内生丝经济的崛起，是源于 1685 年德川幕府对中国丝进口的限制，其实就是借鉴中国，尤其是江南的丝业技术进行生产，以实现进口替代的案例。到了 19 世纪 60 年代与 70 年代，日本成为欧洲最重要的高质蚕卵供应国。日本在蚕卵（这种产品比生丝附加值更低）的出口方面占据相对优势，这似乎也证实了其他证据：德川后期日本蚕茧培育技术的水平也许追平甚至超出了中国江南地区，但在桑树种植与手工缫丝技术上明显落后[12]。

明治维新为日本丝业打开了欧洲科技世界的大门。1871 年至 1873 年岩仓使团将众多明治政府官员送至欧洲与美国进行两年的学习，这也启发了日本丝业专家。紧随官方岩仓使团出使意大利的是以佐佐木长淳为团长的日本丝业专家团，他们 1873 年访问了意大利北部。

佐佐木访问之时，正值意大利北部代表着欧洲丝业技术的前沿之时，这是现代科学应用转化而成的结果，尤其得益于路易·巴斯德发现并推广的微粒子病镜检法。佐佐木在戈里齐亚生丝研究所（位于意大利北部）访问学习了整整一个月。该研究所建立于 1869 年，是该领域的首家现代研究机构。佐佐木带回日本的是最新式的蚕茧培育工具，比如显微镜和湿度计，他还积极倡导在日本建立现代丝业研究与教育机构。这次访问也预示了日本自己的技术创新、推广与建立教育体系的开始。19 世纪 90 年代至 20 世纪 40 年代期间，日本丝业专家持续不断地对外国蚕业技术与商业实践进行调查，仅有关中国的就有 40 卷

---

[12] 中国对日本生丝技术的影响详情见古岛敏雄（1975），第 5 卷 384 页、第 6 卷 630 页；见井上善治郎（1976）。前明治时代日本在生丝技术的相对地位见 L.L（1981）及石井宽治（1972），p.374。

报告之多[13]。

但20世纪之前的江南就找不到这种对欧洲丝业持续技术革新的满腔热情了[14]。中国读书人还是全神贯注于备考竞争激烈的、金字塔体系的、依靠背诵儒家经典的科举考试。洋务派在传播西方科学和技术上所作出的有限的成果就是翻译一系列的西方著作，由江南制造局（为建造西式军舰所建立的政府军工企业）的翻译馆完成。其中1899年翻译的一本著作就是一部意大利经典蚕业专著，原版是19世纪10年代末出版的。这本译作本身可能是由原著的英译本转译的，参与翻译的三个译者并非是蚕业方面的专业人士，而是由一个叫傅兰雅（John Fryer）的英国人口译文本，再由两个中国人将傅兰雅的口头翻译转换成文言文。中国是通过多重间接媒介学习经典但已过时的意大利技术，与这种学习方法形成鲜明对比的是，佐佐木1873年亲身前往意大利学习方法[15]。

到了世纪之交，日本对江南的丝业调查已经显示出两者技术分歧的重要迹象。这些日本人报告经常批评江南的蚕茧培育方法落后、幼稚、迷信，最有趣的是"非常像我们明治之前的做法"。[16]这证实了

---

〔13〕 日本蚕丝史编委会，（1935）第4卷282页、第3卷503页与第3卷219页。佐佐木访问的详情见 Istituto Bacologico Sperimentale di Gorizia（1874），p. vi.

〔14〕 曾在19世纪70年代帮助日本建立起大型官办富岗缫丝厂的法国缫丝专家和企业家保罗·布鲁内特，在19世纪80年代任上海一家美资缫丝厂的经理。在1886年，当洋务运动的领军人物李鸿章访问其工厂时，布鲁内特直陈将显微镜检验技术引入中国的必要性。布鲁内特的建议见于上海多家报纸报端，但显然不受李鸿章与他人的重视。这个报道引起了日本农业与商务司官员的注意，并将其译为日语。由于担心日本可能出现蚕虫病，该司的技术人员对日本的蚕卵进行了显微镜检验，结果吃惊地发现日本早已盛行蚕虫病。据这些官员所言，该发现是那一年日本颁布蚕茧疾病预防法案的一个重要原因。见《日本丝业协会报告》（1907）。亦可见古田和子（2000）。

〔15〕 这本 Vincenzo Dandolo 所著意大利蚕业著作的中译本可于斯坦福大学胡佛学院东亚图书馆找到。感谢 Claudio Zanier 提供 Vincenzo Dandolo 的信息。John Fryer 的更多信息见费正清（1978），第一部，536页。日本有直接翻译中国与西方著作的传统（尤其在德川幕府时代荷兰学时期），与之形成反差的是明清时期中国知识分子依赖西学者口译西方著作的传统，这些情况的介绍可见于李廷举等（1996）。

〔16〕 见高津仲次郎（1898），p.16；大石善四郎（1908年），p.8。松永伍（1898），pp.3-5。

日本丝业技术正是在 19 世纪末 20 世纪初开始决然地超越中国江南地区。以下的对比性描述展示了日本 20 世纪之初两个最重要的技术突破，这为其蚕业技术的全球领先地位奠定了基础[17]。

蚕虫改进：发展 F1 品种。蚕卵是蚕茧生产的基本投入之一。虽然日本在蚕虫疾病预防与蚕虫品种改进上有多项技术革新，但最根本性的突破是 1910 年代初所谓的第一代杂交（F1）蚕虫的发现。F1 品种性能几乎超过了之前的品种所有技术指数[18]。

F1 品种背后的杂交优势概念在东亚也有渊源。但是，蚕虫杂交育种之前的研究与实验，包括明治时代早期进行的研究与实验，是没有得到杂交优势理论支撑的（也即孟德尔提出的遗传学原理）。孟德尔发现的重点在于，两个纯系亲本的优秀特质在杂交后的第一代是稳定的，但在该杂种的下一代就不稳定了。这一重要的理论认识使现代实验室纯系品种选育和杂交更专业化，也即杂交 F1 蚕茧品种用于吐丝，而纯系用于繁殖第一代杂交，生产也更规模化。

需要注意的是，F1 品种的成功是建立在一系列胚胎学与细胞学的积累性研究基础之上的。与其他小型技术革新不同，在 F1 技术核心之中，大部分的基础科研与生物实验工作由政府资助的研究实验室和大学相关院系负责[19]。

在试验站、专营蚕卵商、工业缫丝厂主及协会组成的推广网络帮助之下，F1 品种在蚕农中迅速推广，这个过程始于 20 世纪 10 年代初，到了 1923 年，F1 品种在春种中占到 100%；再到了 1929 年，夏

---

〔17〕 值得指出的是，长期以来欧洲一直在追寻东亚蚕业技术，东亚蚕业大概在 18 世纪取得全球领先地位。这种追求在 1837 年与 1848 年出版两部中国与日本蚕业著作时达到顶峰。见 Claudio Zanier（1994），pp.71–94。

〔18〕 实验室测试证实，F1 品种缩短了培育时间，吐丝更长，残次蚕茧更少，而且更适于机械缫丝的需求。见清川雪彦（1995），pp.91–92。

〔19〕 清川雪彦（1984），pp.31–59，pp.37–38。

种与秋种用的全都是 F1 品种[20]。

F1 品种的推广对日本蚕茧的生产与质量都有着直接影响。衡量蚕虫品种与培育表现最常使用的指标是所谓的蚕茧 – 卵产出率，即由一定数量的孵化蚕卵获得的蚕茧重量。表 8–2 清晰地显示出，1900—1909 年期间至 1910—1919 年期间蚕茧卵产出率是直线上升的，这与 F1 品种的推广时间与推广率是对应的。这同样符合我所做的日本全要素生产力指数的上升情况研究。到了 19 世纪 20 年代后期，当 F1 品种全面推广完成时，日本的蚕茧 – 卵产出率超过了意大利。

相比之下，江南在 1925 年前使用的蚕卵几乎全部用传统培育方法生产，很少运用显微镜方法预防疾病。基于各种日本调查报告得出结果，表 8–2 的最后一列显示的是两地蚕茧 – 卵产出率的直接对比。这种对比引人注目。1900 年前后，日本与江南的蚕茧 – 卵产出比大致相当，但在接下来的二十年，日本的蚕茧 – 卵产出比节节攀升，相反，江南的蚕茧产出比基本停滞。

集约化措施：多种一季。 除了主要春播作物，日本的另一个主要创新是在秋天饲养第二茬蚕。同样，像许多其他日本创新技术一样，在东亚也有渊源[21]。但是，孵化的不稳定性与其他技术问题限制了它的发展。秋种的巨大好处在于，培育的时机正好是水稻种植需要最少劳力的时候，因此生产蚕茧就不需要以放弃粮食生产为代价[22]。日本早在 19 世纪 80 年代就开始研究人工孵化，而且日本农民也尝试用

---

〔20〕 关于传播曲线，见清川雪彦，《日本蚕业中新技术的传播》。F1 品种的扩散导致了全国蚕卵种类的标准化，进而导致了生丝种类的标准化，这一特征受到了日益机械化的美国市场的欢迎。关于 20 世纪美国生丝市场日益增长的重要性和主导型，见马德斌（1996），pp.330–355。

〔21〕 朱新予指出中国的一本可以追溯到 1273 年的桑蚕手册记录了一种在低温下人工延长蚕卵孵化期的方法。见朱新予（1992）。

〔22〕 关于基于线性规划来分析夏秋种的分配收益的研究，见 Le Thanh Nghiep 和 Yujiro Hayami 的研究 "粮食和经济作物的权衡：夏秋蚕茧培育"，Yujiro Hayami 和 Saburo Yamada（1991），pp.175–198。

过各种原始的方法来保存与孵化秋天的蚕卵。但是直到日本科学家在 1911—1912 年发现盐酸处理方法，人工孵化的时机与成果才稳定下来。

表 8–2　蚕茧 – 卵产出率（每克蚕卵能产生的蚕茧公斤数）

年份	意大利	法国	日本（春秋季）	中国江南地区对日本水平的比例
1878—1887 年	1.02	0.94		
1888—1902 年	1.48	1.43	0.86（1899）	
1903—1913 年	1.76	1.55	0.8（1900—1909）	100%（1900）
1910—1919 年			1.06（3.8%）	74%（1917）
1920—1929 年	1.74		1.75（5.2%）	50%（1927）

数据来源：意大利和法国数据来自 Federico（1997，appendix, Table 15），日本数据来自 Fujino et al（1979，Table 62）。中国数据为：1903 年来自于峯村喜蔵（1903，pp.105–108），1917 年浙江数据引用自井川克彦（1998，p.223）。1927 数据来自上原重美（1929，p.30），其他中国学者也估算 1920 年末和 1930 年初产出率为一公斤左右，见乐嗣炳（1935，p.78），王庄穆（1995，p.50）。

　　蚕虫保存与孵化的创新只是故事的一半。秋种更大的限制是秋天桑叶的供应，这时桑树不再长新叶了。这方面的技术创新经历了好几个探索与实验阶段，最终形成由三个辅助性技术合成的组合技术：从江南引进一种叫"鲁桑"的依赖化肥的树种并加以改良；一种叫"树干修剪法"的新剪枝技术；还有采用新型商业化肥。

　　日本早在德川时期就从中国蚕业著作中得知有种优越的鲁桑树，但直到明治维新之后，在佐佐木不遗余力的倡导之下才开始大范围引进。对鲁桑树做主干修剪之后，鲁桑树变得像灌木一样矮，成熟快，产叶更多，并可一年内数次发芽，不过寿命没那么长〔23〕。

在中国亚热带的广东，树干修剪技术与灌木型桑树（非鲁桑）非常盛行〔24〕。日本成功将这样一个亚热带技术移植至温带，离不开1900—1930年新商业化肥的推广。在其使用的多种商业化肥中，由中国东北进口的豆饼最为重要〔25〕。从中国北部引进豆饼是江南农业在18与19世纪取得的一个重大历史成就。但到了20世纪，日本在中国东北的经济活动以及国内分配与运输状况的显著改善有效地将这项大宗贸易导向日本〔26〕。

这样的技术创新融合导致夏种与秋种在总产量的比例从1880—1900年间的仅20%上升至1900—1909年间的34%，而且在1920年后，夏种与秋种一直占总产量的一半左右，与春种旗鼓相当〔27〕。

与之相反的是，20世纪早期的江南桑树种植仍呈现出的是自晚明（16世纪晚期左右）建立起来的生态系统。桑树大多是鲁桑树种，主干经过修剪，种植于运河河堤两侧，以运河淤泥施肥，桑叶通过运河

---

〔23〕 关于江南鲁桑累计近千年的改进，见嵇发根（1994）。关于欧洲蚕业从业者早已了解和试验各种欧洲鲁桑（他们称之为"菲律宾品种"），见 Zanier，p.74。佐佐木自己回忆说，他把自己的鲁桑的知识归功于贝原益轩的作品（1630—1714），他是德川时代首屈一指的儒学和中国植物学学者。见《日本蚕桑协会报告》（1907），编委会（1935）和 Zanier，p.74。对于剪枝技术的优势，见井川克彦（1998），第3章。

〔24〕 关于中国的剪枝技术，见梁家勉（1989），pp.219-220。关于广东省桑树种类，见 C. P. Howard 和 K. P. Buswell（1925），第3章。

〔25〕 其他的商业肥料包括鱼饼、现代化肥；见井川克彦（1998）第8章；以及 Hayami 和 Yamada（1991），第4章。

〔26〕 关于江南的大豆，见足立启二（1978）。关于日本的内部交通和分配的改善，以及大型日本水运企业和贸易站的活动，例如三井和在东北的三菱，见井川克彦（1998）第8章。

〔27〕 关于1880—1889年夏秋种的传播数据，见清川雪彦（1995）。其余来自 Shozaburo Fujino, Shiro Fujino 和 Akira Ono（1979）。鲁桑树和它的近亲树种代表了最为重要的一类，占据了日本桑树种植的五分之一。鲁桑树也和其他种类杂交，杂交种起了其他的名称。除了鲁桑树，明治时期日本从中国和世界其他地区的桑蚕区引进了别的树种，包括意大利、印度和南美。到1910—1930年间，剪枝树种占据了日本桑树的60%。到了1920年，日本70%的桑树都能够为春秋两季提供桑叶。见编委会（1935）；井川克彦（1998）；Shozaburo Fujino, Shiro Fujino 和 Akira Ono（1979）。

渠道输送到市场[28]。零散的估算数据表明，1910—1930 年间，江南桑树的每英亩平均产量还是高于群马与长野县这两个日本最重要的蚕业地区在 1880—1890 年间的产量的，但到了 1927 年却仅为日本全国平均产量的一半。因此可以说，江南在 20 世纪 20 年代晚期夏种与秋种的产量仅为日本在 19 世纪 80 年代之前的水平[29]。

（二）商业化

日本：突破资源瓶颈。 在 19 世纪 80 年代，长野县的诹访地区成为机械化缫丝工厂的中心。因为诹访位于日本东部丝业地区的中心，开始时缫丝工厂是直接从邻近地区的农户手中收购蚕茧的。但随着之后二十年现代缫丝工厂的飞速增长，缫丝厂主开始向其他县寻求额外的供货途径，以获取更便宜的蚕茧。缫丝厂主从全国范围采购蚕茧促进了 19 世纪 80 年代至 20 世纪 10 年代所有主要蚕业地区的蚕茧收购与营销中心的发展。这些收购与营销中心通常包含蚕茧商行与个体商户，有些还装备有蚕茧干燥与储存设施。

诹访地区被群山环绕，这样的地形对商业化来说是严峻的阻碍。因此，蚕茧供货区范围的迅速扩张是一次人力战胜地理环境的丰功伟绩。中林真幸的研究详细记录了现代保险与运输方法的引进、铁路的修建、缫丝厂主与铁路部门的合作，逐个打破原本约束蚕茧供应急剧扩张的瓶颈。19 世纪 80 年代早期开始修建的铁路，为诹访的缫丝厂主迅速开拓了新的蚕茧供应地区，并将越来越多的传统缫丝与养蚕的

---

〔28〕 井川克彦（1998），pp.227–231。

〔29〕 关于中国的桑树产量，同上，p.231。乐嗣炳（1935），p.19、71；高景岳、严学熙（1987），pp.10–11。上海国际检测局（1925），p.88、92。群马和长野的产量来自井川克彦（1998），pp.230–231。日本 19 世纪 20 年代全国平均产出来自编委会（第 13），4:319–320。关于江南 20 世纪 10 和 20 年代夏秋种的占比，见井川克彦（1998），p.225，以及东亚同文会（1917 年和 1919 年）。

生产者转变为专业的蚕农。

从 1910 年开始，缫丝厂主与农户之间的直接收购不断发展，逐渐取代了中介市场或中介商。一战后，缫丝厂主与农户或农户合作社的直接交易显著加强。数据显示，到了 1923 年，直接卖给缫丝厂主的蚕茧占总销量的 46.6%，高于通过蚕茧市场交易的 23.9% 和蚕茧商销售的 29.5%[30]。这种直接交易体系又演变为另一种制度性创新，即所谓的分包直购体系使缫丝厂主与养蚕者更紧密结合。这一体系大概始于 1905 年，使农户与缫丝厂主之间建立起长期的买卖合同。从 1926 年到 1933 年，日本通过这一体系使蚕茧销量从 12.5% 增长到 40.1%[31]。

江南的对比：发展与桎梏。与几乎线性发展的日本蚕茧商业相比，江南的进程曲折得多。19 世纪 80 年代中期之前，现代缫丝工厂有过活跃的迹象，但实际上继续发展下去的甚少。1894 年以前从上海出口的机缫生丝少得可怜，海关数据统计中甚至将其当作手工缫丝计算。

这种情况并不奇怪，因为私人现代工业与洋务运动官僚支持的工厂是受到区别对待的，其在 20 世纪以前都没有合法地位。为数不多的机械缫丝工厂在上海通商口岸模糊的治外法权保护下生存下来，但还不断受到代表传统生丝纺主利益的当地官员骚扰，因为这些生丝纺主害怕他们生丝供应的来源受到影响[32]。1895 年，中国败于日本后签订的《马关条约》赋予条约口岸的私营企业以合法地位，这种状

---

〔30〕 目前的叙述基于石井宽治（1972），pp.397–405；以及中林真幸（1997）。

〔31〕 同上，石井宽治（1972），pp.423–429。

〔32〕 关于上海现代缫丝工厂的困境，见铃木智夫（1992），pp.325–333。从广东农村现代私人缫丝工厂的命运可以看出 19 世纪中国私人企业的脆弱性。1872 年，由海外中国商人投资兴建的机械化的缫丝工厂，在几年之内取得了快速发展，但是却面临着传统丝织业者的骚扰和地方行政部门的关停命令。见马德斌（1998）。

况才得以改变。

在上海，现代缫丝工厂的数量在 1895 至 1896 年间增长了一倍多[33]。但离蚕茧区 200~300 公里的上海缫丝工厂刚刚起步，很快就受到了江南农村稚嫩的蚕茧销售与分配基础设施的制约，使 1902 年至 1903 年无锡的蚕茧价格腾升了 70%（如图 8–1 所示）。

在 19 世纪，江南的低洼地区蚕茧运输可以依赖发达的水路，勉强得以在清政府禁止修建铁路的政策下存活。上海缫丝厂主与商人试图将蒸汽船引入内陆，但受到保护传统航运利益的当地官员层层阻挠。直到 1895 年《马关条约》签订后，蒸汽轮船和之后的固定航线才开始在内陆河与运河上出现[34]。1908 年与 1912 年，两条连接上海与江苏和浙江省蚕业中心地带的铁路也分别建成通车。

江南蚕茧的分销大多掌控于茧行之手。这些商行从农民手中接收新鲜蚕茧，用火炉烘干再运往上海。茧行属于传统的牙行体系，牙行通过购买政府颁发的执照和缴纳商业税获得地方贸易特权[35]。

20 世纪蚕茧需求量的上升引发了茧行的持续稳步的增加。在无锡，蚕茧商行的数量由 1895 年的不到 50 家增加至 1910 年的 140 家。到了 1917 年，江苏与浙江省总共有 700 多家蚕茧商行遍布主要的蚕业区[36]。19 世纪 80 年代起，无锡商行商人就组织活动来调节市场价格、协调集体行动，到了 1902 年他们成立正式的蚕茧行会，随后在 1909 年被吸收进入能代表所有江南蚕茧商人与上海缫丝厂主的

---

〔33〕 徐新吾（1990），p.615。
〔34〕 在条约体系下，蒸汽轮船公司可以在长江和沿海活动，但不能在内河及运河行驶。1889 年政府做出妥协，可以使用蒸汽船来拖动传统船只；铃木智夫（1992），p.347。
〔35〕 关于清代中国的商业组织，见 Susan Mann（1987）；关于蚕茧商行，见 L. Li（1981），pp.176–185；曾田三郎（1994），pp.389–404；曾田三郎（1994），pp.416–422。
〔36〕 曾田三郎（1994），p.417。

联合行会[37]。

可是江南 20 世纪的蚕茧工业并非一帆风顺。在 20 世纪 10 年代中期，正当江南商业化走上顶峰之时，传统丝纺主行会成功对省政府施压，使其颁布法令，对江南一定地域范围内茧行增加的数量进行限制。因此，20 世纪 20 年代蚕茧商行以及到上海的船运量的增长明显放缓[38]。

民国时期的商业组织以传统遗留的行会与商行形式存在。在晚清时期，迫于其不断恶化的财政状况，清政府越来越多地采用商业税取代固化的土地税。但商业税的征收，尤其是对国内运输货物收取臭名昭著的国内过境税即厘金，其征收手段经常是任意性和敲诈性的。正是这些有组织的行会，利用地方政府对商业活动信息了解的有限性，扮演着税收征收中介的角色。通过这些包税制的实施与推广，商业行会对江南农村的蚕茧分销体系产生了格外的影响[39]。

在此期间，蚕茧行会像其他行会一样，为了保护其贸易权限使出浑身解数，包括关闭其他独立的蚕茧中介。他们联合竞相压价，最后疏离茧农，使其不断地试图绕过商行体系[40]。

蚕茧商业化进程中出现了一个潜在的信息问题，使蚕虫培育与缫丝之间产生了劳动的分工。在分散的培育蚕虫的农户里，蚕农对培育过程和产品质量讳莫如深。到了 20 世纪 10 年代和 20 年代，销售劣质

---

〔37〕 见 Lynda Bell（1999）；铃木智夫（1992），p.406；曾田三郎（1994），pp.416–422。

〔38〕 曾田三郎（1994），pp.423–444 以及 Bell，pp.79–80。1900—1909 年每年从江南桑蚕产区运到上海的平均蚕茧吨数为 9767 吨。见上原重美（1929），pp.227–228（1913—1928）；以及紫藤章（1911），pp.120–122（1898—1911）。

〔39〕 关于清代财政体系，见 Yeh-chien Wang（1993）；Bell，pp.83–87。

〔40〕 Bell，p.82；曾田三郎（1994），p.427。商行体系控制了江南大约 40%~60% 的蚕茧销售。Federico（1997），pp.148–149。

蚕茧的欺骗性和不诚实做法将蚕茧市场变成如阿克洛夫所说的柠檬市场[41]。

有趣的是，日本德川时代，尤其是在 18 世纪时，也和江南一样出现以行会为主的情况。官方特许的商业行会向幕府支付执照费与缴纳税费，以换得贸易特权。但明治改革废除了垄断商业的行会体系，以支持自由商业交易的合法性[42]。

没有了政府批准的垄断，日本蚕茧交易的制度性安排方式出现了多样性，并为制度创新制造了可能性，如"分包直购"体系。通过长期的直购合同，工业缫丝厂主为农民提供科学繁殖的蚕卵和详细的技术指导，并对其蚕虫培育过程进行监控。在日本，大型、高质量的生丝厂，如片仓、郡是，就是这个体系的主要用户[43]。20 世纪 10 年代和 20 年代困扰江南的信息不对称问题（很可能是该地区蚕丝产量下降的原因），却在日本被一个半垂直的整合系统得以解决。

（三）增长会计的核算

两地蚕茧商业化的不同步伐与路线对生产力产生不同影响。对图 8-1 中价格系列的目测与标准统计协整检验都表明，20 世纪开始的二十年里，日本蚕茧市场与横滨生丝市场的市场一体化程度比无锡与上海要高得多。江南 20 世纪的蚕丝业，可能相当于日本在 19 世纪后半期商业化的阶段，并借助当时新的基础设施与更高的专业化程度实现生产力显著的提高。但对于 20 世纪基础设施与蚕茧营销网络已经健

---

〔41〕 农民通过各种努力将劣质蚕茧和优质蚕茧混合，见 L.Li（1981），p.185；曾田三郎（1994），pp.433-444。

〔42〕 关于德川时期行会体系的兴起、衰落和复兴的英文记载，见 Charles Sheldon（1958）。关于明治时期废除行会，见石井良助（1965），p.261。

〔43〕 石井宽治（1972），pp.57-83、429。在清川雪彦（1984，p.47）的 probit 回归的八个变量中，分包直购体系是最能够解释 F1 品种快速传播的变量。

全的日本来说，这种效应对生产力提高已是微不足道了。如果我们将表 8-1 中江南 1904—1928 年间 0.52% 的年均全要素生产力增长率归功于商业化可能提高的效率，那么对日本 1903—1928 年间 2.05% 的全要素生产力增长率，只能放在蚕丝业重大的技术与制度革新的背景下解释[44]。

表 8-3　1903—1927 年投入、产出、全要素生产力年均增长率

	日本	中国江南地区
产出增加：		
纯投入（除了夏秋季）	2（42）	……
集约化（夏秋季）	1.15（21%）	0
全要素生产力	2.05（37%）	0.52
蚕茧产出	5.5	……
生丝出口	7.9	2.8

数据来源：日本的生丝数据来自 Shozaburo Fujino, Shiro Fujino 和 Akira Ono（1979），第 11 卷，表 57、61、63，江南生丝数据来自徐新吾（1990），pp.690–692。
注释：括号里的数字显示的是对蚕茧产量增长率产生贡献的百分比。5.5% 的数据是根据产丝比调整过的日本蚕茧增长率。没有根据质量进行调整的增长率是 5.2%。

表 8-3 显示的是增长核算情况，单独计算出日本的投入扩张与全要素生产力增长对蚕茧产量增长的贡献。由表 8-3 可见，全要素生产力增长贡献了蚕茧产出增长的 37%，其余的 63% 属于来自 1903—1928 年的投入扩张。在这 63% 的投入扩张之中，我运用以下反事实（counterfactual）分析方法，计算出由夏种与秋种带来的集约化效应：

---

[44]　关于 20 世纪中国商业化的效率收益，见 Earnest Liang（1981），pp.77–105；以及 Loren Brandt（1989）。

来自集约化的年增长率

$$= \frac{\exp[\log(Q1927) - \log(Q_h1927)]}{24} - 1$$

$Q1927$ 等于 1927 年春、夏、秋三季的蚕茧产量，Q_h1927 等于 1927 年春季蚕茧产量 +（$Q1927 \times 1903$ 年夏种与秋种比）。

如表 8–3 所示，这种计算方法显示出，通过夏种与秋种（作为投入扩张的一部分）进行的集约化措施产生了 1.15% 的年投入增长（约为蚕茧产量总增长的 21%）。总体来说，全要素生产力增长与集约化带来了日本蚕茧产量年增长的 58%，其余的 42% 来自于土地与劳动力投入的纯增加。

之前我已说明了全要素生产力增长是与 F1 品种的发现与推广直接相关的，而集约化措施是通过应用人工孵化技术以及结合一整套桑树培育的补充性技术实现的。这些构成了日本茧业诱导性创新的核心。如果没有出现这些创新的话，也就是说，如果我们将诱导性创新 58% 的贡献作用从 1903—1927 年间 5.5% 的年蚕茧增长率中移除的话，日本的增长率就只有 2.3% 了。这大致相当于江南同期蚕丝出口 2.8% 的增长率。显而易见，最终使两地产生差距的关键在于品种与种子化肥的转变[45]。

三、尾声：江南 20 世纪 30 年代的迎头追赶

20 世纪江南在茧丝业上暗淡无光的表现必须放在一个大背景下审视，即 1911 年清政府垮台后，中国分崩离析，社会与经济混乱不堪。民国时期出现的一系列的软弱无力的政府，或者有时的无政府状态，

---

〔45〕 Hayami 和 Yamada（1991，第 5、6 章）利用反事实统计分析，研究如果没有商业化肥和夏秋种推广，日本农业的表现情况如何。如果 Hayami 进行了中日比较分析，那么他就不需要进行反事实分析了。江南的桑蚕业不幸提供了日本 20 世纪农业反事实研究的样本。

使真正的改革举步维艰。虽然如此，改革与基本意识形态的转变也开始引发深远的影响。

1897年，一位地方官员在浙江省杭州市建立了中国第一所现代蚕业研究所。1900年之后养蚕手册标题使用了新引入的术语"实验"。晚清的改革废除了科举考试，为建立一个使用新课程体系的现代教育制度铺平了道路。实验站、研究机构、各级学校以及科学团体缓慢但稳步发展，积极地推进蚕业的改革，普及科学原理和推广新技术[46]。

20世纪的前二十年同样见证了上海通商口岸里所谓中国资本主义黄金时代的到来。上海工业与金融快速的发展也蔓延至江南其他地区，特别是新建成的沪宁铁路沿线的无锡，由于劳动力价格低廉，靠近原材料产区，到了20世纪20年代中期发展为江南又一个现代缫丝生产的中心。

随着1927年南京国民政府的成立，各种分散的增长因素开始凝聚。重建祥和与稳定的环境是一个政府所能提供的无价的公共产品。到了1933年，无锡现代缫丝机器的数量破天荒地超过了上海[47]。最引人注目的是一个巨大的缫丝集团企业——永泰公司——的崛起，该公司在1926年由上海搬来无锡，并迅速成长为20世纪30年代推动蚕业进步与技术推广的行业领头羊。

1928年，南京国民政府废除了蚕茧行会的贸易特权，取消了开办蚕茧商行的限制，并开始改革商业税与农业税。在1928—1929年间，无锡蚕茧商行的数量跃升了30%左右[48]。政府鼓励建立蚕种培育合作

---

〔46〕 王庄穆（1995），pp.45–46，87。关于一系列桑蚕业文本，见朱（1992）附录1。关于20世纪之后的现代科学团体和机构的兴起，见John Fairbank和Albert Feuerwerker（1986）。

〔47〕 需要注意的是取访地区作为日本的缫丝生产中心，其形成是由于19世纪日本现代银行业和其他服务设施的发展。见石井宽治（1972），第二章。关于无锡银行和服务业的发展，见陈慈玉（1989），第2章；高景岳、严学熙（1987）。

〔48〕 Mann（1987，第9章）认为征税行为没有消失，但是被特殊的征税代理人所取代。

社，将蚕茧直接卖给缫丝工厂。到了 1932 年，永泰缫丝公司开始与江南的蚕农或合作社签订长期独家合同，这与日本大丝纺主开创的分包直购体系非常类似[49]。

从 1932 年开始，江苏与浙江省政府都开始在省内设立模范地区，在推动丝业进步与技术推广方面发挥直接作用。1934 年，中国政府建立了一个国家级的蚕业研究与改进组织[50]。

到了 20 世纪 30 年代，中国江南地区似乎赶上日本，令人刮目相看。图 8–2 展示了江南科学改良品种（大部分是 F1 品种）的扩散曲线。在江苏，科学生产的蚕卵比例在短短 5 至 7 年间就从仅 5% 跃升至几乎100%。浙江的推广则有些滞后，不过江南 20 世纪 30 年代总体推广率与日本在 20 世纪 10 与 20 年代 F1 杂交品种的普及率不相上下。

向日本学习人工孵化法后，江苏省在培育秋种蚕卵方面领先。1935年，江苏秋种占全年种植量的比例是 42%，浙江省则是 18%[51]。

江南追赶的道路毫无疑问具有鲜明的日本技术与制度的痕迹。这并非偶然，而是中国丝业及后来的无锡企业家专心致志向日本学习的结果。江南几乎全盘照搬日本蚕业模式的成功，证明两地因素禀赋的可比条件与相通的文化与技术遗产是可以产生黏合力的。这也见证了 20 世纪早期两地区自近代以来知识传播的历史性方向的重大逆转[52]。

---

〔49〕 见东亚研究所（1944），pp.63–69；高景岳、严学熙（1987），pp.305–308。

〔50〕 奥村哲（1979），pp.80–116；弁纳才一（1993），pp.30–59；王庄穆（1995），pp.64–86。

〔51〕 关于浙江改良品种传播滞后原因的深入分析，见 Benno；秋种比例的计算来自东亚研究所（1944），p.298。

〔52〕 尽管欧洲和美国的个人和组织也对桑蚕业的改良做出了贡献，日本模式最终成为中国江南地区的主流，因为大量的桑蚕业改革者都有日本的学位，日本专家直接参与到江南桑蚕学校之中，20 世纪 20 年代和 30 年代日本桑蚕技术通过期刊和书籍被进一步介绍到中国。见古田和子（1988），pp.117–182。以及王庄穆（1995）。关于中国模仿日本改革模式的描述，见 Douglas Reynolds（1993）。

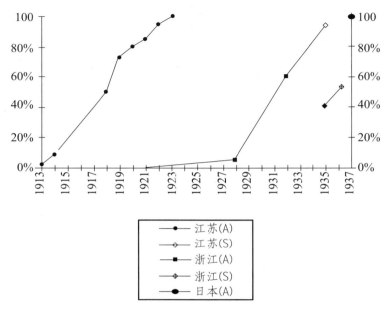

图 8-2　日本与中国江南地区科学生产的蚕虫品种的推广

数据来源：日本的推广数据来自清川雪彦（1984），第 41 页图 1。（A）包含了各季节的情况，（S）仅包括春种。关于中国的情况，见弁纳才一（1993），pp.30-59，特别是第 43 页；王庄穆（1995），pp.10，49。以及 Y. Robert Eng（1986），p.136。

1935 年与 1936 年，江南蚕茧产量及生丝出口全面提升。使用了新引进的日本缫丝技术之后，永泰集团生产的生丝打入了美国丝袜市场，这之前是日本高质量生丝生产巨头（如片仓与郡是）的专属领地。

以无锡为中心的欣欣向荣的发展态势使日本竞争者警惕起来。虽然日本竞争力在 20 世纪 30 年代领先全球，但在这种劳动密集型产品上却节节败退，因为经过几十年的经济发展，日本劳动力成本也节节攀升。日本技术的大量外流不断蚕食它的最后一道防线[53]。因此，江南 20 世纪 30 年代的追赶是顺应动态相对优势的历史潮流，但止步于 1937 年日本的全面侵华。

四、结　论

19 世纪中叶，正是西方帝国主义洞穿东亚各国大门之时，中国，无论从哪方面的比较优势来说，似乎注定要走上重夺全球生丝市场历史性领先地位的道路。但与之截然相反的是，之后的六十余载见证了日本披荆斩棘后的崛起。

本文表明，诱导性技术与制度革新为日本丝业带来优于江南的决定性生产力优势，这也是日本在 20 世纪领先世界生丝市场的关键所在。本文还进一步指出，对 19 世纪中期时诱导性革新在日本的发展与其在江南的缺失的认识必须置于以下背景：两国在面临西方帝国主义的挑战之时，意识形态与政治上的反应截然相反，这也导致了经济政策上的巨大差别，无论是在提供公共产品、建立激励的经济措施结构，还是在组合利益集团上。因此，最终江南在 20 世纪 30 年代向日本明显靠近的，不仅仅在于技术与商业化，还在意识形态。

但是，这又引出一个更大的问题：当面临同样的西方挑战时，为何日本的意识形态或认知上的改变更早且更毅然决然呢？这个问题对我们在经济发展方面的理解来说意义重大，需要使用更综合性的、跨学科的方法，这就超出了本文的范围了。

这一比较分析为诱导性革新理论带来了一个历史与东亚的视角。

---

〔53〕 关于蚕茧产出和生丝出口，见陈慈玉（1989），p.109；以及奥村哲。关于无锡引进日本缫丝技术以及永泰在美国的市场活动，见高景岳、严学熙（1987），pp.325–329，362–364。关于日本调查者 20 世纪 30 年代对江南竞争的警告，见弁纳才一（1993），pp.32，39。

在日本与江南，显然，为应对劳动力、土地比例上升而偏向使用劳动力、节约资本与土地的技术发展的源远流长的传统可追溯到日本德川时代与中国南宋时期（1127—1279 年）[54]。即使在 20 世纪，日本两个划时代的技术革新——杂交育种与夏、秋种——都源于古代，但却随着现代科学的传播、全国推广网络的建立、现代物质与社会基础设施的构建以及生产与分销新体系的崛起取得了巨大突破。

显而易见，使现代的日本诱导性革新与前现代区别开来的并非在技术的发展导向上，而更多的是其技术进步提升的节奏，这源于新提供的公共或社会资金创造的整体经济的外部效应。如日本的经验证明的，尽管这些外部效应的一部分，可以通过大型综合性的缫丝工厂部分地内部化，他们可以扮演强有力的变革推动者。但这种可能性在江南备受阻挠：机械化缫丝工业的成长，由于中国脆弱的私营经济法律环境，不但姗姗来迟，而且从地理上被排除于农村之外。

从这方面来看，江南生丝业在 19 世纪晚期与 20 世纪早期的发展并不逊色，甚至和 16、17 世纪中国生丝仍领先全球的时候相比来看，有过之而无不及，只是在现代经济增长步伐加快的日本面前顿时黯然失色。

最后，本文还有助于探讨持续发酵的"李约瑟难题"：为何中国，有着辉煌的科学成就和相对灵活的经济制度，没有成为第一个工业化的国家。相关论述包括"高水平均衡陷阱""内卷化"，以及最近加州学派的资源限制论，洋洋洒洒不一而足，都是基于某种形式的资源与因素禀赋的解释，但都忽视了 20 世纪日本在快速推进工业化时克服人口过多、劳动力过剩、资源匮乏的重要经验[55]。显然在此，开放起了

---

〔54〕 Francesca Bray（1984），pp.609–610。

〔55〕 最近关于该问题的讨论，见《亚洲研究》上的文章，61，no.2（2002 年 5 月）：pp.501–663。

关键的作用，而我所指的开放不仅是开放国门对外通商，更重要的是开启民智。

附　表：

1. 日本和中国江南地区平均名义投入和蚕茧价格指数

年份	江南					日本				
	劳动力	土地	资本（役畜）	投入（豆饼）	蚕茧	劳动力	土地	资本	投入（肥料）	蚕茧
1901—1909	100	100	100（1906）	100	100	100	100	100	100	100
1910—1919	169	152	149	109	98	173	200	140	127	118
1920—1928	220	197	202	130	119	369	369	261	173	215

数据来源：江南无锡蚕茧价格：1901—1920 年数据来自井川克彦（1998）表 2，pp.304–305；1920—1924 年数据来自上原重美（1929），p.225。1925—1927 年数据不可得；我利用 1925—1927 年生丝市场价格从 1924 年推算出来。1927—1929 年蚕茧价格来自：高景岳、严学熙（1987），pp.88–89。上海的生丝市场价格来自 D. K. Lieu（1941），附录表 4。1912 年井川新鲜蚕茧原始价格为 24，看起来非常低。我用的是陈慈玉的数据（1989），p.62。江南农场工资指数、土地价格指数和役畜价格指数来自 John Buck（1937），第三卷表 5，pp.151–152，表 10–1，p.168 和表 6，p.153。豆饼价格来自 Hsiao（1974），pp.80–81。关于江南的肥料和资本存量，我们没有持续长期的价格序列数据；我是用了豆饼和役畜价格作为代理价格。这两种投入在江南都没有被大规模利用，因此包括这两者可能会导致全要素生产力有偏差。考虑到它们的比重较低（12% 和 18%），这种偏差可能并不严重，并可以相互抵消。日本的蚕茧价格、土地价格、投入和资本价格来自 M. Umemura, S. Yamada, Y. Hayami, N. Takamatsu 和 M. Kumazaki《农业和林业》（*Agriculture and Forestry*）卷 9，"1868 年以来日本长期经济统计估计"（1966），表 7 第 11 列，表 34 第 3、13 列和表 31 第 6 列。
注：括号中的数字表明数据序列开始的最早年代。

2. 江南茧的生丝产量数据

下表来自上原重美《中国蚕丝业大观》（1929），第 225 页，表示无锡生产 100 公斤生丝需要的干蚕茧公斤数。

年份	1916 年前	1916 年	1917 年	1918 年	1919 年	1920 年	1921 年	1922 年	1923 年	1924 年
无锡所需干蚕茧 / 公斤	520	550	510	560	620	600	670	590	680	620

上原重美也列出了江南其他三个蚕业地区的丝产量。它们和无锡一样都呈现下降的趋势。

20 世纪前 20 年早期生丝产量 100 公斤需要大约为 500 公斤的茧。1903 年的数据见峯村喜藏（1900），p.148；1910 年数据见鸿巢久（1919），pp.177–178。各类报告都确认到 20 世纪 20 年代和 20 世纪 30 年代早期，江南使用 620~650 公斤蚕茧才能生产 100 公斤生丝；高景岳、严学熙（1987），p.75；弁纳才一（1993），pp.30–59，特别是第 32、43 页。

关于全要素生产力的计算，我使用了无锡的生丝产量。1903 年和 1910 年我使用了 500 公斤的生丝产量。1903 年和 1916 年之间的数据用线性插值法补充。关于 1924 年之后的丝产量，我使用了 1920—1924 年的平均值。

参考文献

中文文献

陈慈玉：《近代中国的缫丝工业（1860—1945）》，台北：近代历史研究所，1989 年。

高景岳、严学熙：《近代无锡蚕丝业资料选辑》，南京：江苏人民出版社、江苏古籍出版社，1987 年。

嵇发根编：《丝绸之府湖州与丝绸文化》，北京：中国国际广播出版社，1994 年。

李廷举、吉田忠：《中日文化交流史：科技卷》，杭州：浙江人民出版社，1996 年。

梁家勉，《中国农业科学技术史稿》，北京：农业出版社，1989 年。

王庄穆：《民国丝绸史》，北京：中国纺织出版社，1995 年。

徐新吾编：《中国近代缫丝工业史》，北京：人民出版社，1990 年。

乐嗣炳：《中国蚕丝》，上海：世界书局，1935 年。

朱新予编：《中国丝绸史》，北京：中国纺织出版社，1992 年。

日文文献

奥村哲：恐慌下江浙蚕丝业の再编，《东洋史研究》，1979 年。

弁纳才一：中国の农业近代化に对する抵抗，《社会经济史学》，1993 年。

东亚研究所：经济に关する中国惯行调查报告书，东京：东亚研究所，1944 年。

东亚同文会：《中国年鉴》，东京：东亚同文会，1917 年、1919 年。

日本蚕丝会报：No.178, 1907 年 3 月 20 日，p.39。

大石善四郎：《清国江苏浙江两省蚕生糸调查报告》，东京：东京高等商业学校本科三年生，1908 年。

大日本蚕丝会报，176 号（1907），pp.24—26；4:80。

峯村喜藏：《清国蚕糸业视察復命书》，东京：农商务省农务局，1903 年。

古岛敏雄：《古岛敏雄著作集》，东京：东京大学出版会，1975, 5:384; 6:630。

古田和子：近代製糸業の導入と江南社会の対応，《近代日本とアジア：文化の交流と摩擦》，平野健一郎編，东京：东京大学出版会，2000 年。

高津仲次郎:《清国蚕糸業視察報告书》，东京：农商务省农务局，1898 年。

鸿巢久:《中国蚕丝业之研究》，东京：丸山舍，1919 年。

井上善治郎:《養蚕技術の展開と蚕書》，东京：农山渔村文化协会，1976 年。

井川克彦:《近代日本製糸業と繭生産》，东京：东京经济情报出版社，1998 年。

铃木智夫:《洋务运动の研究》，东京：汲古书院，1992 年。

清川雪彦：战前中国の蚕糸業に関する若干の考察，《经济研究》，26 卷 3 号（7 月），pp.240–255。

清川雪彦:《日本经济の发展と技术普及》，东京：东洋经济新报社，1995 年。

上原重美:《中国蚕丝业大观》，东京：冈田日荣堂，1929，pp.132–133。

石井宽治:《日本蚕糸業史分析》，东京：东洋经济新报社，1972，p.374。

大日本蚕糸業会编辑:《日本蚕糸業史》，东京：大日本蚕糸業会，1935，4:282；3:503 与 3:219。

石井良助:《法制史》，东京：山川出版社，1965 年。

松永伍:《清国蚕業視察復命书》，东京：农商务省农务局，1898，pp.3–5。

中林真幸：製糸業の発達と幹線鉄道，《明治の産業発展と社会資本》，高村直助编，东京：ミネルヴァ书房，1997。

足立启二：大豆粕流通と清代の商業的農業，《东洋史研究》，1978, 37(3): pp.361–389。

曽田三郎:《中国近代制丝业の研究》，东京：汲古书院，1994 年。

紫藤章:《清国蚕糸業一斑》，东京：农商务省生丝检查所，1911 年。

日本蚕业协会中央委员会:《桑匮および养蚕经费の研究》（1924 和 1925 年）。

英文文献

Bell, Lynda, *One Industry, Two Chinas: Silk Filatures and Peasant-Family Production in Wuxi County, 1865— 1937*, Stanford: Stanford University Press, 1999.

Brandt, Loren, *Commercialization and Agricultural Development: Central and Eastern China 1870— 1937*, Cambridge: Cambridge University Press, 1989.

Bray, Francesca, *Science and Civilisation in China, vol. 6, Biology and Biological*

Technology, Part II: Agriculture, Cambridge: Cambridge University Press, 1984, pp. 609–610.

Buck, John, Land Utilization in China, Vol.1, 2 and 3, Nanjing: University of Nanking, 1937.

Claudio, Zanier, Where the Roads Met: East and West in the Silk Production Processes 17—19th Century, Italian School of East Asian Studies, Kyoto:1994, pp.71–94.

Eng, Y.Robert, Economic Imperialism in China: Silk Production and Exports, 1861—1932, Berkeley: University of California Press, 1986, table 2.7, p.35.

Federico, Giovanni, An Economic History of the Silk Industry, Cambridge: Cambridge University Press, 1997.

Fairbank, John K. and Liu, Kwang-ching, The Cambridge History of China, vol. 11, Late Ch'ing, 1800—1911, pt. 2, Cambridge: Cambridge University Press, 1980.

Fairbank, John K., ed., The Cambridge History of China, vol. 10, Late Ch'ing, 1800—1911, pt.1, Cambridge: Cambridge University Press, 1978.

Fairbank, John and Feuerwerker, Albert, The Cambridge History of China, vol.13, Republican China, 1912—1942, pt. 2, Cambridge: Cambridge University Press, 1986.

Furuta, Kazuko（古田和子）, Technology Transfer and Local Adaptation: The Case of Silk-Reeling in Modern East Asia, Ph.D. diss., Princeton University, 1988, pp.117–182.

Fujino, Shozaburo, Fujino, Shiro, and Ono, Akira, Estimates of Long-Term Economic Statistics of Japan since 1868, Tokyo: Toyo KeizaiShinposha, 1979.

Hayami, Yujiro and Ruttan, Vernon, Agricultural Development: An International Perspective, Baltimore: Johns Hopkins University Press, 1985.

Hayami, Yujiro ed., Toward the Rural-Based Development of Commerce and Industry, Selected Experiences from East Asia, Washington, DC: World Bank, 1998.

Hayami, Yujiro and Yamada, Saburo, The Trade off between Food and Industrial Crops: Summer-Fall Rearing of Cocoons, Agricultural Development in Modern Japan: A Century's Perspective, Tokyo: University of Tokyo Press, 1991.

Hsiao, Liang-lin, China's Foreign Trade Statistics: 1864—1949, Cambridge, Harvard University Press, 1974.

Howard, C. P. and Buswell, K. P., *A Survey of the Silk Industry of South China*, Canton, 1925.

Istituto Bacologico Sperimentale di Gorizia, Annuariodell'Istituto Bacologico Sperimentaledi Gorizia, Seitz, Gorizia, 1874, p.vi.

Kiyokawa, Yukihiko（清川雪彦）, The Diffusion of New Technologies in the Japanese Sericulture Industry: The Case of the Hybrid Silkworm, *Hitotsubashi Journal of Economics,* (1984): 31–59, pp.37–38.

Lieu, D.K, *The Silk Industry of China. Shanghai-Hong Kong-Singapore,* Shanghai: Kelly and Walsh, Limited, 1941.

Liang, Earnest, Market Accessibility and Agricultural Development in Prewar China, *Economic Development and Cultural Change,* 30(Oct.1981), pp.77–105.

Li, Lillian, *China's Silk Trade: Traditional Industry in the Modern World, 1842—1937*, Cambridge: Harvard University, Council on East Asian Studies, 1981.

Li, Lillian, Silks by Sea, Trade, Technology and Enterprise in China and Japan, *Business History Review*, 56 (1982).

Ma, Debin, The Modern Silk Road: The Global Raw-Silk Market, 1850—1930, *Journal of Economic History,* 56 (1996).

Ma, Debin, Europe, China and Japan: Transfer of Silk Reeling Technology in 1860—1895, *Asia Pacific Dynamism, 1550—2000,* ed. A. J. H. Latham and Heita Kawakatsu, London: Routledge, 1998.

Mann, Susan, *Local Merchants and the Chinese Bureaucracy, 1750—1950*, Stanford: Stanford University Press, 1987.

Marius B. Jansen, *The Making of Modern Japan*, Cambridge: Harvard University Press, 2000.

Reynolds, Douglas, *China, 1898—1912: The Xinzheng Revolution and Japan*, Cambridge: Harvard University Press, 1993.

Sheldon, Charles, *The Rise of the Merchant Class in Japan, 1600—1868,* New York: Augustin, 1958.

Shanghai International Testing House, A Survey of the Silk Industry of Central China, 1925, pp. 88–92.

Smith, Thomas, *Political Changes and Industrial Development in Japan:*

Government Enterprise, 1868—1880, Stanford: Stanford University Press, 1955.

Wright, Mary, *The Last Stand of Chinese Conservatism: The T'ung-Chih Restoration, 1862—1887*, Stanford: Stanford University Press, 1962.

Wang, Yeh-chien, *Land Tax in Imperial China, 1750—1911*, Cambridge: Harvard University Press, 1993.

Yamazawa, Ippei and Yamamoto, Yuzo, *Estimates of Long-Term Economic Statistics of Japan since 1868*, Tokyo:Toyo Kiezai Shinposha, 1979.

第九章：在作坊与工厂之间：19世纪下半叶中日缫丝业的变迁[1]

中国每个学童都熟读过唐代著名诗人李商隐的一首描述春蚕无私的古诗："春蚕到死丝方尽。"这个比喻形象地描述了生丝在亚洲发展史上的历史地位。自1850年至1930年，生丝都属于中、日两国主要出口货物，分别占日本出口总额的20%—40%，占中国出口总额的20%—30%（Li, 1981, p.77; Yamazawa & Yamamoto, 1979，p.5）。生丝出口所得的收入支持了两国工业化所必需的资本积累。更为重要的是，它使数以百万计的工人与饲养蚕茧的农民家庭得以维持生计。但作为一个劳动密集型的行业，其最终由于生丝生产带来生活水平的极大提高而被逐步淘汰。

近代中国的发展见证了生丝的历史地位的逆转。1873年，中国出口的生丝三倍于日本，但从1905年开始，日本的生丝出口便超过了中国。1930年，日本的出口是中国的三倍，已占有80%的世界市场。直到1970年，早已转变为发达经济体的日本，从一个生丝出口国变为

---

〔1〕 本文得益于 Claudio Zanier, Masayuki Tanimoto, Yukihiko Kiyokwa, Futoshi Yamauchi, Tetsushi Sonobe, Thomas Lindblad 和 Keijiro Otsuka 等人的评论和讨论。非常感谢一桥大学的领导力研究项目的资助。文责自负。

净进口国。

20世纪初，日本的丝产量超过了中国，这标志着中国自两千多年前发明缫丝以来首次丧失了这一领域的领导地位。直到1977年，结束了政治混乱与经济孤立后，中国才重新取得了历史上的绝对优势。而到20世纪90年代，中国的生丝产出终于超过了日本1934年创下的历史纪录，并占据了70%的世界市场[2]。

中日之间的对比既令人困惑而又极具意义。直至19世纪中期，当两个国家都刚刚打开国门时，无论是地理因素、要素禀赋还是国际声望，一切似乎都更有利于中国丝业而不是日本。两国的关税自主权都被西方列强用相似的不平等条约强行剥夺。此后，全球生丝市场大为开放。特别是在1850年左右南欧蚕丝产量受蚕种微粒子病重创后，一个真正自由与整合的全球生丝市场形成了。

本文认为，为了完全获取日益增长的外国需求带来的全部好处，中国和日本的传统经济必须面对并克服技术和组织上的学习障碍和高昂的交易成本等制约。这些制约直接和间接地影响了诸如资本、劳动力与其他要素投入等市场的良好运作。因此，两国生丝出口的不同表现直接与两国各自克服学习障碍、减少经济领域的交易成本的速度相关联，进而又与19世纪末20世纪初两国不同的政治经济变化密切关联。

本文关注19世纪下半叶——一个从手工缫丝向机器缫丝转变的时代——仅仅是通过模仿与调整而引发的技术变革与进步。局限于这一时期的研究使我能够集中关注学习、交易成本和市场发展的角色。至于发生了重大技术创新的20世纪，我将其留给未来研究。本文以下

---

〔2〕 Fujino等（1979），表55；农林省蚕丝局（1966），p.89, 127和1990, p.69；徐新吾，1990, pp.676–681；Wang & Cu, 1992, pp.325–330；顾国达，2001, p.5。

分成 3 个主要部分，最后一部分是结论。第一部分简要叙述欧洲和东亚缫丝技术的主要特点、主要的数量趋势和局部均衡模型。第二部分描述欧洲缫丝技术传入中国和日本的相关历史进程。第三部分总结了模型分析框架中不同的区域模式。

一、基本史实和理论框架

20 世纪日本在丝生产技术方面取代中国的领先地位，这一史实实际上在近代早期是有先例的。南欧脚踏缫丝机起源于中国，更确切地说是江南地区。尽管这是无可争议的，但法国和意大利的机械通过一系列细微而关键的技术创新，到 17 世纪末期已经上升至世界领先地位。1850 年左右，这些创新成具传至东亚，其包含四个新的特点。

第一，采用刚性轴和钝齿轮等机械装置驱动缫丝，取代了借鉴自中国的传动皮带装置。第二，设计一个额外的交错系统（法国称为 Chambon 模式，意大利称为 Tavelle 模式），用于交错丝线，便于其干燥。前者稳定了缫丝运动，后者则极大地提高了丝线的黏合性、平整性和均匀性，而这些特性对于高品质生丝而言是绝对必要的（Zanier，1994）。第三，使用集中式蒸汽锅炉，为缫丝盆提供持续、稳定的热力。第四个也是最后一个特点，即机械化。不过，早期蒸汽动力的运用对于出品精美的丝线并不是至关重要的。即便在欧洲，全机械化缫丝也基本上是 20 世纪才有的现象。因此，手工缫丝与机械缫丝在 19 世纪东亚的主要区别在于集中式蒸汽热力的使用。

东亚的企业家从这些创新中有选择地采用了若干技术，以匹配他们的需求。例如，传统的缫丝业者在将前两种欧洲缫丝技术——钝齿轮和交错系统——融入自己的家庭生产时问题不大。不过，应用第三和第四种技术创新需要一个集中的生产地点，这是走向近代工厂的第一步。但如下所述，即便在那些地方，不同的时期都会演化出各种技术和组织上的折中形式，以至于家庭生产和工厂生产的区别在 19 世纪的东亚变得有些模糊。与其他近代工业相比，缫丝工厂在规模上仍然相对较小，资本集约度较低，位置较为分散。

由于欧洲与美国丝织业在规模与资本集约上日益提高，机器缫出的生丝平整均匀，受到了欧洲与美国织工的青睐。在国际市场上，机器缫丝获得了比手工制丝更高的价格。纵观整个 19 世纪和 20 世纪，机器缫丝的平均价格比手工缫丝高出大约 40%，比增加了一个手工再缫丝过程的所谓改良手工缫丝高出 25%（Fujino 等，1979, p. 167）。

尽管具有价格优势，机器缫丝的扩散并没有迅速替代手工丝的出口。如表 9-1 所示，中国和日本的手工缫丝出口直到 1900 年仍在与机器缫丝抗衡。即使进入 20 世纪，机器缫丝也只是在日本和中国广东处于优势地位，中国江南地区则不然。有趣的是，中国广东机制丝在东亚生丝出口市场中占据了最高比例，日本则紧随其后（图 9-1）。另一方面，在江南这一长期领先世界的高品质生丝生产区，机器缫丝出口是如此弱小，以至于在 1893 年的贸易统计中甚至没有单独记录。即便到了 20 世纪 20 年代，机器缫丝在上海的生丝出口总额中也只占一半左右。

表 9-1　中国、日本生丝出口分类（吨）

年份	中国上海	中国广东	日本	中国上海	中国广东	日本
	手工	手工	手工	机器	机器	机器
1880—1890	2370	345	1074	——	360	728
1890—1900	2576	160	1010	484	1349	2358
1900—1910	1715	93	549	834	2097	5344

年份	中国上海	中国广东	日本	中国上海	中国广东	日本
	手工	手工	手工	机器	机器	机器
1910—1920	1320	127	153	1609	2206	11825
1920—1930	742	37	164	2306	2877	23989
1930—1937	236	42	229	1700	1599	30642

数据来源：中国生丝数据来自陈慈玉（1989, p. 170）；徐新吾（1990, pp. 688–707）。广东手工缫丝数据来自 Wong（1995, pp. 290–291）。1894 年之前上海的机器缫丝量微不足道，在海关报告中并没有被单独列报。日本生丝数据来自 Fujino 等（1979, Tables 4–4 and 63）。1879—1896 年手工缫丝数据基于井川克彦（1992, p. 252），1860—1867 年数据基于石井宽治（1972, p.41）。

为了分析手工缫丝的持续性和机器缫丝在这些地区不同的扩散速度，我使用一个基于简单局部均衡模型的分析框架。其中，国际市场生丝需求方面，将机器缫丝和手工缫丝的价格作为参数。供给方面有机器缫丝和手工缫丝两个生产函数，每个函数包含三个要素投入：劳动、缫丝工具和蚕茧。我进一步假设机器缫丝和手工缫丝生产每单位产出都会带来交易成本。在这里，交易成本指的是缫丝业者面对的两大类成本。首先是最直接的成本，即用于销售和运输生丝、招募劳工、采购原料特别是蚕茧。第二类成本与公共和政府部门相关，涉及外部法律环境、契约履行机制、财产安全和税收政策，这些几乎都对交易成本有影响。由于机器缫丝企业将更多的资本投入在一个地方，相比手工缫丝作坊，可以认为在单位产出中机器缫丝的两类交易成本都会更高。

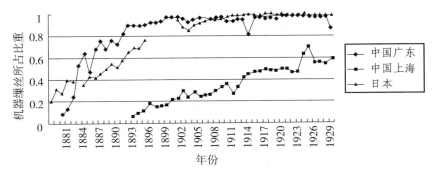

图 9-1　机器缫丝出口在出口总额中的比重

资料来源：同表 9-1。

　　如果我们结合产品价格、生产函数和成本恒等式（identities），我们可以导出机器和手工缫丝各自不同的利润函数。该模型表达的是，虽然机器缫丝可以有更高的全要素效率生产力和更高的售价，但它同样也需要更加昂贵的机器、额外的利息成本和更高的单位交易成本。在规模报酬不变、完全竞争和缺乏弹性的蚕茧供给条件下，给定投入的利润最大化可能导出一个独特的机器缫丝对手工缫丝产出的均衡比例。在这个比例上，给定参数下的机器和手工缫丝的单位产出最优收益是相等的。比较静态的分析可以显示，如果机器缫丝的价格、生产效率和工资率上升，或者利率、机器缫丝工具价格下降，那么相比手工缫丝，机器缫丝的最优产出量会上升。而单位交易成本的下降会导致机器和手工缫丝的产出同时增长。但前者的提升速率更快，从而最终使得机器缫丝产量对手工缫丝产量的比例也上升。

　　这一框架勾画出了欧洲缫丝技术和组织向传统东亚生产转移的几个重要方面。尽管机器缫丝技术有相对较高的利润率和生产率，但欧洲新式技术可行的移植和扩散有一个学习的过程和成本，更重要的是如何使较为昂贵的机器去迅速适应劳动力剩余、资本匮乏的 19 世纪东亚经济。此外，在传统的东亚地区，为了在一个集中的地点、一座近代工厂生产，传统东亚现有的社会和经济结构的实质性重组与重新调整是必需的。能否实现以农村为基础的近代缫丝业的成功，取决于农村基层社会和农业结构适应这些挑战和机遇的既有能力。由于机器缫丝经常在利益上与传统手工业者发生直接竞争，我们必须将对其不同扩散形式的分析放置于更广大的政治经济背景下，即这两个国家处于一个前所未有的政治经济冲击的关键岔路口。

二、欧洲技术在 19 世纪的东亚

（一）江南地区

我们可从东亚最有影响力的贸易公司怡和洋行（Brown, 1979；石井麻耶子，1998）丰富的档案记录追溯欧洲缫丝技术首次传入东亚的戏剧性细节。1859 年，怡和洋行雇用了一位英国人约翰·梅杰，他有着经营意大利那不勒斯一家缫丝厂长达 15 年的经验。梅杰热衷于运用"意大利与法国的方法"在中国建立一个类似的工厂。1860 年，工厂开工于对西方贸易开放的上海。要建立一个包括 100 台蒸汽驱动的机器以及一个仓库的现代化工厂，在当时还处于相当原始的环境下的上海绝非易事。在长达 17 个月之后，经历了重重困难，工厂才得以建成。

在这家名为"怡和缫丝厂"的现代工厂，工业资金和厂房建设其实是最容易完成的部分。为了建立一支稳定的、具备足够的技术与纪律的工人队伍，梅杰直接从里昂雇用了 4 位女性熟手缫丝工，签了 5 年合同。尽管前期遇到一些阻碍，这 5 个法国女人都在头两年与法国士兵私奔了，但是一支相对熟练的中国女性工人队伍还是成形了，这些人大多是从被太平军攻陷的南京逃出的难民。她们生产的产品质量达到了欧洲标准。1863年，工厂规模扩大了一倍，增加了100台缫丝机。

真正的问题在工厂之外，甚至是上海之外。上海作为条约口岸为西方人及其商行提供了治外法权保护。但怡和缫丝厂的建立是基于这样一个推断：上海的腹地——江南地区——能作为一个提供稳定蚕茧量的基地，而蚕茧是机械化缫丝的原料。这个推断被证实是个致命的错误。

从全球范围来说，缫丝厂通常都位于蚕茧产区附近，因为要生产一单位生丝需要6份新鲜的蚕茧，这也就是说运输加工过的生丝远比运输新鲜蚕茧便宜。选择上海这个离蚕业区100多英里（1英里约1.6千米）的地方作为厂址明显是出于政治上的考虑，因为外国直接投资不得进入条约口岸以外的区域。但紧接着高额的运输成本问题，怡和缫丝厂马上又面临了一个技术问题，即在农村地区杀死蚕茧中的虫蛹和烘干蚕茧。这个技术问题得以逐步地部分解决，但比这个更严重的问题是怡和缫丝厂在中国农村遇到的政治与社会障碍。梅杰通过反复努力，甚至说动了英国政府施加外交压力，才于1868年在乡下建立了一个稳定的蚕茧收购及烘干站。最激烈的阻挠来自有组织的丝手工业与商业公会，他们害怕失去蚕茧的供应源。

1864年，在去长江地区的农村购买蚕茧回来之后，梅杰回忆道："我清楚地意识到，我们必须绕开上海中间商，并在内陆找个地方收集和杀死蚕茧。为了做这个事情，我受到了这些人和他们的内陆朋友极其强烈的反对，他们多年来一直从中获利，也的确从整个丝业公会获利。他们贿赂官员反对我，恐吓丝行掌控下的人和捐客远离我，教唆房主不给我合适的房子，或是放火烧掉房

屋，还推倒我建起的厂房，囚禁帮助我的中国人。"（Brown, 1979, pp.561–562）

1869 年夏，梅杰终于首次买到所有需要的优质蚕茧。但几个月后，他在再次前往长江三角洲农村地区的途中死于中暑。不久之后，怡和洋行决定一旦卖完存货就关闭怡和缫丝厂。到了 1870 年 5 月，怡和缫丝厂，这一东亚最早的机械化缫丝工厂，在仅仅运营了十年之后就关闭了。怡和缫丝厂的兴衰史似乎与约翰·梅杰倔强且一意孤行的性格有着错综复杂的关系。现实情况是，这个工厂在运营过程中始终亏损。建设完整的基础设施来单独支撑一个工厂的固定成本实在太高了（Brown, 1979；石井麻耶子，1998，第 5 章）。

怡和缫丝厂关闭后的十年里再没有人尝试在上海开办机械化缫丝厂。19 世纪 70 年代后期出现了一种在购买地烘干与储存新鲜蚕茧的技术革新工艺（徐新吾，1990, p.129）。这激发了人们开办类似工厂的新兴趣。在 19 世纪 80 年代早期，一家名为 Russell & Co 的美国贸易商行及另外两家西方贸易商行建立了新的缫丝厂。到了 1882 年，怡和洋行也卷土重来，建立了一个新的怡和缫丝厂，但在策略上发生了一个重要改变，即新的怡和缫丝厂把与中国蚕茧商的合作和资本纳入，不但让他们认购股票，还请他们成为董事会成员（铃木智夫，1992，p.324）。

最引人注目的是，黄佐卿，一个有名的西方丝业贸易商行的中国买办，在 1882 年开办了第一家中资缫丝厂。黄的工厂标志着一个潮流的开端，这个潮流将上海全部的丝业纳入中国资本的手中。值得注意的是，中国投资人偏爱把工厂登记成西方公司，为的是得到治外法权的保护。即使是在之后的几年里，完全由中国商人控股和运营的缫丝行仍然登记为西方商行（徐新吾，1990，p.188；铃木智夫，1992, p.

324)。这一波建厂潮把尚处于初生期的上海生丝工业的生产能力提高到约 800 台缫丝盆（铃木智夫，1992, pp.323–324 ）。

这些发展形势引起长江三角洲传统丝商的警惕。他们通过多次请愿和制造大量舆论，鼓动了上海、江苏和浙江省的当地官员在 1882 年 9 月下令关闭上海的两家西方缫丝厂。他们的命令虽然被在上海公租界享有治外法权的英国与美国当局驳回，但还是导致这两家工厂的股价大幅跳水，并迫使他们关闭了农村蚕茧站。

到了 1883 年，李鸿章，这个中国当时最具权势的官僚，采取了一个折中的办法，允许这两家西方缫丝厂在上海继续存在。随后，其他中资缫丝厂接到命令到当局登记。造成这次妥协的一个原因是政府征收在农村地区购买蚕茧的过境税，即厘金。与生丝行一样，建立蚕茧站也要缴纳官方牌照费和税金（铃木智夫，1992, pp.329–332 ）。到了 19 世纪 80 年代中叶，如铃木所做的细致研究所揭示的那样，政府对非官方承认的私营缫丝商行的政策出现了微妙但明显的改变（铃木智夫，1992, pp.432–440 ）。丝业开始复苏并逐渐发展，因此到了 19 世纪 80 年代中叶有超过十家工厂，拥有 3000~4000 个缫丝盆。

19 世纪中叶的政策改变并没有对歧视私营经济的洋务运动产生意识形态上的重大变化。例如，在棉纺业中，政府继续禁止私营经济的渗透，这大部分是因为政府本身正计划开办机械化纺织厂。类似情况是，当时上海缫丝业者与商人试图把蒸汽船引入内河，但受到保护传统船业利益的当地官员的阻挠。直到 1895 年中国败于日本，意识形态上重大的改变才开始出现，最终导致私营企业身上的所有法律限制被解除。[3]

---

〔3〕 在条约体系中，蒸汽船可以在长江和沿海行驶，但不能在运河内河行驶。政府于 1889 年通过允许蒸汽船拖行传统船舶达成了妥协。

与上海的机械化缫丝遭遇的重重困难不同，江南农村地区的传统手工缫丝厂对新的外国需求给予的反应似乎大为成功。为了满足欧洲与美国在平整性和均匀性上的产品标准，一种新的商行，即所谓的"锦丝行"，于19世纪70年代在湖州一带出现。他们使用了再缫丝加工法，即先把从农户或生丝行收上来的手工缫丝按类别、颜色与等级整理好，然后按照包买制度再派发给农户，使用新发明的再缫丝工具进行二次缫丝。最后锦丝行再把二次缫丝过的丝包装起来，出口国外（Furuta, 1988, pp.126–130；朱新予，1985, pp.142–145）。虽然这种产品并不能完美替代机械化缫丝，但它不要求传统框架之外的技术或制度改变。在海外市场上，再缫丝比起传统生丝明显有所改良。这对于解释19世纪上海手工缫丝出口复苏具有重要的意义。

（二）广东

约翰·梅杰抵达上海开办他那命运多舛的缫丝厂的前几年，一个名为陈启沅的穷困潦倒的兼职教书匠离开家乡广东南海，前往东南亚。[4]在越南的十年期间，陈不但通过零售贸易发了笔小财，还注意到了越南开办的法式缫丝厂。据说，陈游遍越南和泰国，仔细地（而且经常是偷偷地）观察那些机器，用自己的身体作为参照丈量机器的尺寸和结构。1871年，陈启沅回到南海，精心策划开办一家现代缫丝厂。

不过与梅杰不同的是，陈启沅了解中国国情，至少了解家乡的风土人情。他意识到当地政府与行会有可能横加阻挠，遂决定不选择像广州这样显眼的城市作为厂址。相反，他把工厂建在南海县（今广东

---

〔4〕 这段描述来自南海县历史档案委员会的两份出版物，广东省政协，《陈启沅与南海县纺织工业史专辑》（1987）和《陈启沅桑蚕谱专辑》（1994）。

省佛山市南海区）。为了使现代机械化缫丝厂适应农村条件，陈不得不解决众多技术问题。他利用欧式缫丝厂两个最为关键的技术革新——倍捻机和蒸汽锅炉组装了法式缫丝机。但他大多就地取材，如以木材、竹子和陶瓷来代替钢铁结构。他使用脚踏板，利用人力代替蒸汽动力，而且为了增加中国特色，利用多用途的中国筷子从煮盆中挑出蚕茧（Wong, 1995, pp. 270–280）。

为了能在乡村制造机器，尤其是改造并安装蒸汽锅炉（来给缫丝盆加热），陈雇用了一位广州的能工巧匠，这个人后来成为该地区主要的缫丝机供应商（Wong, 1995, p. 280）。这种改装机不但可以当地供货，还便宜得多，价格只有上海机器的五分之一（程耀明，1985）。

他利用宗族等乡村组织，成功在邻近区域招募了女性工人。据铃木智夫的记载，工厂的女工一般都是从同一个同姓家族的乡村社区招募的，而雇佣同族之外的人则不受鼓励（铃木智夫，1992, p. 473, 480）。[5]

通过信贷和其他方法，陈还成功从附近的市场获取蚕茧。为了销售他的生丝，陈启沅成立了专门的商行，直接卖货给西方商人。广东的现代缫丝厂得益于当地产出的多化蚕蛹，一年可孵化四至六次。相比之下，日本和江南的一化和二化蚕蛹只能孵化一两次。虽然质量上差一些，多化蚕蛹的产丝量弥补了蚕茧的购买成本，并可供全年开工。

经过差不多一年的准备和建设之后，工厂于 1874 年开工。与上海的怡和缫丝厂不同，据说陈的工厂在开工一年之内就赢利了。他的缫丝厂产品由于比传统丝平滑和整齐得多而大受欢迎，价格比手工缫丝高出三分之一（徐新吾，1990, p. 114）。

在几年内，陈的工厂扩大到 800 个缫丝盆的规模。更重要的是，

---

〔5〕 关于家族作为社会经济组织的重要作用，见 Faure（1989）。

陈启沅热衷于传播这个技术，他称在工厂运营的头三年里接待了一千多名访客（陈慈玉，1989, p. 2）。因此，现代缫丝厂在南海及邻近的顺德县（今广东省佛山市顺德区）飞速扩散。到了1881年，南海已有11家工厂，顺德有6家，缫丝盆总量超过4000个（徐新吾，1990, p. 116）。

可以理解的是，中国的第一个工厂遇到既得利益者与思想顽固的当地人的阻挠。但陈通过给当地慈善事业捐款和参与建设公共设施，成功安抚了不满情绪，并取得乡老的信任。广东缫丝厂是在中国特有的模棱两可的法制环境下发展起来的，陈启沅靠他的社会关系网充分利用了这个环境。但正是这种模棱两可的环境在发展后期对丝业形成了阻碍。

1881年10月5日是南海丝织公会祭祖的神圣一天。一千多名织工发动游行，摧毁并洗劫了南海县的一个缫丝厂。在前往陈启沅的工厂的路上，他们与保护工厂的当地村民发生了激烈冲突。据说冲突造成两死数百伤的惨剧。虽然丝织工对缫丝厂的怨恨由来已久，但引发他们这种反对机械化的暴力行为的是当年特别不景气的经济。他们指责这些缫丝厂夺走了他们的蚕茧供应源。

最后，当地乡勇被迫出动镇压这次暴乱。县官惩罚了参与暴乱事件的织工，同时下令马上关闭县内所有缫丝厂。县官的裁定得到省级官员的支持，这符合洋务运动不鼓励现代私营工业的主流意识形态。陈启沅及其他厂主申请推翻裁定的上诉失败。1882年，陈不得不把工厂迁至葡萄牙殖民地澳门。但邻近不那么显眼的顺德县内的缫丝厂在乡绅的护翼之下得以幸存（徐新吾，1990, pp. 121–123）。

幸运的是，19世纪80年代中叶洋务运动的政策发生了改变，开始赞成私人现代缫丝厂，这对广东来说恰逢其时。1886年前后，清政府开始对机械化缫丝的买卖征税，这相当于非官方承认这种类型的生产方式。被迫离开南海三年后，陈的工厂获准回来。但当时顺德县已经成为新型缫丝业中心。到了 1894 年，广东出口的生丝量是 1880 年的十倍（铃木智夫，1992, pp. 419–447；徐新吾，1990, p. 127）。

陈启沅在设计蒸汽加热的缫丝机的时候，也制造了一个包括法国 Chambon 双交叉系统的模型，但是是用炭炉而不是中央的蒸汽炉加热。由于这种模型不需要一个固定地方的集中安装设备，迅速在零散的农户间传播并取得了成功，而且后来被众多组织的商人以包买和手工工场体系而采用。这种"改良"手工缫丝的一部分用于出口，但大部分投放于国内市场（徐新吾，1990, pp. 126–127）。

（三）日本

日本现代缫丝厂起步的地方正是第一个上海怡和缫丝厂止步之地。19 世纪 60 年代晚期，怡和洋行考虑在日本建立一个现代缫丝厂。与此同时，在 1869 年，前桥官衙派遣一位名为速水贤三的官员前往横滨调查生丝的国外需求。在拜访了瑞士大使馆后，速水震惊地发现，日本生丝在伦敦卖出的价格仅是意大利和法国生丝的一半。这促使他们意识到事情的紧迫性，必须采取欧洲的生产方式来提高日本生丝的质量（Furuta, 1988, p. 138）。

1869 年，正是梅杰死于江南农村的那一年，前桥市官员参观了怡和洋行的横滨办事处，并很快地开始进行谈判，讨论将命运多舛的上海怡和缫丝厂的缫丝机器搬来前桥市建立一个合资厂。谈判并没有成功。前桥市官员决定通过横滨市的一个瑞士商行购买意大利机器，独立开办现代缫丝厂。在取得新成立的明治政府外务省部的同意之后，前桥官衙雇用了一个商行推荐的西方技术总监（石井麻耶子，1998, p. 182; Furuta, 1988, p. 139）。

日本的第一家现代缫丝厂就这样在 1870 年成立了，当时仅有 12

台机器。开始时机器是 6 月份在前桥市组装的，但遭到害怕失去手工业利益的地方官员与商人的强烈反对。三个月后，缫丝厂不得不迁往岩上的一个偏僻农村，而当时速水自己也受到刺杀的威胁。机器采用的是意大利的自交叉 Tavelle 系统（日语也称作 kenneru）及集中蒸汽加热，但进行了大幅改装以适应当地条件——缫丝盆用木材替代金属，用人力及后来的水力代替蒸汽动力。在技术总监卡斯帕·米勒三个月的雇佣期内，速水和其他一些人夜以继日地学习并掌握技术（Furuta, 1988, pp. 139–140；大日本蚕丝业会，1936, pp. 50–51）。

前桥的缫丝厂一直没有真正实现盈利与自给自足，到了 1872 年，随着明治政府施行中央集权政策，取消了封建的大名番制，缫丝厂被群马县接管，后来卖给了小野组。但在 1871 年，小野组在东京的筑地建立了一个有 60 台机器的缫丝厂，其部分原因是再次被雇为技术总监的米勒害怕在乡下工作（Furuta, 1988, p. 76）。这个建于市区的私营工厂更短命，到了 1873 年 6 月就关闭了，另一部分原因是在快速城市化的东京，桑园消失和蚕茧供应短缺。

头两次引进欧洲缫丝技术的努力失败了，随之第三次也是最著名的一次是由明治政府自己主导的，于 1872 年 10 月在群马县建立了富冈市缫丝厂。这家工厂由政府投资并运营，拥有 300 台铁制机器，由蒸汽动力驱动，厂房是特别建造的西式红砖楼，它成为 19 世纪日本农村的一个壮观建筑（Kiyokawa, 1987，p.29）。工厂还雇用了保罗·布鲁纳作为首席顾问以及 11 名专业人士，包括两名工长、三名助手、四名女性缫丝监工、一名机械师和一名医生，他们都是直接从法国雇来的（Kiyokawa, 1987, p.29）。

虽然获得政府认可，工厂建设却遭到当地人的排斥。1872 年 3 月工厂招工的时候，很少有人应聘。最后，在政府的一再保证下，工厂得以从日本各地雇佣女工，每两年轮换一次。富冈工厂全盘照搬欧洲技术，完全不顾当地条件适应与否，让人不禁回想起怡和洋行出资下约翰·梅杰的怡和缫丝厂。和怡和缫丝厂一样，富冈工厂经营不善，19 世纪 80 年代被政府以低于最初投资的价格卖出。事实证明，理想化的法国缫丝厂对相对处于原始状态的日本经济来说并不现实。日本蚕茧很少能满足富冈工厂的质量标准。机器的零件和维修成本也极其高昂（Kiyokawa, 1987, pp. 34–36; Tsurumi, 1990, ch.2 ）。

日本缫丝技术与组织跟随的是前桥和筑地缫丝厂开拓的道路，而不是富冈的道路。1872 年 8 月，在关闭市区筑地缫丝厂之前，小野组在长野县的诹访地区建立了一个现代缫丝厂，用的是从筑地厂调过来的技术总监。小野组还资助了长野县农村的其他几家缫丝厂。当1874 年小野组破产时，缫丝厂缫丝的种子已经播下，长野县的诹访迅速成为日本缫丝业的中心（Furuta, 1988, pp. 77–78；大日本蚕丝业会，1936, pp. 52–53 ）。

但是，这些家族式缫丝厂大多规模小，而且生产的生丝产量常低于横滨零售商的最低订货量。为了解决这个问题，多家建于乡下的缫丝厂联合起来，成立合作社，这是一种基于乡村的合作社，通常包含10 至 20 家个人投资与运营的缫丝"组"。合作社成员会互相监督产品，确保产品的一致性和质量标准，并贴上合作社的标签，一起把加工过的生丝卖到横滨。他们还协调蚕茧的购买和女性工人的招募。而且合作社是我们现在所说的连带责任贷款单位，他们从横滨的批发商手中获得直接信贷，大部分用于购买蚕茧（更多见 Hayami, 1998）。到了 19 世纪 80 年代中后期，合作社的大部分成员都配备了合资的再缫丝车间，专门用于分拣并二次缫捡单个成员缫丝厂生产的生丝，以产出更高标准的产品运往横滨。

这种结合了本土社会组织与舶来加工技术的生产系统支撑了 19 世纪后期机械缫丝出口的快速增长。到了 19 世纪 90 年代，有迹象表明，这种系统可能已无法承载。1895年，片仓家族的缫丝厂退出诹访最大的合作社开明社，独自建立自己的缫丝厂，有着360个缫丝盆。这标志着独立厂主开始崛起。随着缫丝厂的发展，不同成员的生产单位有时使用不同的动力来源，合作社越来越难依赖最后的再缫丝加工来保持标准。就像片仓工厂，它持续生产出相对高质量的生丝，因此强烈地想要自立门户，以完全占有优质带来的溢价。

与日本向独立厂主过渡同样重要的，是1896年随着现代经济中的私营资本的法律制约被解除之后上海缫丝厂的激增。上海相对大规模的私营缫丝厂机械化缫丝生产出来的生丝在国际市场上享有盛誉。因此，日本现代工厂的兴起是对海外竞争的直接回应（中林真幸，2003，ch.4）。

正如在广东一样，欧洲技术的可分解性也对日本的手工缫丝业产生潜移默化的影响，认识到这一点是很重要的。19世纪70年代，日本缫丝业者就已经开始通过增加脚踏、齿轮和交叉系统（大多是意大利的Tavelle样式）改良传统手工缫丝机（Fujino等，1979，p.167）。这种改良的手工缫丝机（也称zaguri）不使用蒸汽加热与非人力动力，不需要集中在一个区域操作，因此得以快速在农户之间传播开来。

为了满足西方对产品一致性的需求，传统手工缫丝业者和商人也采取了再缫丝工艺。组织形式上如包买制也在较大范围内得到应用，但主要的生产单位还是合作"社"或"组"（个人缫丝作坊），这与机械缫丝厂的情况相似。具有讽刺意味的是，正是群马县——富冈缫丝厂的所在地——发展成为基于合作社的手工缫丝生产中心。就像在机械缫丝系统中一样，每个合作社共享集中的合资再缫丝车间，但头次缫丝加工通常是在单个农户家而不是缫丝厂完成的。他们还协调招工、销售与信贷等事宜。与机器缫丝生产相比，这些个体的规模更小，生产更能自给自足，蚕茧多是自家饲养的。虽然如此，这种改良的手工缫丝生产方式成为 19 世纪的日本一种可行且重要的生产系统。

三、区域差异的决定因素：总结性假设

如上述情况所示，在引入欧洲技术的过程中根据当地物质与社会环境进行创新性调整的做法保证了机械化缫丝在 19 世纪晚期的广东和日本快速传播。与此成功形成反差的是，机械化缫丝在上海由于缺乏技术性调整消化而步履维艰。这揭示了创新性技术学习对生丝出口增长的重要作用。这与我们的模型预测一致：机械缫丝工具价格的降低会导致机械缫丝产量相对于手工缫丝产量的提高。

在我们调查的三个地区，技术传播在其他层次上也有差别。上海通过外国直接投资，而日本通过中央及地方政府与私人企业家的努力，得以学习最先进的意大利缫丝技术。与之形成反差的是，广东是通过像陈启沅这样的私营厂主经二手甚至是三手途径学习到法国技术的。陈在越南看到的西方缫丝技术很可能是从印度的西方企业家那里间接传过来的。所以在印度的技术调整中被去掉的齿轮系统在陈的图纸中很明显也缺失了。更重要的是，相对意大利 Tavelle 系统来说，法国 Chambon 系统较为过时，但广东一直沿用到 20 世纪。很明显，知识传播的途径对生产力的影响是长期的。

可机器只是故事的一部分。机器缫丝将缫丝过程从单个农户手中转移出来。与传统手工缫丝相比，现代缫丝厂大为依赖市场交易。蚕茧占生丝附加价值的 60%—80%。就像在中国和日本，现代缫丝厂严重依赖于短期融资。例如，长野县诹访缫丝工业的发展史就是金融扩张的历史。19 世纪 70 年代及 80 年代早期，一个基于信贷的金融网将横滨丝商与山区的长野缫丝合作社联系起来。这个信贷系统依靠的是汇票的使用，以及自明治维新以来建立起来并传播至日本乡间的现代

银行网络。到了 19 世纪 70 年代晚期，横滨正金银行及后来新成立的日本银行都通过横滨商人与当地银行持有的重贴现票据为缫丝业者提供低息间接融资（中林真幸，2003，ch.7）。

与我们的模型预测一致的是，利息率的普遍降低会导致机械缫丝产量水平的提高。但利率引发的故事也成为我们模型中交易成本被解释的一部分。支持日本缫丝业 19 世纪扩张的一个主要因素是明治时期快速改善的外部基础设施。新建的现代通信系统，如东京与丝产区之间的电报，降低了当地丝商的影响力并提升了产丝合作社的利益。在现代电报传至日本农村地区之前，前桥的当地丝商曾雇信使从横滨获取价格信息。这种从前桥与横滨的差价中获利的做法在 19 世纪 70 年代后期安装了电报之后很快就消失了。除了之前提及的政府政策，这也是一个导致当地丝商没落的主要原因（石井宽治，1972, pp. 100–101）。自 19 世纪 70 年代以来持续进行的基础设施的建设或是公路、水运及铁路交通的改善，不但将乡村丝产区与横滨连接起来，还帮助缫丝厂将蚕茧购买拓展至远离周边的区域（中林真幸，2003, Ch. 3）。

在江南地区，由外国银行、商行及国内银行组成的密集金融网络聚集在上海这个条约港，但直到 20 世纪 20 年代，上海以外的金融中介不但数量稀少，而且相距遥远。每到蚕茧购买的季节，缫丝商只能组织起装有大而笨重的银锭的船只，在兵船的护卫下，前往江南农村购买蚕茧（陈慈玉，1989, pp.79–80）。铁路直到 20 世纪早期才建立起来，在广东地区时间更晚（Ma，2004）。

要完全理解交易成本不同的下降速率，我们就不能避而不谈更广阔的政治经济背景。广东和江南地区的环境对于集中的资本投资来说是有风险的，甚至有时是危险的。因为私人对机械缫丝业投资的不安全感，在选址方面，上海由于非常错误的原因成为缫丝工业的中心，自始至终这里都承担着高昂的交易成本。

在传统手工业与现代工厂利益的冲突之间，清政府最初对传统手工业的支持立场并不仅仅是意识形态上的。在 19 世纪后半叶，清政府治下的中国公共财政快速恶化，政府收入越来越依赖商业税收，如厘金税。商人受到越来越严重的压榨。作为付出税收的回报，商行通过税款包征从政府手中获取垄断权，这种做法最后导致双方沦为既得利益阶层的俘虏（Ma，2004）。

19 世纪日本商业垄断的废除非常具有启发性。1873 年，为了遏制生丝出口质量的恶化趋势，明治政府出台了一项《生丝生产法令》，规定所有出口的生丝都要贴上政府印制的标签，而且所有丝商都要从商务部门获取执照。之后，政府组建了一个全国性的生丝改会社，分部遍布所有主要丝产区。很快，有权进行生丝质量检测并分发政府标签的持证丝商在地方层次上占据统治地位。

建立会社的初衷是控制质量，以及可能阻止西方商行侵入日本农村，但无心之下，造成了特权商人集团的兴起，他们在政府权力的支持下开始垄断日本丝业贸易。1876 年，当时任职于政府工业促进局的速水贤三表达了对生丝改会社的忧虑，担心它成为日本农村尚处萌芽期的机械缫丝厂发展的阻碍。1877 年，日本政府正式废除这个法令，但四年之后，整个生丝改会社系统才最终消亡。在此期间，当地丝商不断尝试重获贸易特权及垄断机械缫丝生产的生丝，政府对此予以坚决反对。正是地方商人垄断的减弱铺平了缫丝合作社以及后来的缫丝厂与横滨零售商建立直接贸易关系的道路（石井宽治，1972, pp. 96–115）。对丝业演变的研究不仅使我们在政治变化对经济增长的影响方面获得重要启示，还使我们对传统东亚社会的本质产生新的看法。

参考文献

中文文献

程耀明：清末顺德机器缫丝厂的产生、发展及其影响，广东历史协会编《明清广东社会经济形态研究》，广州：广东人民出版社，1985 年。

陈慈玉：《近代中国的机械缫丝工业（1860—1945）》，台北：近代史研究所，1989 年。

顾国达：《世界蚕丝业经济与丝绸贸易》，北京：中国农业科技出版社，2001 年。

王庄穆编：《新中国丝绸大事记》，北京：中国纺织出版社，1992 年。

徐新吾编：《中国近代缫丝工业史》，北京：人民出版社，1990 年。

朱新予编：《浙江丝绸史》，杭州：浙江人民出版社，1985 年。

日文文献

日本蚕丝业会（编）：《日本蚕糸业史》，第 2 卷，东京：日本蚕丝业会，1936 年。

井川克彦：製糸業とマメリカ市場，高村直助（编）《企業勃興：日本資本主義の形成》，京都：ミネルヴァ書房，1992 年。

石井宽治：《日本蚕糸业史分析》，东京：东洋经济新报社，1972 年。

石井麻耶子：《近代中国とイギリシ資本》，东京：东京大学出版会，1998 年。

农林省蚕丝局（编）：《蚕糸業要覧》（1966，1990），东京：农林省蚕丝局。

铃木智夫：《洋务运动の研究》，东京：汲古书院，1992 年。

中林真幸：《近代资本主义の组织：制丝业の发展における取引と统治生产の构造》，东京：东京大学出版会，2003 年。

英文文献

Brown, Sh. R., The Ewo filature: a study in the transfer of technology to China in the nineteenth century, *Technology and Culture,* 20(3), 1979, pp. 550–568.

Faure, D., The lineage as business company, R.A. Brown ed. *Chinese Business*

Enterprises. Critical Perspectives on Business and Management, London: Routledge, 1989.

Furuta Kazuko, Technology transfer and local adaptation: the case of silk-reeling in modern East Asia, unpublished PhD dissertation, Princeton University, 1988.

Fujino, Shozaburo, Fujino, Shiro&Ono, Akira, *Estimates of Long-Term Economic Statistics of Japan since 1868: Vol. 11,* Tokyo: Toyo Keizai Shinposha, 1979.

Hayami, Yujiro ed., Toward the Rural-Based Development of Commerce and Industry. *Selected Experiences from East Asia,* Washington, DC: World Bank, 1998.

Kiyokawa, Yukihiko, Transplantation of the European factory system and adaptations in Japan: the experience of the Tomioka model filature, *Hitotsubashi Journal of Economics,* 28 (1987), pp. 27– 39.

Li, L. M., *China's Silk trade: Traditional Industry in the Modern World, 1842— 1937,* Cambridge: Council on East Asian Studies, Harvard University, 1981.

Ma, D., Why Japan, not China, was the first to develop in East Asia: lessons from sericulture 1850— 1939, *Economic Development and Cultural Change,* 52(2), 2004.

Sokoloff, K. & Dollar, D., Agricultural Seasonality and the Organization of Manufacturing in Early Industrial Economies: the Contrast between England and the United States, *Journal of Economic History,* 57(2), 1997, pp.288–321.

Tsurumi, E. P., *Factory Girls: Women in the Thread Mills of Meiji Japan,* Princeton, NJ: Princeton University Press, 1990.

Wong, Chor Yee, Proto-industrialization and the Silk Industry of the Canton Delta, 1662— 1934, unpublished PhD dissertation, University of Wisconsin, Madison, 1995.

Yamazawa, I. & Yamamoto, Y., *Estimates of Long-Term Economic Statistics of Japan since 1868:* Vol. 14, Tokyo: Toyo Keizai Shinposha, 1995.

Zanier, C., *Where the Roads Meet: East and West in the Silk Production Processes (17th— 19th Century),* Kyoto: Istituto Italiano di Cultura Scuola di Studi sull'Asia Orientale, 1994

第五篇

书评（二篇）

阿夫纳·格雷夫《制度与通向现代经济的路径:中世纪贸易的教训》[1]读后

本书已经面世多年,现在为其撰写书评,我将不得不略过诸如"本书受到高度期待或者等候多时"这样普通的开场白。另外,我也会把对本书主要内容的概述压缩到最低程度,毕竟学界对本书已经有了许多相关的讨论,而且今年早些时候也有了中文版。

所以立即进入主题与结论。毫无疑问,这是一部重要的著作,但又并不简单,很大程度上这是因为其极为广阔的视野。本书意图同时解决四个重大议题。如结论篇章(第 12 章)所述,本书关注制度本质的方法论问题以及用于研究它们的分析方法与实证方法。另外,它还关注中世纪起源和西方兴起的制度基础这样的实际问题,以及对于当代发展中国家具有的政策性含义(第 379 页)。这些多元而又相互关联的主题使得作者横贯经济史、社会学、法学、政治学和博弈论,开拓出一个极为多样的领域。为了让读者认识到这种综合学科研究法的益处,格雷夫(Avner Greif)还做出了额外的努力,在附录中为非经济

---

〔1〕 Avner Greif, *Institutions and the Path to the Modern Economy: Lessons from Medieval Trade*, Cambridge: Cambridge University Press, 2006.

学背景的读者提供了有关博弈论的介绍。虽然有时会感觉书中一些好的想法可能反复太多，但总的来说，我认为这本书还是非常值得一读的。

本书的第一个任务是理论性的，即解读一个称为"制度"的黑匣子。格雷夫希望超越将制度视作纯粹规则的现行方法，这种方法通常认为委托者与参与者是外生的。相反，格雷夫通过假定一个包含个人之间相互影响、个人与外部环境相互作用的复杂、动态的框架，将制度变革的过程内生化。这些相互作用形成了一个认知与文化上的信仰系统，从而外生地约束着个体。由此可知，不仅历史影响了对既有制度的认识，既有制度也影响了它们的进化轨迹和未来的一系列行动。在这点上，博弈论认为变化中的作用者的作用、反作用与逆反作用都由其自身的动机和利益驱动，为这一特别棘手而又庞杂的主题引进了一些特别有用的理论架构（参见第 2、5、6、11 章）。

再来看历史背景，格雷夫希望探讨西欧出现并演化出了什么样的特殊制度，导致所谓西方兴起。他的历史学案例研究聚焦于中世纪西欧，挑选出西方独特的"社团"（corporation）制度为代表，这种制度以独立自治、共同利益为目标而建立的组织为特征，在现代国家出现之前这些组织制定了有合法性的规则和自我执行这些规则的信仰体系。这些基于非亲属关系的"社团"渗入了传统的组织，诸如商人行会、修士会、骑士军团、大学、公社和城市国家。更重要的是，中世纪的这种社团传统逐渐发展成长效的制度，置入了近代遍及欧洲的政治代议机构的兴起过程（第 388–390 页）。由于这些社团有能力制约政府滥用权力、控制政策，这就使得由下而上、持续的制度建设成为可能（第 395 页）。将其与中世纪伊斯兰世界相比较会得到更加生动的解读，那里的规则制定过程没有社团成员的参与，政策在很大程度上要适应并优先考虑中央政府的利益（如奥斯曼帝国），而且决定私营经济部门结构的不是其自身需求而是国家的需要（第397页）。因此格雷夫认为，西方制度的独特演进轨迹不能被理解为"自发秩序"的结果，而应该是作为许多个体委托者或组织有意识协调，通过强制实现的产物（第389页）。这些观点的重要性令我深为信服，它们以往在其他地方也偶有涉及，但大多数时候被人遗忘了。

格雷夫对于这些"社团"特征的强调可以带来这样的推论，即他援引"个人主义"作为另一种可以解释西方兴起的固有文化传统。在第3章和第9章，格雷夫详细地考察了马格里布商人的个案，中世纪和近代早期一群皈依伊斯兰教的犹太商人，为了履行远距离贸易协定，施行的是一种以团体为基础、多边的非正式惩罚机制。第9章中，他将马格里布商人与来自热那亚城邦的意大利商人进行对比，后者逐步向着一种以法庭为基础、以政府为后盾的正式的契约执行系统发展。他认为这一不同的制度变迁轨迹来自不同文化信仰系统的影响，即马格里布制度来自于"集体主义"，而热那亚制度则来自于"个人主义"。他进一步评论道，"有趣的是马格里布制度类似于当代的欠发达国家，而热那亚制度则像是发达的西方"（第301页）。

"个人主义"的观念由来已久，而且经常承载了意识形态和政治上的包袱。因此，我不太赞同格雷夫对于这一更为久远传统的历史回溯。"社团主义"本身难道不就是集体主义吗？确实，其对集体行动的组织可能（通常与强制相伴）在很大程度上是基于非亲缘关系，还可能更好地代表个人利益。另外，我也不认可本书中经常援引的西欧与伊斯兰世界在制度上的差异有那么显著。实际上，我赞同"社团"类型的制度可能使其自身更容易适应一个正式的、契约性的结构，而这个结构有更大的潜力承载非人格化交换和规模经济，个人进入和退出也有更大的自由度。但在我看来，与依据亲缘或部族关系组织集体行动的社会相比，这种"社团"并没有"更加地个人主义"。

此外，亲缘关系与非亲缘关系的差异也许比我们想象的更为微妙与模糊。实际上，正如格雷夫再三指出，热那亚政治结构被家族势力所分割——以此推测血统和亲属关系仍然发挥重要作用（第8章）。L. Boerner and A. Ritschl 在 2009 年一项对格雷夫有关公共责任制论述（第10章）的跟踪研究中表明，中世纪西欧契约执行的集体责任制同样是以大家庭内部的共同责任形式呈现，而血缘关系仍占据着大家庭的主导地位。[2] 这一制度只有经历过这一过程之后，才作为变化的法律和政治环境的产物，逐渐演变为近代公司的雏形。类似地，血缘和亲属关系在非西方世界也并非一些人所猜想的那样具有必然的约束性。历史上在中国南部，血统的联合构成了商业和社会组织的基础，但随着时间的流逝，这种与血缘和亲属关系的连接日益松散，甚至成为虚构的。[3] 实际上，传统中文（和日文）中的"国家"，字面上的意思是"家国"，但这一直接源自"家庭"观念的国家概念，包含了一个由非个人的政府机构统治的庞大帝国，并且在西方帝国主义的影响下，构成了 19 世纪和 20 世纪现代政府的基础。这些理念的转变带来了现代的经济增长，而其起源却是相当"集体主义"的。

再次重申，这些吹毛求疵的意见不会影响这本书作为学术里程碑的地位，相反会充实与扩展我们从中世纪西欧经验中获取的历史观点。

---

〔2〕 L. Boerner and A. Ritschl, The economic history of sovereignty: communal responsibility, the extended family, and the firm, *Journal of Institutional and Theoretical Economics*, 165, 1, 2009, pp.99–112.

〔3〕 Debin Ma, Law and commerce in traditional China: an institutional perspective on the "Great Divergence", *Keizai-Shirin*, 73, 4, 2006, pp.69–96, and available at http://personal.lse.ac.uk/mad1/ma_pdf_files/keizai%20shirin%20%20MA1.pdf.

琼·劳伦·罗森塔尔与王国斌合著《大分流之外：中国和欧洲经济变迁的政治》[1] 读后

　　本书是有关大分流讨论的最新力作，其主旨也可以简化为这样一个问题，即为何工业革命发生在英国或欧洲，而不是中国或亚洲。两位作者分别是法国和中国经济史方面的一流学者。本书的贡献在于集中对中国与欧洲之间异同的不同主题展开逐一探讨。正如两位作者准确地指出，我们有关长期经济增长和工业革命的观念太过通常地源于英国经验，这一经验给出了一个非线性的增长模型。本书以相当的权重分别对欧洲和中国的历史进行了仔细配对和梳理，这是此种类型著作中的一大优点。此外，其在方法论上也取得了成功，将经济学理论恰当地融入历史叙述，经常性地在章节内的各个片段阐述经济学图表模型。

　　不过，本书的贡献不仅在于风格或方法。作者用七个充实的章节对大分流的一系列问题进行了考察，这远比彭慕兰等人最初的研究更加深入。其中展现出非比寻常的假设和解释，以此表达了对传统认知

---

　　〔1〕 Jean-Laurent Rosenthal and R. Bin Wong, *Before and Beyond Divergence: The Politics of Economic Change in China and Europe*, Cambridge, MA: Harvard University Press, 2011.

谨慎而又颇具思考的评论。与彭慕兰强调资源禀赋的观点不同，他们的主张立足于政治结构的差异，即统一的中央集权中国与政治上四分五裂的欧洲之间的区别。传统观点认为，欧洲的经济和制度取得成功是源于其政治上的分裂和政权间的竞争，而中国则受困于一个专制独裁的皇帝。本书提出了截然相反的看法，认为长期以来我们也许低估了分裂的代价，或者说欧洲连绵战事造成的损害，同时忽视了统一帝制中国从和平稳定中获得的益处。实际上，他们认为和平与稳定不仅可以解释中国最初的经济领先，颇令人惊讶的是，还可以解释它的落后，或者近代早期没有出现中国式工业革命的原因，不过并非是传统观点所提出的那种方式。以下，我将先谈谈本书一些更具启迪的见解，然后再涉及其基本论点，因为后者更具可商榷之处。

第 1 章高度概括了两千年间中国与欧洲各自不同的集权与分立模式。第 2 章详细评述了传统观点对家庭结构（核心家庭与大家庭）、生育模式、劳动力市场和经济增长之间关系所进行的阐释。作者认为，如果引进交易成本的概念，开放的外部劳动力市场（通常与西欧的核心家庭结构相关联）与中国大家庭内存在的内部劳动力市场相比，其经济效率的优势远比传统说法要更为含糊不清。他们的模型暗示，使用中国和欧洲的实际工资衡量平均个人收入实际上很有可能低估了中国的生活水准。他们认为，如果家族企业能够利用私人信息留住高生产率的劳动者，那么家族企业释放出的低生产率劳动者可能过度代表了中国外部劳动力市场的平均工资率。我的疑问是，即便他们的模型合乎逻辑，高生产率的劳动者仍然很有可能为了潜在的高工资而离开家族企业，进入外部劳动力市场。抛开这些分歧，他们试图做出一个关于实际工资和平均实际收入之间可能联系的假设，我认为是极具价值的。

第 3 章反驳了商业交易中正式和非正式争议解决机制选择过分单

纯化的二分法。罗森塔尔（Jean-Laurent Rosenthal）和王国斌（R.Bin Wong）指出，这两种机制通常是更多的互补，而不是替代。他们超越了纯粹的文化和体制因素的限制，用一个类别矩阵展现了两种机制在诸如频率、每次交易持续时间和价值以及贸易距离等更为本质的交易功能上的选择。我认为这些研究有力地修正了现存有关研究的不足，尽管他们对中国与欧洲之间正式司法的本质区别关注不够而让我失望。实际上，许多学者（本章引用了其中部分）长期以来探讨了这两大地区在法律、契约、财产、法理学、程序和法律执行方面的观念和发展轨迹上的深度差异。尽管这些差异的程度和重要性本身即讨论的对象，但忽视它们必然会遗漏一些潜在而可能重要的因素。

让我们先看看第 5 章，它讨论的是中国与欧洲之间资本和劳动力等要素的价格差。以往中国被视作一个高利率、少资本的国家，作者质疑对这一流行的观点。他们认为并不能从经验出发比较中国与欧洲之间利率收益差的巨大差异。欧洲的长期利率组合通常取自公共信贷（或政府公债）——在很大程度上这种信贷工具并不存在于中国——而短期利率来自私营部门（特别是当铺的消费贷款）。若从这一角度比照中国，则极具误导性。事实上，他们认为，如果将中国当铺利率与欧洲同业进行比较，利率差别相当有限。本章也注意到了一个潜在的议题，即如何解释中国公债市场的缺失，或者正式金融机构普遍欠发展。作者认为，缺乏欧洲类型的国际战争导致中国对于公债需求不足，对此我并不完全赞同。毕竟，供给和需求通常很难分开。历史上，政权之间的战争曾在中国持续了很长时期，特别是在前近代，当时有各种各样的"强迫捐款"或者"提前征税"，无一演进成为规范化的、正式的公债。不过，自从 19 世纪下半叶西方帝国主义进入中国之后，某些形式的公债迅速流行。传统中国缺乏可持续性公债的背后，似乎并不仅仅是需求的不足。再次重申，尽管我有不同意见，但我欣赏本章许多富有见解的讨论。

现在开始讨论本书的中心论点，第 4、6、7 章。第 4 章以这样一个前提开始，即 14 世纪至 19 世纪，一个统一政治体制下的中国比分裂成若干国家的欧洲大陆更加和平。不过，由于欧洲城市通常得到更好的防御和守备，战争对于欧洲农村的破坏更为深重。相比之下，中国社会更为安全与和平，城市与乡村均同等地受惠于这种社会环境。由此推论出，欧洲城市的商业和制造业集中程度比中国更大；欧洲的城市化程度由此也更高。更高的城市工资、更大的工业集中度，加上技术革新，这使得欧洲相比中国更偏向于节省劳动力。因此由节省劳动力的机械技术引发的工业革命更有可能发生在欧洲而不是中国。

本章这一引人瞩目的假设得到的论据支持则相当贫乏。作为如此依赖于战争的一个章节和一本著作，除了一些相当粗略或模糊的叙述外，并无有关中国和欧洲在这五个世纪中的战争的次数、频率、持续时间和花费等方面的具体数据比较。这一时期，中国也许始终比欧洲更加统一，但并不一定就没有外部威胁和内部叛乱，其中一些动荡造成了生命和财产的惊人损失，在世界上其他地区可能都无法想象。如果本章稍微更多地阐述一些细节，也许会更有说服力。同样，声称中国农村相对安全，或者中国的城市与农村受战争影响的差异不大，这些几乎都是一个逻辑上的推断，因为除了一些特别的记叙外，基本上没有实证数据作为支撑。

在本章结尾，作者关注为什么工业革命发生在英国而不是欧洲大陆这一问题。相比欧洲大陆，英国在这里被视作中国的角色。所以在英国拥有相对和平与更加集权的体制，棉纺织业的迅速机械化更有可能发生在工资低廉、煤炭丰富的兰开夏地区，而不是高工资、缺乏煤炭的伦敦，或者虽然具备充足煤炭却地处欧洲大陆、战乱频繁的比利时。我认为，这一论点有力地支持与补充了艾伦近来有关工业革命为何发生在英国的新说。不过，恰恰是这样的和平与稳定却使得工业革命发生在英国而不是中国，这一逻辑让我感到困惑。为此，如果我们补充这样一个事实，也许可以化解这一矛盾，即18世纪大西洋贸易迅速兴起，在其中占据显著地位的英国受此推动已经成为一个高工资的经济体，而这一地位本身可能就是欧洲内部国际竞争的结果。试问，在追加考虑这一因素及其他之后，作者的城乡差异观点还有多少能够成立？

长期以来有关欧洲城乡分化的争议之一，集中在城市自治的特殊制度，以及由此引发的市际或国际对抗可能导致相应的制度改良，以期吸引、保存资本和劳动要素。一般而言，这种动力在统一、孤立的中国古代帝制政体下是不存在的，或是弱小的。本书很少通过比较来讨论这一特殊机制。作者在第6章主要是想表明，帝王统治（起码是清王朝）在征税方面的掠夺性远不及欧洲政治实体，而且提供了更高水平的公共物品，这很大程度上是因为一个统一帝国的战争支出和军费开支较少。如果有财政收入细目与直接的比较，本章也将会更有说服力。但总的来说，考虑到我所见过的其他材料，它们认为清代中国与相对较小的西欧政治实体相比，其和平时期的中央财政收入人均值处在一个低水平的观点是可靠的。

影响他们论述的问题来自于财政收入数据。越来越多的文献资料反映出低水平的中央税与低水平的政府能力之间的关联，其特征表现为低下的行政效率、高额的税收机构开支和地方腐败等。大量有关清代或更早朝代的文献表明，当时的中国知识分子、20世纪的改革者以及更多同时代的一般读书人，都承认中国古代帝王统治的各个方面体现为今天我们所谓的"低下的政府能力"。我认为现在也许是时候重新估价这些文献了，但本章在消除流行解释方面几乎没有做出努力。相反，作者将低税收的现象大部分归结于皇帝的仁政和善治。他们乐于承认中国皇帝的掠夺不会受到宪法或者其他正式制度的制约，除非是民众叛乱或者起义；确实，即便在最为专制残暴的政权之下，人们可以诉诸个人或者集体的起义，但通常会付出失去生命或财产的惨痛代价。为什么这种普遍的意义不大的制约，却在清代中国这样一个强权统治下，能导出中国独有的仁政，让我困惑不解。

支撑所谓中国提供更多公共物品论点的论据就更站不住脚了。这里列举几个问题：没有提供支出（军事或民政）总额，更不用说欧洲与中国之间可比人均支出的比较恰当与否。本章对于特定公共物品选择性的讨论非常模糊，造成多种甚至相反的解释，而且在它们究竟是由中央、地方、私人，抑或民间部门供给的问题上不甚明了（见于第177–178页和第189–191页）。本章对代议制和议会作为一种约束统治者剥削的有效手段所扮演的角色轻描淡写。而这也许可以成为其自身论点的有力支持，即"代议制对于欧洲来说是独有的，就像仁政之于中国也是独有的"（第195页），这看起来有些夸张，甚至仅有修辞学上的意义吧（毕竟，"仁政"这个词本身就已经是褒义的）。

总而言之，本书为大分流讨论做出了有益的贡献，对一些关键问题的阐释超越了彭慕兰、艾伦等人近来的研究，从而为将来的研究开辟了广阔的空间。总的来说，其论点在启发思维、推陈出新方面见解独到，发人深思，但在提供可靠材料以自圆其说方面就远为逊色了。

结语：中国经济在历史上什么时候落伍的？

——在北京当代经济学基金会的演讲

中国与世界经济史一个最大的问题是，中国经济是什么时候落后的？在开始对这个问题做严肃研究时，才发现它要比我们想象的复杂得多。在确定落后的时段后，进而要解释为什么落后，那就更复杂了。在此主要介绍一下这方面的相关研究及我个人的思考吧，由此说明从一个新的经济学和全球性的视角对经济史做出的研究，可以对我们的现实与将来都有启示，甚至迫使我们反思一些原有的定论或传统教科书上的解释。

一个单纯的理论经济学家可以把 18 世纪末发端于英国的工业革命作为一个分岔点，在工业革命之前，世界各地的收入都相差无几，但工业革命之后各个国家的收入差距扩大，更构成了今天的世界格局。即所谓大分流起源于工业革命，那真实的历史数据会告诉我们什么呢？

首先我们谈一谈关于欧洲经济史方面的研究，以在牛津大学Robert Allen 教授为首的学者尝试用欧洲主要城市非技术工人的实际工资来测量 1450—1913 年的生活水平，这类研究日益扩大规模，囊括了许多城市，甚至纳入了当时奥斯曼帝国（大致今天的土耳其）的伊斯坦布尔。比较意外的发现是，在工业革命之前英国和荷兰城市的工资水平已经超过了欧洲城市的水平，也超过了伊斯坦布尔。有人把它称为在工业革命之前的小分流。

那中国是个怎么样的情况呢？也就是说，中国到底什么时候开始变得落后了？我们在开始做研究的时候，非常有意思地发现亚当·斯密在《国富论》中已经写道，中国虽然物价水平要低于英国，可是它的名义工资更低，所以最后中国的实际工资（也即生活水平）还是低于英国。大家知道，《国富论》成书于英国工业革命前夕的18世纪末，斯密当时只考虑到经济增长的源泉来自社会分工，还没有想到技术和工业革命的巨大潜能，而他关于工资的议论更是坐在沙发上的臆想而已，我们的研究就是用真实的历史数据来验证亚当·斯密的猜想了。我们首先从历史的档案和其他出处中收集了18—20世纪中国若干主要城市（北京、苏州、上海及广州）的非技术工人的名义工资数据，然后构建有国际可比性的物价指数，最后导出一系列有国际可比性的实际工资系列，必须强调我们这样的研究牵涉一系列历史数据的真实性和国际比较可行性的复杂技术问题，我们文章里有详细讨论。

结果我们的发现大致证实了斯密的猜想：第一，中国三个城市的非技术工人的实际工资在工业革命之前已经落伍，仅为伦敦或阿姆斯特丹的1/3左右。在我们的比较中也包括了其他欧洲及亚洲城市，如日本和印度城市的非技术工人的工资，结果发现这些工人的工资水平和中国不相上下，低于英国和荷兰的水平。如果将我们最后计算的中国底层工人的实际工资换算成生存所需的卡路里热量和蛋白质的话，那他们则刚好能达到温饱。第二，工业革命之后中国和先进国家的工资水平差距更扩大了，而更重要的是，一些原本相对落后的欧洲国家如德国及亚洲的日本及时搭上了工业革命的快车，工人的实际工资水平在19—20世纪迅速提高，超过了相对停滞的中国。所以我们说中国与发达国家的生活水平在18—20世纪有两次分流，第一次在工业革命之前，第二次在工业革命之后。

除了工资以外，我们的研究还涉及其他的几个指标，GDP 是最全面的，但对历史数据的要求太高，所以问题不少。我们的另一项研究使用在西方经济史中经常应用的成年人身高的长期系列数据。表面上看，用身高作为长期的生活水平的衡量标准挺滑稽，但这些数据的可行性在西方经济史中已有很长时间的讨论和应用。我们的研究用了中国福建和广东去澳大利亚、东南亚国家及美国的移民资料，系列可以从 1815 年开始到 1930 年之后。我们发现，在太平天国运动时期出生的人身高普遍要矮一点，而在 1880 年后出生的中国人的身高也有所降低，到了北洋政府的时候，身高反而有些恢复与提高；有趣的是，明治维新之后，日本人的身高虽然水平很低，但趋势一直都是上升的，反映了当时生活水平的不断提高。

怎样测量中国历史上的人力资本，特别是识字率和数数的能力，这是一个比较棘手的问题。在国际上有一种以所谓年龄堆积作为一个指标的研究方法，假如一个人不能正确数数的话，他比较倾向于把自己的年龄报成整数，比如说他的年龄大致在 20、25、30 岁，而不是确切的年龄。我们根据大样本的历史数据做成的指标发现，中国人的数数能力相对较高，远高于和其生活水平相仿的土耳其和印度等国，甚至更接近于欧洲发达国家的水平。

另外，在这里还值得指出的是陈志武老师和他的研究团队一直在建立历史的数据库。比如，他们使用刑部档案里面的大量档案，系统地推导出 18—19 世纪中国各地的命案率，发现中国当时的命案率要低于欧洲；而他们收集的长时段的利息数据，显示中国比发达的欧洲国家要高得多，中国的资本市场长期欠发达。所有这些长时段的量化研究慢慢地可以拼出一幅鸦片战争之前中国经济的总图，即一个普通民众达到基本温饱，社会相对安定，有相当的人力资本基础，但资本却相对匮乏的社会。

这些研究对我们今天很多关于历史的讨论也应该有重大启示，比如，我们常听说中国在 18 世纪 GDP 总量是世界第一，我们这几十年乃至将来的发展从某个角度来讲，只是恢复康乾盛世的荣耀而已。这个说法有很大的误区，18 世纪的中国 GDP 总量第一只是因为庞大的人口而已，加上工业革命之前各国收入水平差距不大，所以我们今天和将来的发展不是要回到那个闭关锁国而处于温饱水平的时代，今天的世界也不是 18 世纪的世界了。当然，反过来说，倒也不一定能说中国已经穷了一千年，不少学者认为宋朝的中国也许是当时世界上最发达的，特别相比于当时还处于黑暗中世纪的欧洲。

那为什么中国会落伍呢？这个问题就更复杂了。从中西方的地理资源禀赋的差异，到西方的海外殖民与中国的闭关锁国，以及西方的科学的兴起与中国的科举制度的对比，历史上也是众说纷纭，没有也不太可能有定论。今天，我讲一下中国政治制度与意识形态对长期经济发展影响的研究吧。中国古代政治体制最大的特点是绝对君主的王权，郡县制与大一统的共同兴起与演变。而这一制度对传统中国的产权、法律、市场、金融体系、人力资本等有根本性的影响，对这些问题的研究也有重要的现实意义，研究政治体制的演变我们也可以从实证着手，郡县与科举制度通过取代世袭的贵族制，对中国绝对君主体系的建立起了关键的作用。我们和很多其他学者对这套体系的形成已在许多详细的历史数据基础上做了一定的量化分析，这里有地理、文化等各方面因素，其中农耕与官僚制的密切关系，以及中国历史上农耕民族和游牧民族不断冲突和融合的历史周期，对最后大一统的体系固化起了关键的作用。

但要解释历史现象，光有统计分析是不够的，还需要理论框架。而中西比较的视野能帮助我们理解自己国家的历史，再回到 18 世纪的清朝，我们发现作为一个农耕与游牧文明相结合的清帝国，其皇帝的权力名义上是无限的，但实证的比较发现，清朝正式的中央政府税收少得可怜，要远远低于皇权被宪政制约的荷兰和英国的国家税收。而同时中国几乎没有像西方特别是荷兰和英国那样发达的金融市场，尤其是政府的公债制度和市场。英国1688年光荣革命的主要成果就是国会对皇权的制约，其中最重要的是将其国债的发行纳入了法制与市场的轨道之内，而不是靠政府的强权推行。所以说英国工业革命之前的一个世纪有了一场财政与金融的革命。而18世纪的清朝，则走入了一个相反的均衡路径。通过一个博弈论模型，我们的另一个研究试图来说明，在中国，清帝国形式上的低税和有限度的半合法的苛捐杂税及腐败，对维持大一统的政治稳定这一目标来说，是一个有很大合理性的制度设计，虽然会抑制自下而上的制度变迁可能性。

从这个视角我们也可以重新审视近代的经济史，中国近代的经济有增长吗？是哪个时段实现了增长，是晚清洋务运动时期，还是北洋政府时期，或者是南京国民政府时期？假如有增长，那增长的原动力来自哪儿呢？中国近代的经济数据也面临各种各样的问题，但有些情况是清楚的，晚清洋务运动时期民间经济发展是相对停滞的。中国的工业革命起始于甲午战争，并一直持续到南京国民政府时期，从现有的1910—1940年的GDP数据来看，增长并不明显。这主要是因为增长有很强的地域性和行业性，特别是机制棉纺、现代矿业与工业、国际贸易与投资等行业，有些甚至达到了年均两位数的增长率；同样，现代交通、教育等都是在北洋政府统治时期发生了根本性的改变。这就提出了更多的问题，为什么在晚清政治相对稳定的时候经济没有增长，反而在政治比较混乱的时候经济有增长？我们现在都比较正面地肯定南京国民政府20世纪30年代的黄金十年，但似乎忽视了北洋政府统治时期的贡献。对这些问题以往学界已有相当的研究，今天我谈谈最为重要的两个现象，即现代金融业与公债市场的飞速发展。大家知道，现代金融是一个对法律与契约最敏感的行业，为什么金融业会发达于一个缺乏稳定政局的北洋政府统治时期？同样，为什么北洋政府在财政上濒临破产，而公债市场却发展起来？

北洋政府统治时期的发展当然和当时的重大意识形态与政治变革密切相关，但另外一个关键是西方在中国的租界，特别是上海的公共租界。租界是典型的半殖民地产物，有各种众所周知的殖民主义的问题，但管理上海的公共租界的工部局同时也是一个西方精英商人自治政府，其中，法制和市场规律也同时成为两条最重要的主线。因此租界成了银行和金融业的聚集地，包括中国民族资本的银行，较为出名的是中国银行上海分行在 1916 年利用租界的法庭成功地抵制了段祺瑞政府为财政目的而发出的银行纸币停兑令，为以后中国民族银行业的独立和发展打下了基础。另外一个相关的机构是海关。海关在太平天国运动中被外国人掌控，或确切地说，被清政府外包给外国人了，但由此中国海关也发展成一个高度独立、清廉和规制化的文官体系。因为较少受到中央和地方政府的干扰，海关的关税成为北洋政府时期最稳定的税源，更重要的是，它也成为北洋政府内外公债最可靠的抵押。同时海关通常将偿还公债的专用税款直接汇寄到汇丰银行以及后来的中国银行，北洋政府统治时期的公债管理也有重要的制度创新，比如设立由海关主管、银行家、政府官员组成的独立委员会和公债持有人协会等组织来监督甚至执行国债的偿付。正是这些游离于中央政府之外的机制，反而给北洋政府的公债带来信誉。而这些机制的维持与动摇，都会在二级的公债市场上通过公债价格得到迅速反映。

由于政府的公债可以作为银行发行纸币的一部分的抵押，更开启了这一时期由私营银行主导的金融革命。1917 年至 1937 年，中国的总货币量年均增长率达到 5%，而纸币和存款增长率超过了 9%，远远高于同时期的年均低于 2% 的 GDP 增长率；而当时的物价也相当稳定，主要原因是没有政府垄断，由稳健的私人银行发行的货币，要生存于一个高度竞争的环境下，必须重视自身的信誉。由于银行成为政府债券的最 大持有者，所以维持金融市场的稳定让中国银行家有了跟政府交涉的筹码。我们另外的研究也发现，当时国内以上海和天津为代表的货币市场，反而在辛亥革命之后的政治分裂的时候，走向了日趋统一的过程。所以可以说，在大一统崩溃的时期，中国实现了一个自下而上、由民间力量主导的金融与财政革命。而南京国民政府时期的经济发展也是这些成果的延伸与壮大。反而，南京国民政府 20 世纪 30 年代中期的银行国有化与货币发行国家垄断，虽在短期内有正面的影响，但也为后来国民党官僚资本主义的形成以及 20 世纪 40 年代崩溃性通货膨胀埋下了祸根。

《社会经济史译丛》书目

01 布罗代尔的史学解析
　　赖建诚　著

02 中国海关与贸易统计（1859—1948）
　　［美］托马斯·莱昂斯　著　毛立坤　方书生　姜修宪　译　方书生　校

03 战前中国经济的增长
　　［美］托马斯·罗斯基　著　唐巧夫　毛立坤　姜修宪　译　吴松弟
　　　　李天锋　校

04 从北京回望曼彻斯特：英国、工业革命和中国
　　［荷］皮尔·弗里斯　著　苗婧　译

05 历史上的理学（修订版）
　　［美］包弼德　著　［新加坡］王昌伟　译

06 近代中国商业的发展
　　［英］科大卫　著　周琳　李旭佳　译

07 为什么是欧洲？：世界史视角下的西方崛起（1500—1850）
　　［美］杰克·戈德斯通　著　关永强　译

08 看得见的城市：东亚三商港的盛衰浮沉录
　　［荷］包乐史　著　赖钰匀　彭昉　译

09 制度变迁的逻辑：中国现代国营企业制度之形成
　　［美］卞历南　著［美］卞历南　译

10 早期近代中国契约与产权
　　［美］曾小萍　［美］欧中坦　［美］加德拉　编　李超等　译

11 说狐
　　康笑菲　著　姚政志　译

12 刺桐梦华录：近世前期闽南的市场经济（946—1368）
　　苏基朗　著　李润强　译

13 近代英国工业革命揭秘：放眼全球的深度透视
　　［英］罗伯特·艾伦　著　毛立坤　译

14 中国的崛起与俄罗斯的衰落：市场化转型中的政治、经济与计划
　　［英］彼得·罗澜　著　隋福民　译

15 延续、偶然与变迁：英国工业革命的特质

　　［英］E.A.里格利　著　侯琳琳　译

16 近代中国的条约港经济：制度变迁与经济表现的实证研究

　　苏基朗　［美］马若孟　著　成农　田欢　译

17 美国小企业史

　　［美］曼塞尔·布莱克福德　著　刘鹰　何国卿等　译

18 何以为家：全球化时期华人的流散与播迁

　　［美］胡其瑜　著　周琳　译

19 通往工业革命的漫长道路：全球视野下的欧洲经济，1000—1800 年

　　［荷］扬·卢滕·范赞登　著　隋福民　译

20 文化融合：基于历史学和经济学的文化批判

　　［英］埃里克·琼斯　著　王志标　译

21 国法与社会惯行：明清时代社会经济史研究

　　［韩］吴金成　著　崔荣根　译　薛戈　校

22 中国传统经济：结构均衡和资本主义停滞

　　［英］邓钢　著　茹玉璁　徐雪英　译

23 中国经济史的大分流与现代化：一种跨国比较视野

　　马德斌　著　徐毅　袁为鹏　乔士容　译